한국사연구총서 66

조선시대 울산지역사 연구

한국사연구총서 66

조선시대 울산지역사 연구

우인수

국학자료원

머리말

　울산은 참 매력적인 곳이다. 활기차고 역동적인 이 도시는 많은 젊은 이에게 기회의 땅이다. 십수년전 저자에게도 그러하였다. 한국을 대표하는 굵직굵직한 기업들이 즐비하게 들어서 있는 대한민국 산업의 심장이다. 그래서 전국의 유능한 인재들이 모여드는 성장하는 도시이다.
　동쪽으로는 동해의 푸른 바다가 고래와 함께 넘실대고, 서쪽으로는 소위 '영남알프스'라 불리는 영봉들이 병풍처럼 줄지어있으며, 그 사이를 태화강이 흐르고 있다. 바다면 바다, 산이면 산, 강이면 강, 없는 것이 없는 천혜의 자연환경을 가지고 있는 고장이다. 먹거리·볼거리·놀거리·즐길거리가 풍부한 지역이니, 이런 살기 좋은 곳에 옛날부터 사람들의 흔적이 없을 수 없다. 국보급 암각화 두 점이 웅변으로 증명하고 있는 역사적으로도 유서 깊은 지역이다.
　이 책은 조선시대를 전공하고 있는 저자가 바로 이 울산 지역에 대해 쓴 논고들을 모은 것이다. 이 책의 제목을 조선시대 울산지역사라고 하였지만 처음부터 제목과 체제를 염두에 두고 쓴 글이 아니었기 때문에 그 제목을 감당하기에는 군데군데 엉성한 점이 한두 가지가 아니다. 다만 울산이라는 한 지역사회의 역사에 대한 연구물들이 축적되면 나중에 한 권의 책으로 묶는 것도 의미가 있을 것이라는 막연한 생각은 하고 있었다.
　가끔 울산에 사는 일반인들이 어렵게 저자에게 연락해 와서 논문을 구하려 한 것도 출간에 대해 적극적으로 생각하게 된 계기가 되었다.

저자에게는 큰 기쁨이었기 때문에 어떤 경우에는 남아있는 별쇄본을 우송해 주기도 하였고, 더러는 찾는 방법을 일러 주기도 하였다. 하지만 전문잡지에 실린 논문을 일반인들이 찾아서 읽기는 사실 쉬운 일이 아님을 저자도 잘 알고 있다. 그래서 책으로 출간하는 것이 이 문제를 해결하는 한 방법일 수 있다는 생각을 하게 되었다. 또한 개인적으로는 울산에서 교수 생활을 하면서 가졌던 이 지역에 대한 관심과 애정의 결과물이라는 점에서도 의미가 있다.

울산에 살면서 연구한 것으로 가장 보람 있었던 것은 새로운 자료를 발굴하여 학계에 소개한 것이었다. 부북일기와 학성지를 분석하여 학계에 소개한 것이 그것이다. 지금도 그 분석 작업을 할 때 느낀 학문적 희열과 학술지에 실린 후에 느낀 뿌듯함의 순간을 잊을 수 없다.

울산은 지리적 위치상 한반도의 동남쪽에 위치하여 일본과 가까운 곳 중 하나였다. 갈등과 교류가 교차하던 조선시대에는 최일선에서 일본과 마주하여야 했던 곳이었다. 그래서 일본과 관련된 소재의 글들이 많을 수밖에 없다. 염포, 임진왜란, 서생포왜성에 관한 글들이 그것이다.

'조선왕조의 성립과 울산'과 '조선후기 사회신분제의 변화와 울산', 이 두 편의 글은 울산광역시사의 통사편에 실린 글이다. 특히 울산에는 조선시대의 호구대장인 울산호적과 언양호적이 남아 있기 때문에 이 부분에서도 대단히 주목받는 지역인데, 새롭게 밝힌 내용이라기보다는 기존의 연구 성과에 기대어 정리한 성격의 글이다.

그리고 울산의 국제항으로서의 기능에 대한 글은 울산을 분석의 대상으로 하였지만 신라시대로부터 조망한 글이기 때문에 책 제목과 명확하게 일치하지 않아 부록으로 처리하였다. 북변지역의 기생의 생활양태에 대해 분석한 글은 직접적으로 울산과 관련이 있는 글은 아니지만 울산인이 남긴 부북일기를 대상으로 분석한 글이라는 점에서 전혀 울산과 관련이 없지 않기 때문에 역시 부록으로 넣었다.

 오래된 원고들을 꺼내 한 권의 책으로 다듬으면서 만지작거리니, 울산에서 마주쳤던 많은 분들이 생각난다. 울산과학대학에서 함께 지냈던 교수님들, 특히 서로의 처지를 격려하면서 힘이 되어주었던 교양과를 거쳐 간 여러 교수님들이 많이 생각난다. 그리고 서생포왜성을 공동으로 조사 보고하였던 실내건축과의 이철영 교수도 함께 한 여러 날들의 기억과 함께 잊을 수 없다.

 학문과 삶에서 지향해야 할 바를 몸소 실천하는 것으로 지금까지도 가르침을 주고 계시는 스승 이병휴 선생님의 은혜는 정말 크고도 넓으시다. 또한 저자가 이렇게 한 권의 책을 묶어낼 수 있는 정신적 여유를 갖도록 도와준 경북대학교 사범대학 역사교육과의 장동익·이문기 두 선생을 위시한 여러 교수님들께도 감사드린다.

2009년 10월
저자 삼가 씀

목차

머리말
일러두기

제1장 조선왕조의 성립과 울산

1. 머리말 ┃ 17
2. 울산지역 군현제의 정비 ┃ 18
3. 울산의 행정 체계 ┃ 22
4. 울산의 교통과 통신 ┃ 35
5. 맺음말 ┃ 47

제2장 조선초 울산 염포의 대일관계상의 위치

1. 머리말 ┃ 53
2. 해상방어기지 ┃ 54
3. 대일본 교역항 ┃ 62
4. 일본인 거류지 ┃ 67
5. 조일 사신의 내왕처 ┃ 73
6. 맺음말 ┃ 77

제3장 울산지역 임란의병의 활동과 그 성격

1. 머리말 | 81
2. 울산의 지역적 특성 | 83
3. 임진왜란의 전개와 울산지역의 의병 활동 | 85
4. 울산지역 의병 활동의 성격과 의의 | 94
5. 의병에 대한 현창 | 99
6. 맺음말 | 103

제4장 서생포왜성의 역사적 성격

1. 머리말 | 109
2. 서생포왜성의 축조 | 112
3. 사명당의 대일 교섭과 서생포왜성 | 116
4. 조명연합군의 서생포왜성 수복 | 126
5. 창표당의 건립과 중건 | 132
6. 수군 동첨절제사영의 설치 | 137
7. 맺음말 | 144

제5장 조선후기 사회신분제의 변화와 울산

1. 머리말 | 149
2. 울산지역의 호구 증감 | 151
3. 신분제의 변화와 울산 | 156
4. 맺음말 | 172

제6장 울산지역 출신군관의 부방생활

1. 머리말 | 177
2. 『부북일기』와 그 저자들 | 180
3. 부북 노정과 행로시의 모습 | 184
4. 출신군관의 병영생활 | 191
5. 출신군관의 일상생활 | 213
6. 맺음말 | 225

제7장 울산 읍지 『학성지』의 편찬과 그 의미

1. 머리말 | 231
2. 편찬 과정 | 233

3. 수록 항목의 검토 | 239

4. 편찬의 의미 | 247

5. 맺음말 | 257

부록

■ 동아시아해 국제항으로서의 울산의 위상과 그 변화

1. 머리말 | 261

2. 신라의 수도 경주의 외항 | 262

3. 조선초 대일무역항 염포 | 271

4. 맺음말 | 281

■ 조선후기 북변지역 기생의 생활 양태

1. 머리말 | 283

2. 관기의 유출과 쇄환 | 286

3. 만남과 교제의 일상 | 292

4. 군관 방기의 생활 | 300

5. 맺음말 | 307

찾아보기

일러두기

　필자가 이 글들을 발표한 이후 학계의 연구가 진척됨으로 인해 필자의 논지를 현 시점에서 보완하거나 적어도 논급 정도는 하여야 마땅한 부분이 더러 있다고 생각한다. 하지만 원래 글을 쓴 시점의 상황이나 역사성도 중요한 문제라고 생각하였기 때문에 그대로 두었다. 그리고 글도 자구를 약간 수정하는 정도에서 크게 벗어나지 않도록 하였다. 다만 발표 학술지에 따라 서로 다른 장절의 표기 방식, 각주의 표기 방식, 특수기호의 표기 방식 등은 이 책에서는 통일성을 기하기 위해 손질하였다. 한자는 전체 책의 통일성과 독자의 가독성을 고려하여 되도록 한글로 표기하고 꼭 필요한 경우에 한해서만 한자로 표기하였다. 저서의 체제를 고려하여 각 장의 제목 중 일부는 원논문의 제목에서 약간 변경하였다. 참고로 이 책에 실린 글들의 원제목과 발표지 및 연도를 밝혀두면 다음과 같다.

제1장 「조선왕조의 성립과 울산」, 『울산광역시사(역사편)』, 울산시사편찬위원회, 2002.

제2장 「조선초기 울산 염포의 대일관계상의 위치」, 『안동사학』9·10합집, 2005.

제3장 「울산지역 임란의병의 활동과 그 성격」, 『역사교육논집』31, 2003. 이 논문은 일문으로 번역되어 『韓國の倭城と壬辰倭亂』(日本 岩田書院, 2004)에 재수록.

제4장 「서생포왜성의 역사적 성격」, 『서생포왜성의 관광개발계획』, 울주군·울산과학대학 건설환경연구소, 2002.

제5장 「조선후기 사회신분제의 변화와 울산」, 『울산광역시사(역사편)』, 울산시사편찬위원회, 2002.

제6장 「『부북일기』를 통해 본 17세기 출신군관의 부방생활」, 『한국사연구』 96, 1997.

제7장 「1749년(영조 25) 울산 읍지 『학성지』의 편찬과 그 의미」, 『한국사연구』 117, 2002.

부록1 「동아시아해 국제항으로서의 울산의 위상과 그 변화」, 중국 復旦大學 역사지리연구센터 주최 국제학술대회 '동아시아해 문명형성의 역사와 환경' 발표 논문, 2007.

부록2 「조선후기 북변지역 기생의 생활 양태」, 『역사와 경계』 48, 2003.

제1장

조선왕조의 성립과 울산

1. 머리말
2. 울산지역 군현제의 정비
3. 울산의 행정 체계
4. 울산의 교통과 통신
5. 맺음말

조선왕조의 성립과 울산

1. 머리말

　조선왕조는 고려후기 사회의 여러 모순 속에서 새로운 이상사회를 구현하려는 사대부세력과 민의 성장에 기초하여 1392년 성립하였다. 조선왕조는 지방통치체제의 확립에 각별한 관심을 가져 많은 개편을 단행하였다. 고려의 다원적인 도제를 일원적인 팔도체제로 개편하였으며, 신분적·계층적 군현의 구획도 명실상부한 행정구역으로 개편하였다. 그 과정에서 속현(屬縣)과 향·소·부곡(鄕·所·部曲) 등 임내(任內)의 정리, 작은 현의 병합, 군현 명칭의 개정 등이 이루어졌다. 또한 고려의 사심관제가 경재소와 유향소로 분화 발전하였으며, 인구의 증가에 따른 자연촌의 성장과 함께 군현의 하부 구획으로 새로운 면리제가 점차 정착되어갔다.

　다만 왕권의 강약, 집권체제의 강화와 이완, 재지사족과 향촌사회의 성장 추세 및 훈구파와 사림파라는 집권세력의 성향에 따라 지방통치의 기본방식은 약간 차이가 있었다. 예컨대 관직에 일차적인 세력기반을 두고 막대한 토지와 노비를 소유하고 있던 서울의 훈구세력들은 군현제와 경재소, 유향소, 향리제, 면리제와 같은 향촌 통치체제를 관권 주도형으로 운영하고자 하였고, 이에 비해 사회경제적 기반을 일차적으로 향촌에 둔 사림세력들은 재지사족 주도형으로 그것을 운영하고자 하였던 것이다.

여기서는 조선왕조 지방통치의 전체적인 틀 속에서 울산지역과 관련한 다음의 내용을 살펴보고자 한다. 먼저 울산지역 군현제의 정비 과정을 살피고, 다음으로는 울산지역의 행정 시설과 행정의 기본구조 및 면리제의 발달을 살피고자 한다. 마지막으로 울산 지역의 도로망의 정비 상황과 그에 기초한 역제, 그리고 봉수망의 상황을 통하여 교통과 통신체계를 파악하고자 한다.

2. 울산지역 군현제의 정비

군현제는 원래 중국의 진·한이래 중앙집권적인 지방행정제도였다. 군현은 군주가 관료기구를 통해 지방을 지배하기 위하여 설정한 행정구역이었다. 전국을 일정하게 구획한 다음 중앙정부에서 선임한 수령으로 하여금 지방행정을 담당하게 한 제도였던 것이다.

우리나라에서는 이미 삼국시대부터 중국의 군현제를 받아들여 형식적인 모방을 해왔다. 신라는 9주5소경을 중심으로한 군현제도를 실시하였고, 고려는 신라의 군현제를 바탕으로 전국을 경·목·도호부로 나누고 그 관할구역 내에 지주사, 방어사, 현령 등의 수령과 임내를 영속시켰다. 이러한 고려의 군현제는 중기이후 서서히 변모하여 고려말이 되면 주, 목 중심의 도제가 확립되고, 그 밑에 주·부·군·현을 주축으로 하는 일원적 편성을 이루게 되었다.

군현제의 획기적인 정비는 조선조 태종대를 전후한 15세기에 이루어졌다. 즉 전국을 일원적인 팔도체제로 개정하고, 신분적이고 계층적인 군현체제를 명실상부한 행정구획으로 개편하는 과정에서 속현과 향·소·부곡 등 임내의 정리, 규모가 작은 현의 병합, 군현 명칭의 개정 등 지방제도의 전반적인 개혁을 단행하였다. 그리고 수령의 직급을 올리고, 장기간 재직케 하였으며, 지역민이 수령을 고소하는 행위를 금지하는 등 수령의 권한을 강화하였다. 아울러 종래 군현의 실질적인 지배자 위치에 있던 향리를 점차 지방관서의 행정사역인으로 격하시키는 등 일련의 중앙집권적 양반관료체제를 강화하였다.[1]

이렇듯 조선초기에 획기적으로 개혁된 지방행정제도는 15세기에 정비된 후 부분적인 개편은 있었으나 19세기 말까지 오백년동안 큰 변동은 없었다. 다만 향촌사회의 성장에 따른 면리제와 향촌사회의 자치적 행정체계는 특히 조선후기부터 장족의 발전을 한 부분이라고 할 수 있다.

조선왕조의 지방행정체계가 왕(중앙정부)→감사→수령→면이임으로 이어져 있듯이, 행정구역은 크게 도→주·부·군·현→면→리로 편성되어 있었다. 이들 구획은 종적인 상하관계로 볼 때는 크게 세 층을 형성하여 목민관인 수령이 관할하는 군현을 중심으로 위로는 상급 행정구역인 8개의 도역(道域)으로 편성되어 있었고, 아래로는 군현의 관내에 하부행정구역인 면과 리로 편성되어 있었다.

울산이 속했던 경상도는 태종 13년(1413) 도역이 개편된 이래 고종 31년(1894)까지 약 480년간 그대로 지속되었다. 감영은 개국 초에 경주에 있다가 세종초부터 상주로 옮겨 임난 때까지 존속되었다. 중종대

---

1) 이수건, 「지방통치체제의 특징」, 『한국사』23, 1994, 국사편찬위원회, 125쪽.

와 선조대에 각각 짧은 기간 경상도가 낙동강을 경계로 좌도와 우도로 분도된 때도 있었는데, 이 때 울산은 좌도에 속하였음은 물론이다. 선조대 임진왜란을 전후한 시기 10여년 동안에는 감영이 성주→대구→안동으로 옮겨다니기도 하였다. 그러다가 선조 34년(1601)에 감영이 대구에 완전히 정착한 이래 약 400년간 존속하였다.[2]

울산에는 태조 6년(1397) 진이 설치되면서 병마사로 하여금 지주사(知州事)를 겸하게 하였다. 얼마 후 태종 13년(1413)에 전국적인 지방제도의 개편이 있을 때 울주에서 지금의 이름인 울산군으로 이름이 개정되었고, 수령으로 지군사를 두었다. 이어 태종 15년(1415)에 군의 치소가 있던 지금의 병영동인 거마곡에 경상좌도 병마도절제사영을 설치하고, 병마도절제사로 하여금 지군사를 겸하게 하였다. 이러한 병영의 설치는 국가적 차원에서 이 지역이 경상도에서 가장 중요한 군사적 거점지로 인식되고 있었음을 보여주는 것이다. 언양에는 독립된 현이 설치되어 있어 조선초이래 현감이 파견되었다.[3]

그 후 세종 8년(1428)에 울산군의 치소(治所)를 병영의 서쪽 7리 밖, 즉 현재의 동헌자리로 옮기고, 이후 약 10년간 좌병영을 폐지하여 이를 창원에 있던 우병영과 합친 바 있었다. 그리하여 울산에는 병영 대신에 진이 다시 설치되고 병마첨절제사가 지군사를 겸하게 되었다. 그러나 세종 19년(1439)에 울산군은 일시적으로 도호부로 승격하였고,

---

[2] 대구시사편찬위원회, 『대구시사』제1권(통사), 1995, 461~462쪽, 701~703쪽. 한편 경상도의 사방 경계는 동쪽과 남쪽은 바다에 접해 있고, 서쪽은 지리산 또는 산음현의 육십령에 이르며, 북으로는 죽령 및 문경현의 조령에 이르렀다. 동서의 거리가 376리, 남북이 448리가 되며, 소관 읍수는 부윤 1, 대도호부 1, 목 3, 도호부 6, 군 15, 현 40이었다.

[3] 『신증동국여지승람』, 울산군·언양현. 『울산부읍지』(1832년, 1871년 간행), 건치연혁. 『언양현읍지』(1832년, 1871년 간행), 건치연혁. 이하 울산과 언양의 연혁에 대한 것은 위의 책들을 대비하여 서술하였다.

병영도 다시 설치되었으며, 병마도절제사가 도호부사를 겸하였다. 하지만 이 체제도 오래가지 못하고 바로 그 해 말에 병영은 그대로 존치한 가운데, 도호부는 군으로 다시 환원되었다. 이때부터는 병마도절제사로 하여금 수령을 겸하게 하지 않고 군수를 따로 파견하여 행정을 담당케 하였다.4) 그리하여 울산군에는 종 4품의 군수가 파견되었다. 언양현에는 조선초부터 종 6품의 현감이 파견되고 있었다.

그 후 임진왜란 직후인 선조 32년(1599)에 울산군에서 울산도호부로 승격되었는데,5) 이 때 병마절도사(구 병마도절제사)로 하여금 다시 도호부사를 겸임케 한 듯하다. 도호부로의 승격은 임진왜란시 울산지역의 의병들이 왜적을 물리치는 데 큰 공을 세웠던 것이 크게 작용한 결과였다. 도호부는 고종 32년(1895)의 지방제도의 개편이 있을 때까지 약 300년간 지속되었다. 선조 32년(1599)에는 잔약한 현이었던 인근의 언양현을 합속하기도 하였으나, 10여년 뒤인 광해군 4년(1612)에 다시 언양을 분리하여 복현시켰다.6) 광해군 9년(1617)에는 병마절도사의 도호부사 겸임을 폐지하고 전임 도호부사를 파견하게 되어 다시금 행정이 독립하게 되었다. 그 후 고종 32년(1895)에 지방 관제가 개정되면서 기존의 8도체제가 폐지되고 전국이 23부로 재편됨으로써 기

---

4) 이후 군수가 계속 파견되었음은 『울산부읍지』(1871년 간행)에 등재된 조선전기 수령 명단에서 확인할 수 있다. 예컨대 문신으로서 울산군수로 파견된 마지막 인물들인 정인귀와 이형의 경우 정확한 부임 시기는 모르지만, 그들이 문과에 급제한 시기가 각각 명종 16년과 선조 9년인 점으로 미루어 군수로의 부임은 선조년간이었음이 분명하다고 하겠다. 이로 미루어 볼 때 임진왜란 전까지 울산에는 병마절도사와 별도로 행정을 전담하는 군수가 파견되었음을 알 수 있다.
5) 『울산부읍지』(1832년 간행), 건치연혁. 울산부읍지에는 도호부로의 승격을 선조 31년의 일로 기재하고 있으나, 그 아래 부기한 '기해년'이나 '만력 27년'은 선조 32년이다.
6) 위와 같음.

존 군현의 명칭 및 관명이 군으로 통일될 때 울산도호부는 울산군으로, 언양현은 언양군으로 각각 개정되었다. 그 후 1914년 일제강점기 때 전국적 차원의 대대적인 행정구역 개편으로 많은 군들이 통폐합될 때, 울산군은 언양군을 합속하게 되었다.

조선시대 울산지역의 영역은 시대의 변천에 따라 약간의 변화가 있었는데, 울산지역 내부에서의 변화는 생략하고 인근 군현과 관련된 부분에 한정하여 그 양상을 간단히 보면 다음과 같다. 먼저 울산군에 속해있던 하미면이 숙종 7년(1681) 기장현에 속하게 된 사실을 지적할 수 있다.[7] 914년에는 울산군 웅상면이 양산군에 이속되었다.[8] 그리고 태종대에 경주군으로 이속되었던 외남면 지역이 1905년 언양군에 다시 속하게 되면서 두북면으로 개명되었다가 1917년에 두동면과 두서면으로 나뉘어졌다.[9]

3. 울산의 행정 체계

1) 울산의 행정 조직과 시설

조선왕조는 건국초기에 전국을 8도로 구획하여 각 도에 관찰사와 도사(都事)를 중앙에서 파견하였다. 관찰사는 1도를 총관하고, 도사는

---

[7] 『숙종실록』11, 7년 6월 갑진. 울산읍지에는 하미면이 기장현으로 넘어간 시기가 효종 2년(1651)으로 되어 있다.(『울산읍지』(1832년), 건치연혁) 그런데 기장출신 생원 김방한의 상소문에 의하면 이 지역은 효종 4년에 기장현으로 넘어간후 효종 10년에 울산으로 환속되었음을 알 수 있고, 그의 상소에 의해 숙종 7년에 완전히 기장현으로 넘어간 듯하다.(金邦翰, 『鰲停逸稿』상, 乞下味面還屬疏) 하미면은 오늘날 부산광역시 기장군 장안읍 지역이다.

[8] 『울산읍지』(1934년), 읍면연혁, 웅촌면.

[9] 『울산읍지』(1934년), 읍면연혁, 두동면.

관찰사의 유일한 양반 속료로서 점차 그 직책이 관하 관리들의 감찰을 주로 하게 되었다. 각 도의 대소읍은 그 취락의 대소, 인구의 다과, 전결의 광협에 의기하여 부·대도호부·목·도호부·군·현으로 등급이 정하여졌다.

수령으로는 그 읍세의 규모에 따라 최고 종 2품에서 최하 종 6품에 걸쳐 있는 부윤·대도호부사·목사·부사·군수·현령·현감이 파견되었다. 조선왕조의 지방행정은 수령을 중심으로 행해졌으며, 이들 수령은 행정체계상으로는 모두 병렬적인 존재로서 관찰사의 관할 하에 있었다. 다만 이들 수령이 겸대한 군사직으로 말미암아 수령간에 상하의 계통이 형성되기도 하였다. 이러한 군현의 수령행정체계는 태종조에 정비되고, 세종조의 보완기를 거쳐 마침내 『경국대전』에 구체적인 모습이 담기게 되었다.

『경국대전』과 『신증동국여지승람』에 의거하여 조선시대 일반 행정구역 단위로서의 군현의 기본구조를 정리하면 다음 표와 같다.[10]

〈표 1〉 조선시대 군현의 기본구조

구분 \ 읍격	주	주	부	군	현	현
수령	부윤 (종2품)	대도호부사· 목사 (정3품)	도호부사 (종3품)	군수 (종4품)	현령 (종5품)	현감 (종6품)
유향소 좌수	1인	1	1	1	1	1
유향소 별감	3인	3	3	2	2	2
읍사(邑司)	주(부)사	주(부)사	부사	군사	현사	현사

10) 이수건, 『조선시대 지방행정사』, 민음사, 1989, 237쪽. 이하 행정체제에 대한 서술 중 별다른 전거가 제시되지 않은 것은 주로 이 책에 의거하였다.

구분 \ 읍격	주	주	부	군	현	현
향교 교수·훈도	교수	교수	교수	훈도	훈도	훈도
향교 유학·생도	90인	90	70	50	30	30
서원(書員)	34인	30	26	22	18	18
일수(日守)	44인	40	36	32	28	28
관노비	600인	450	300	150	100	100
향교노비	30인	25	20	10	10	10
관둔전(官屯田)	20결	20	16	16	12	12
아록전(衙祿田)	50결	50	50	40	40	40
공수전(公須田)	15결	15	15	15	15	15

위의 표와 같이 군현은 읍격과 수령의 관등에 따라 인적 구조와 물적 정액에 차이가 있었다. 그러나 그 수치는 법제상 정액된 것이며, 실제는 읍세에 따라 차이가 있었다.

지방 행정의 기본 구획으로서의 군현은 일정한 구역에 일정한 주민, 그것을 통치하는 행정조직과 관아·창고 등의 시설을 가졌다. 군현 관아의 소재지인 읍치는 군현행정의 중심으로서 대개 주위는 성곽으로 둘러있었고, 그 안에 수령 관아를 비롯하여 각종 관청, 누정, 창고 등이 배치되었다. 각종 관아시설의 규모는 읍격과 읍세에 대체로 비례하였으며, 조선후기 사회 경제적 발전으로 지방도시의 성장추세에 따라 읍치의 규모와 관아시설도 확대되어 갔다. 각 군현의 관아나 창고 시설은 모든 군현이 거의 같았고 단 규모에 있어 차이가 있었을 뿐이다.

조선후기 울산도호부의 주요한 관아 시설로는 동헌(東軒), 내아(內衙), 객사(客舍), 향사당(鄕射堂), 양사재(養士齋), 군관청(軍官廳), 양무당(養武堂), 기고당(旗鼓堂), 주진당(主鎭堂), 토포청(討捕廳), 도

총소(都摠所), 작청(作廳), 형리청(刑吏廳), 예리청(禮吏廳), 병색청(兵色廳), 공방(工房), 호적소(戶籍所), 상정소(詳定所), 약방(藥房), 통인방(通引房), 관노방(官奴房), 사령방(使令房) 등이 있었다. 그 중 동헌은 수령이 공무를 보던 집무처로 가장 중심된 건물인데, 울산의 경우 숙종 6년(1680) 부사 김수오가 창건하여 처음에는 당호를 일학헌(一鶴軒)이라 하였는데, 영조 36년(1760) 부사 홍익대가 중창하고 반학헌(伴鶴軒)으로 당호를 바꾸었다. 그리고 객사는 궐패(闕牌) 즉 임금을 상징한 '闕'자를 새긴 위패 모양의 나무 패를 모셔두고, 정조(正朝)·동지·탄일 등 특별한 날에 지방관이 국왕을 향해 배례하는 장소였으며, 왕명을 받들고 내려오는 벼슬아치를 대접하고 묵게 하던 곳으로도 활용되었는데, 울산의 경우에는 학성관이라 하였다. 임진왜란 시 소실된 것을 현종 8년(1667)에 부사 류지립이 중창하였으나, 역시 영조 47년(1771)에 다시 화재로 소실되었다. 4년 뒤에 부사 윤득림이 중건하였으나 순조 31년(1831)에 다시 불탔으며, 이듬해에 또다시 중건하는 등 많은 곡절을 겪었다.[11]

〈사진 1〉 울산도호부 관아의 동헌 건물

---

11) 『울산부읍지』(1832년, 1871년, 1895년 간행), 公廨.

한편 언양현에도 성안에는 평근당(平近堂)이라는 동헌과 객사건물을 위시하여, 향사당·연리청(掾吏廳)·군관청·현사·형방소·통인방·군기소·공방소·나장방·관노방이 있었고, 그 외 각종 창고들이 들어서 있었다. 그리고 성 밖에는 상정소·양무당·기고당·석빙고 등이 배치되어 있었다.[12]

2) 울산행정의 구조

조선왕조의 지방통치는 이원적인 구조로 이루어졌다. 하나는 관찰사-수령-향리로 이어지는 행정의 계통이었고, 또 다른 하나는 경재소-유향소로 이어지는 양반 사족들의 계통이었다. 따라서 지방의 힘의 역학관계는 수령-향리-재지사족이 각기 자신들의 힘을 토대로 세 개의 축을 형성하고 있었다. 수령과 향리는 관이라는 면에서 재지사족을 견제할 수 있었고, 수령과 재지사족은 신분적으로 양반이라는 관점에서 중인인 향리를 견제할 수 있었으며, 향리와 재지사족은 같은 지역의 토착세력이라는 점에서 외지인인 수령을 견제할 수 있었던 것이다. 이러한 역학관계로 말미암아 한 세력이 독주하지 못하게 됨으로써 지방의 통치를 원활히 할 수 있었던 것이다.

그렇다고 하더라도 군현제하의 지방행정은 전적으로 수령에게 달려있었다고 해도 과언이 아니다. 수령은 왕의 분신으로 한 읍의 군주와 같은 존재였으며, 지방 주민의 안락과 근심 걱정은 오로지 이들 수령의 현부에 달려 있었기 때문이었다. 조선조의 역대 군주들은 수령의 선임에 특별한 관심을 갖고 있었고, 그 선임도 신중히 하였다.

수령의 임기는 태조·태종대에는 30개월, 세종에서 단종대에는 60

---

[12] 『언양현읍지』(1871년 간행), 宮室.

개월, 세조대에는 다시 30개월로 되었다가 『경국대전』에는 1,800일 즉 약 5년으로 규정되었다. 그러나 실제에 있어서는 수령은 직속상관인 관찰사 외에도 중앙의 대간이나 여러 계통의 감시와 견제를 받고 있어서 그 임기를 제대로 채우지 못하는 경우가 많았다. 실제 울산 지역 수령의 경우에도 3년을 넘기는 경우가 많지 않았던 것이다.

울산을 담당하였던 수령의 명단은 조선전기의 경우 구체적으로 알 수가 없고, 조선후기의 경우는 읍지를 통해 확인할 수 있다. 이를 표로 나타내면 다음과 같다.[13]

〈표 2〉 조선조 울산의 수령 명단

조선전기		李殷 楊五福 李復禮 田時貴 李殷 李友 李山斗 李思儉 金布 崔澄 魏种 李處溫 鄭贈 孫孝胤 歈山寶 鄭以禮 金潤 金乙適 孫光衍 朴善 金伋 辛孟卿 金宗直 朴復卿 金洵 鄭世弼 宣憲 李世琳 李友 申從溥 蔣孝範 愼邦佐 李希伯 崔繼勳 申國樑 金漢卿 徐克一 郭邆 李求仁 裵德文 李繼義 鄭寬 李琬 李世蕃 李珦 魚泳濚 黃汝獻 表賀 李廷麒 李漢卿 高敬命 李濟臣 林希茂 金逸駿 鄭仁寬 李彦愉 曺千齡 孫英濟 崔慶長 閔忠男 金復一 李瑩 鄭仁貴 金友皐 張應 李彦誠 金太虛 邊夢龍
조선후기	선조조(선조32년이후)(1599~1608)	金應瑞 郭再祐 朴毅長 李英 金太虛 金應瑞 鄭起龍 李瓊(이상 兼府使)
	광해군조(1608~1623)	朴毅長 李廷彪 李偘 朴毅長(이상 兼府使) 鄭起龍 禹致績 尹敬得 柳潤 李舜民 朴思齊(이상 府使)
	인조조(1623~1649)	李克信 宋克訒 閔汝俊 曺明勖 洪命亨 朴明榑 李必達 韓琂 吳溍 李後天 孟世衡 李崍 都愼修 李向馥 盧俊命(이상 府使)
	효종조(1649~1659)	金廈樑 尹世任 申弘望 金宗一 金宗泌 金雲長(이상 府使)
	현종조(1659~1674)	鄭始成 李後奭 全命龍 鄭承明 趙汝秀 南天澤 柳志立 鄭之虎 洪聖龜 朴興文 閔重魯(이상 府使)

---

13) 『울산부읍지』(1832년, 1871년, 1895년 간행)의 宦蹟條와 『조선왕조실록』을 대비하여 작성하였다.

조선후기	숙종조 (1674~1720)	安垕 任弘望 柳譚厚 金粹五 安漢珪 李善源 張璜 李國華 鄭壽俊 南弼星 朴身之 金灝 成瑨 成虎臣 洪重周 成碩夔 金始慶 羅學川 姜世輔 朴斗世 柳鳳徵 鄭必東 朴澄 沈樘 崔慶涅 宋道涵 鄭東後 朴萬普 李深(이상 府使)
	경종조 (1720~1724)	洪尙賓 慶聖會(이상 府使)
	영조조 (1724~1776)	安瑞羽 李萬維 金始鎭 李光混 尹就咸 安慶運 權相一 吳命厚 李義宗 鄭廣運 尹志泰 李光溥 兪彦通 尹得徵 李燦元 李光混 朴璿 李光澳 南鶴宗 朴昌潤 宋復駿 鄭幹 閔光遇 沈毅 趙擎 南有容 安允行 任蕆 洪益大 趙載選 申景祖 尹得霖(이상 府使)
	정조조 (1776~1800)	金愚 洪益喆 李在亨 吳在文 李東賓 沈公藝 兪漢緯 李元采 丁載遠 李敏亨 鄭東協 李義逸 鄭昌期 李性重 李廷仁(이상 府使)
	순조조 (1800~1834)	洪秉周 林性運 兪殷柱 趙鎭宣 李爒 徐洛修 朴宗民 兪漢寔 徐有儞 李義悅 趙咸永 李種祜 李憲周 趙濟仁 元錫範 宋宗洙 閔致文 趙濟晩(이상 府使)
	헌종조 (1834~1849)	尹行定 兪碩柱 尹致成 李玄緒 金喬根 金箕絢 趙雲始 尹日善(이상 府使)
	철종조 (1849~1863)	朴齊韶 趙秉性 趙澈林 洪鍾茂 沈明奎 鄭基 李容在 金琦淳 沈遠悅 尹興鎭 李忠翼 李寅皐 韓圭錫 徐兢淳 金俊根(이상 府使)
	고종조(고종 32년까지) (1863~1895)	鄭顯奭 曺演承 高奭鉉 金九鉉 尹庚鎭 宋寅玉 李義性 鄭基大 張錫龍 朴膺萬 李泰鎭 金樂義 鄭璣相 朴世秉 李啓夏 金瀗秀 金永稷 金永順 韓應周 安鍾悳(이상 府使)

한편 언양현의 수령은 자세한 재직기간은 알 수가 없고, 명단만 읍지에 파악되어 있는데, 이를 참고로 제시하면 다음과 같다.[14]

<표 3> 조선조 언양의 수령 명단

조선전기	鄭包 張孝禮 金師硨 徐居廣 梁鳳鳴 金仲宗 卞宗悌 姜允 金欽 金權 金致利 李聃龍 成世臣 金欽祖 閔世貞 洪彦邦 田胤弼 林薰 鞠大範 黃瑄 朱士豪 徐時重 魚泳潭 魏德和 金太虛 金昕 朴弘春

---

14) 『언양현읍지』(1832년, 1871년, 1895년 간행)의 宦蹟條와 『조선왕조실록』을 대비하여 작성하였다.

조선후기 (1895년까지)	李應明 琴德華 李時望 李瑜 辛邦檜 沈大伯 朴惟健 梁斗南 徐怕 金瀅 趙澈 金寧 李士珪 郭龍伯 李興業 張遠 金瓚 奇孝宗 金興祖 申可貴 金益堅 黃寧 辛景輅 李弘箕 崔千仞 鄭之屛 權曤 韓世雄 曹士允 崔國成 李昌冑 南勇賓 金贊 宋克悌 姜賸 金渭 丁以傑 南聖雨 安世柱 趙復漢 朴熙世 宋揆 崔世選 申汝泩 趙元陽 張格 張孝源 李弘遹 趙裕錫 吳再道 李後悅 金葵 劉大義 宋光林 蘇正宇 金聲玉 李基命 牟一成 具萬理 李晩大 李台望 李光熰 李安世 韓爾錫 李思順 李宜泰 洪胤源 柳文龍 吳碩宗 朴銑 柳漢柱 趙廷佑 朱杓 張齊尙 金乃衍 金得煋 尹守泰 洪晟 李得駿 成箕柱 林世載 呂善泰 朴長濂 金鳳顯 李彦愼 權正遇 李元植 方處坤 鄭宅慶 吳應常 李邦幹 成國民 韓景禹 閔修顯 金時弼 閔心燦 洪格 李得鉉 曺慶夏 李夔秀 李周彦 許秱 成建鎭 李寬福 李濟遠 金達衡 崔弘德 李魯昌 李龍求 白致彦 王熙澤 林一馥 成元鎭 許根 李敏吾 金憲祖 朴有鵬 邊弘主 孫海遠 宋熙直 南宮溶 李基肇 徐益輔 李文欽 李民熙 許璥 洪佑人 鄭璣相 李容觀 李晩鉉 權日圭 李啓錫 李圭㝏 李鍾林 尹秉寬 尹養大 崔鳳煥 具志鉉 元容銓

위의 수령들은 짧게는 1년에서 길게는 드물게 4~5년 정도 재임한 경우도 있었는데, 대개 1~3년 사이에 교체된 것으로 나타난다. 울산 수령 중 겸부사는 병마절도사로서 울산부사를 겸하였다는 의미인데, 이 경우에는 따로 판관을 파견하여 행정적 업무를 보좌하게 하였다. 다만 위의 표에는 판관은 기재하지 않았다. 수령으로 두 번 이상 부임한 특이한 사례도 있었다. 박의장(朴毅長)의 경우 선조조와 광해군조에 걸쳐 세차례나 병마절도사에 임명되어 울산부사를 겸한 바 있었다. 그 외에 김응서(金應瑞)가 선조조에 두 차례, 정기룡(鄭起龍)이 선조조와 광해군조에 걸쳐 두 차례 병마절도사로서 부사를 겸한 바 있으며, 이광식(李光湜)은 영조조에 두 차례 부사로 임명된 바 있다.

울산 지역에서 특별한 치적을 남긴 수령으로는 성종조의 박복경(朴復卿)이 태화루를 중수한 치적이 있었고, 선조조의 김태허(金太虛)와 정기룡은 임진왜란 때 왜군을 토적하는 데 큰 공을 세운 바 있다. 그리고 조선전기의 울산군수였던 이제신(李濟臣)은 문장과 기절(氣節)이 뛰어났을 뿐아니라 효와 덕으로 백성을 다스려 풍속을 크게 변화시킨 것으로 칭송을 받았던 인물이다. 그 외 선정을 베푼 울산부사로는 이세림, 신홍망, 송극인, 김복일, 박명부, 맹세형, 김운장, 도신수, 민여임, 정지호, 류담후, 남필성 등이 있었다. 한편 언양현감 중에서는 명종조의 영남사림파의 일원이었던 임훈(林薰)이 유풍을 진작한 공으로 널리 기억되었고, 세종조의 서거광(徐居廣)을 위시하여 신가귀, 이홍기 조사윤, 강응 등이 백성을 사랑하며 선정을 베푼 것으로 칭송이 있었던 인물들이다.

〈사진 2〉 울산을 거쳐 간 수령들을 기린 각종 공덕비

수령을 보좌하여 지방 행정의 실무를 담당한 것은 향리였다. 향리의 직제는 고려시대의 것을 답습하면서 태종·세종조에 크게 정비되었다. 수령직의 강화와 향리지위의 격하라는 시대적 추세에서 향리직제도 향청의 조직과 함께 수령의 하부행정체계로 일원화되었고, 호장도 이방·호방·형방 등과 함께 육방체제에 흡수되고 말았다. 향리의 정원은 법전에 규정되어 있었으나 잘 지켜지지 않은 것 같고, 결국 읍세

와 이족의 형세에 따라 차이가 있었다. 조선후기에 들어와 향리의 직제는 더욱 세분화되었다. 이는 지방행정업무의 분화에 따른 결과이기도 하였지만, 조선후기 관청의 기강 문란과 향리수의 과다로 인해 새로운 직과가 많이 만들어졌기 때문이었다.

향리는 신분적으로 중인에 속해 있어서 과거에 응시할 수는 없었으나, 지방 행정의 실무를 담당하면서 실질적인 힘을 가지고 수령과 인민의 중간에서 농간을 부리기도 하였다. 이들은 수령들이 자신의 부임지역에 대해 소상히 알고 있지 못한 점과 행정실무에 어두운 점을 십분 이용하여 실리를 취하고자 하였다. 조선초기에는 비교적 관의 기강이 엄격하여 부정을 저지르는 경우가 적었으나, 점차 기강이 문란해지면서 수령부터 사리에 눈이 어두워졌고, 여기에 편승하여 향리들도 불법을 많이 행하였다. 특히 향리들은 국가로부터 녹봉을 받지 못하였으므로 최소한의 생계 유지를 위해서도 부정한 행위를 하지 않을 수 없었다. 이점은 조선왕조가 가지고 있었던 제도의 구조적 모순이었다고 하겠다.

그 외 수령을 보좌하던 속료로는 군사 및 경찰 업무를 담당한 군교(軍校)가 있었으며, 그 밑에 사령(使令) 또는 나장(羅將)이라 불리는 부류가 있어서 잡무를 담당하였다. 관의 최하층 구성원으로는 관노비가 있어 수령의 공사생활은 물론 대내외적인 고된 잡역과 사환에 시달리고 있었는데, 관노에는 급창(及唱), 고직(庫直), 구종(丘從), 방자(房子) 등이 있었고, 관비에는 기생(妓生)과 수급(水汲) 등이 있었다.

한편 수령의 지방행정을 보좌하는 것으로 지방자치적인 성격이 강한 유향소(留鄕所)가 있었다. 유향소는 조선후기에 오게 되면 향청 또는 향소(鄕所)라 불리었다. 유향소는 경재소(京在所)와 함께 고려의 사심관제에서 분화 발전한 것으로 조선왕조를 개창한 신흥사대부 세력이 그 때까지 군현의 지배권을 가지고 있던 향리를 배제하고 재경관인과 연결된 재지사족 주도의 지방통치와 성리학적 향촌사회질서를 확립하기 위한 목적에서 설치되었던 것이다. 울산과 언양의 유향소에는 각각 좌수(座首) 1인과 별감(別監) 2인이 배치되어 있었다. 유향소의 권한은 시대와 군현에 따라 현저한 차이가 있었다. 16세기 이래 재지사족이 강성한 삼남지방의 대읍에는 독자적인 조직체계를 갖추고 수령과 협조 또는 대립관계를 유지하기도 하였으나, 그렇지 못한 곳에서는 수령의 통치를 보조하는 기관으로 정비되어 갔다. 사족세력이 그다지 강성하지 못했던 울산과 언양의 경우는 후자에 해당되었다고 생각된다.

더구나 임진왜란 이후 경재소가 혁파된 후 유향소는 이제 후원세력이었던 경재소 대신에 수령의 일방적인 권한하에 들어가게 되었다. 그리하여 조선후기의 향청은 면리제의 발달과 함께 수령의 하부기관으로 존재하면서 위로는 수령의 치읍을 보좌하고, 아래로는 면이임을 거느리고 향리를 규찰하면서 군읍행정은 물론, 향교, 서원, 향약 조직과 횡적 유대를 갖고 수령의 하부 행정을 짊어지는 기관이 되었다.

조선후기 울산도호부에 배치되어 수령을 보좌하였던 각종 하부 관원들의 상황을 보면, 좌수 1인, 별감 2인, 군관 25인, 향리 73인, 지인(知印) 33인, 사령 29인, 관노 34인, 관비 14인이 배치되어 있었다.[15] 이 수는 시간이 지나면서 조금씩 늘어났는데, 1871년 『울산부읍지』에는 향리·지인·사령을 합하여 170명이 되었고, 관노와 관비가 각각 30명과 24명에 이르러 그 전보다 조금씩 늘어난 것을 확인할 수 있다. 그리고 언양현의 경우에는 좌수 1인, 별감 2인, 군관 13인, 향리 24인,

---

15) 『울산부읍지』(1832년 간행), 관직.

서원(書員) 5인, 지인 14인, 사령 16인, 관노 13인, 관비 13인이 배치되어 있었다.16)

3) 면리제의 발달

군현의 하부단위로는 면과 리가 있었다. 우리나라 역사상 면리제가 본격적으로 시행된 시기는 조선초기부터였다.『경국대전』에 의하면 5호를 1통, 5통을 1리로 하고, 몇 개의 리를 합하여 일면을 만들고 통에는 통주(統主), 리에는 이정(里正), 면에는 권농관(勸農官)을 각각 둔다고 하였다. 그런데 이러한 법전 규정의 면리제가 실제 전국의 말단 행정구역에까지 보급되기까지에는 상당한 시일이 걸렸다. 조선초기에는 주·부·군·현이 각기 읍치를 중심으로 동·서·남·북면과 같이 몇 개의 방면으로 면을 나누고, 이러한 면 밑에 리·촌·동의 자연촌이 부속되어 있었다. 면리제의 정비과정은 일반적인 군현제의 발전 추세와 마찬가지로 조선초기에는 향·소·부곡이 리·촌으로 개편되었다가 나중에 인구 증가에 따른 자연촌락의 성장으로 리·촌이 다시 면으로 승격해갔다. 다만 조선전기에는 고려와 조선후기의 중간에 개재한 과도기적 성격을 띠어 면과 촌, 또는 리와 사·동·촌이 때로는 상하관계로, 때로는 병렬적으로 존재하여 그 명칭이 혼용되고 있었다.

수령의 하부 행정체계도 수령→향리→면리임(面里任)→면리 주민, 또는 수령→유향소→면리임→면리 주민으로 연결됨으로써 향리와 유향소가 서로 견제, 갈등하는 위치에 있었으나, 대체로 16세기부터는 수령→향리·향청→면리임으로 연결되는 것으로 정리되었다.

---

16)『언양현읍지』(1832년 간행), 관직.

즉 면리임은 수령의 지휘 감독 하에서 향리와 향청의 중간 단계를 거쳐 면리행정을 수행해 갔던 것이다. 면리제는 지방 행정에 있어서 조선후기에 와서 가장 획기적으로 발전한 분야였다. 그것은 시대의 진전에 따른 사회경제적 발전과 함께 향촌사회가 그만큼 성장하였기 때문이었다.

참고로 조선후기 울산지역의 면리 구성 상황을 보면 다음 표와 같다.17)

〈표 4〉 조선후기 울산지역의 면리 구성

지역	면명	리명
蔚山都護府 (16面 323里)	上府面	吉村 有谷 盤谷 太和 和津 平洞 昌盛 牛巖 性洞 上里 鶴南 鶴西 校洞 江亭 下西 內部 外部 北文 城南 路北 路西 路下 路上 北亭 路東 石東
	下府面	東部 鳩亭 平村 明村 連巖 大島 上坊 楊亭 山城 栗洞 孝門 舊校 內隍 雉陸 雉津 富平 獨島 中里 新島
	內廂面	東洞 西洞 南洞 北洞 郭南 南外 內若 外若 長峴 山酒 陣長 漁府
	農東面	二院 若水 冷泉 新只 麻洞 槐亭 堤內 水城 水東 次東 池堂 松亭 化東 松內 次西 院旨 化山 德洞 店里 化亭
	農西面	泉谷 銅山 詩禮 五政 達川 常安 加大 新畓 昌佐
	凡西面	關門 用淵 尺果 連洞 沙良 新安 內沙 新里 中里 曲淵 垈洞 川上 平川 九永 新卜 無去 三湖 茶田 云谷 末亭 驛里 長釼 店里
	內峴面	三山 中里 新卜 串旨 小亭 葛峴 格洞 月坪 奉月 新里 上里
	外峴面	途山 松湖 也音 上開 化庄 新安 細竹 開谷 城外 用淵 用海 深浦 深海 用岑 九尾 柳串 梅湖 喬巖 古沙 九尾 長承 楊竹 楊海 明山 沙平 仙巖 內開 城內 釜谷 明洞 呂川 中里 晩峀 山安 川谷 花谷 月下

17) 언양현의 경우는 1832년에 간행된 『언양현읍지』에 근거하였다. 그런데 울산도호부의 경우는 1832년과 1871년에 편찬된 『울산부읍지』에 면리가 구체적으로 제시되어 있지 않기 때문에 부득이 1895년에 편찬된 『울산부읍지』에 근거하여 작성하였다.

지역	면명	리명
蔚山都護府 (16面 323里)	靑良面	斗峴 眞谷 開山 豆旺 永丑 內栗 外栗 盤亭 竹田 上亭 下亭 中里 德亭 良川 良東 松田 上南 新村 吾川 回鶴 處容 巨南 回南 長只 四方 山下 新只 目島 達浦 店里 烏大 殊文
	溫南面	外光 新只 大云 鉢里 進洞 上禿 江月 延洞 渭洞 陽巖 用洞 云谷 軍令 新里 羅士 羅海 公西 士安 貴旨
	熊上面	內山 梅谷 山下 梨川 德溪 月羅 長興 平山 周津 楡谷 百楡 召周 新溪 大周 竹田 岐山 片坪 三呂 西倉 用巖 用堂
	熊下面	臥旨 連番 冠洞 古也 銀下 德谷 德峴 云巖 巖谷 檢丹 上垈 中垈 下垈 中坪 曲川 椒井 新里 桶川 石川 石溪 五卜 大陽 紙所 內基 肝谷
	溫北面	望化 山陽 德洞 新庚 山城 石堂 岐山 石溪 松亭 大安 新安 新元 山南 月川 新回 種洞 下回 內回 上西 下西 西湖 唐浦 上回 東坪 公東 古沙 中光 梨津 江口 也東 泮長
	東面	東部 西部 牧場 鹽浦 新田 渼淸 花岑 方魚 日山 田下 尾浦 大便 朱田
	江東面	板只 板海 只洞 卜星 楮田 楮海 堂巳 堂海 於勿 九南 達洞 達峴 山陰 大安 亭子 亭海 新田 地境 長嶝 竹田 地海
	西生面	舊鎭 鎭下 北洞 南洞
彦陽縣 (6面 36里)	上北面	邑內 松北里 於音里 盤松 泉所里 盤湖里
	中北面	盤谷里 茶開里 直洞里
	下北面	池內里 香山里 道洞里 山前里 禾皮里 石南里
	上南面	楊等里 巨里洞里 吉川里 鳴村里 登億里 川前里 梨川里
	中南面	校洞里 德泉里 坪里 雙水亭里 大野里 方基里
	三同面	早日里 松亭里 金谷里 新基里 荷岑里 鵲洞里 九秀里

4. 울산의 교통과 통신

1) 울산지역의 도로망

중앙집권적 전제군주국가에 있어서 도로가 담당한 역할은 극히 중요하였다. 그것은 경제적인 면에서 지방의 물자를 중앙으로 신속하게 집결시키는 수단이 되었을 뿐 아니라 행정적·군사적인 면에서 중앙과 지방을 신속하게 연결시켜 줌으로써 중앙집권을 강화케 하는 수단이 되기도 한 때문이다. 따라서 역대의 군주 가운데 도로에 관심을 보이지 않은 이가 드물었고, 그로 말미암아 도로를 개선하려는 노력은 부단히 지속되었을 것이다. 그러나 결과적으로 보면 당시의 사회가 지닌 여러 가지 제약 때문에 시대의 변천에 따른 도로사정의 변화란 그다지 괄목할만한 것은 되지 못하였다.

조선전기의 도로망에 대하여『경국대전』에는 경성-개성부, 경성-죽산, 경성-직산, 경성-포천 등 근기지방의 4개 간선도로를 대로로 규정하고 있다.[18] 그리고 중로는 경성-양근, 죽산-상주, 진천-성주, 직산-전주, 개성-중화, 포천-회양 등 6개 도로망에 국한되어 있었다. 그 나머지 도로망은 모두 소로였다.

조선후기에 와서도 도로망은 전기에 비하여 큰 변동은 없었던 것 같다.『속대전』에도 전국의 도로를 역시 대·중·소로로 구분하였다.[19] 대로는 경성-용인, 경성-개성부, 경성-포천에 연결되는 도로망이었다. 조선전기에 넷이었던 대로가 후기에 와서 형식상 셋으로 줄어든 셈이지만 실제로는 전기의 경성-죽산, 경성-직산 등 2개 도로망이 후기의 경성-용인의 하나로 통합되어 용인에서부터는 중로로 죽산과 직산으로 연결된 것이므로 근본적인 변동이 있었다고 할 수는 없겠다. 중로는 경성-양근, 죽산-상주, 용인-전주, 개성-의주,

---

18)『경국대전』, 공전, 원우.
19)『속대전』, 병전, 역로. 그러나 그것은『경국대전』에서처럼 도로의 시발점과 종착역을 명시한 것이 아니고, 다만 역을 대·중·소 3등급으로 구분하고 있기 때문에 각 역의 위치를 지도상에 확정한 다음과 같은 등급의 역을 점철하여야 대·중·소로의 정확한 윤곽을 알 수 있게 되어 있다.

포천 - 종성, 용인 - 영동, 충주 - 단양 등의 7개 도로망이었다. 전기에 비하여 다소의 변동이 있었던 것은 중로였던 진천, 성주의 도로가 소로로 바뀌고, 대신 충주 - 단양의 도로가 중로로 승격된 것이다. 나머지는 큰 변동이 없었다.

　이상과 같은 대·중·소로의 구분 외에 『증보문헌비고』는 전국적으로 가장 긴요한 9대로를 제시하고 있다.[20] 즉 경성 - 의주, 경성 - 경흥, 경성 - 평해, 경성 - 유곡역 - 부산, 경성 - 유곡 - 통영, 경성 - 삼례 - 통영, 경성 - 제주, 경성 - 충청 수영, 경성 - 강화 간의 도로이다. 위의 9개 대로는 모두 경성에서 국경의 주요 관문이나 군사적 요새지와 연결된 것임을 알 수 있다. 따라서 이 도로망의 역할은 군사적·행정적인 면에 있었음을 알 수 있다.

　이상과 같은 조선시대 전국의 도로 전체 상황에서 판단한다면, 울산지역의 도로는 그다지 큰 비중을 갖고 있지는 못한 듯하다. 『경국대전』과 『속대전』의 규정에 의하면 울산지역의 도로는 소로에 해당되었다. 『증보문헌비고』에 제시된 9개 대로도 울산지역을 통과하고 있지 않다. 가장 근접한 경성 - 유곡역 - 부산으로 이어지는 대로도 유곡역(문경) - 상주 - 선산 - 인동 - 대구 - 청도 - 밀양 - 양산 - 동래 - 부산으로 연결되어 있어 울산을 비껴가고 있다. 다만 울산은 위 대로에서 파생된 지선에 속해 있었다. 즉 유곡역의 다음역인 덕통참에서 대로와 갈라져 광대천 - 심천참 - 안계 - 비안 - 군위 - 신녕 - 영천 - 건천 - 경주 - 좌병영 - 울산으로 이어지는 지선상에 놓여져 있었던 것이다. 한편 언양은 영천에서 다시 갈라져 몰양참 - 내보창 - 언양으로 이어지는 또 다른 지선에 놓여져 있었다.

---

20) 『증보문헌비고』 24, 「여지고」 12, 도리.

위의 사실을 참고로 하되, 울산지역을 중심으로 하여 울산지역내의 도로망을 좀 더 자세히 살펴보면 다음과 같은 도로가 울산지역에서 가장 간선도로로서의 역할을 하였다고 보인다.[21]

(1) 울산부 남문[22] – 병영성 – 경주
이 도로는 울산의 중심부와 병영성을 연결하고 동천강을 건너 경주로 이어지는 울산지역에서 가장 긴요한 간선도로였다.

(2) 울산부 남문 – 삼탄 – 굴화역 – 언양현
이 도로는 울산의 동헌에서 남쪽으로 나와 태화강의 상류쪽으로 올라가다가 오늘날 삼호교 근처에서 강을 건너 굴화역을 경유하여 언양현에 이르는 간선도로였다.

(3) 울산부 남문 – 삼탄 – 청량면 – 간곡역 – 웅촌면 – 양산군
이 도로는 (2)와 같은 길을 따라 강을 건넌 다음, 무거동을 지나 청량면과 웅촌면을 거친 다음 웅상면의 서창을 경유하여 양산에 이르는 도로였다.

(4) 울산부 남문 – 태화진 – 내현면 – 온양면 – 기장현
이 도로는 울산의 동헌에서 남쪽으로 나와 오늘날 태화교 부근에서

---

21) 아래의 도로망은 조선후기에 편찬된 『울산부읍지』(1832년, 1871년 간행)와 『언양현읍지』(1832년, 1871년 간행)의 앞머리에 첨부된 지도를 참작하면서 읍지의 다른 기록과 대비하여 추정한 것이다.
22) 여기서 '울산부 남문'은 울산읍성의 남문을 가리킨다. 다만 울산읍성이 임진왜란 때 왜군에 의해 파괴된 후 다시 복원되지 못하였기 때문에 정확한 표현은 아니지만 옛 남문이 있던 위치 정도로 이해하면 되겠다.

나룻배로 강을 건넌 다음 오늘날 공업탑로터리 부근에서 남쪽으로 향하여 온양면의 남창을 경유하여 기장현에 이르는 도로였다. 다른 한 도로는 공업탑로터리 부근에서 갈라져 개운포에 있던 선소(船所)에 이르렀다.

(5) 울산부 남문 - 중성 - 동천 하류 - 남목
이 도로는 울산의 남문에서 동쪽으로 중성(현 학성공원) 옆을 통과하여 동천강의 하류를 나룻배로 건넌 다음 남목에 이르는 도로였다.

(6) 언양읍성을 중심으로 하여 동서로 난 도로
이 도로는 동쪽의 울산에서 언양을 경유하여 서쪽의 밀양에 이르는 도로로서, 오늘날의 24번 국도와 거의 비슷하였다. 도중에 운문령을 넘어 청도로 이어지는 도로도 있었다.

(7) 언양읍성을 중심으로 하여 남북으로 난 도로
이 도로는 남쪽의 양산에서 언양을 경유하여 북쪽의 경주에 이르는 도로로서, 오늘날의 35번 국도와 거의 비슷하였다.

위에서 열거한 7개의 도로는 울산부와 언양현을 거쳐 사방으로 연결되던 도로망이었다. 이외에도 비록 당시의 소략한 지도상에는 표시되어 있지 않으나 많은 소로들이 있어 방(坊)과 방, 리(里)와 리 또는 소규모의 자연부락을 연결하고 있었을 것은 쉽사리 짐작할 수 있는 일이다.

제1장 조선왕조의 성립과 울산 39

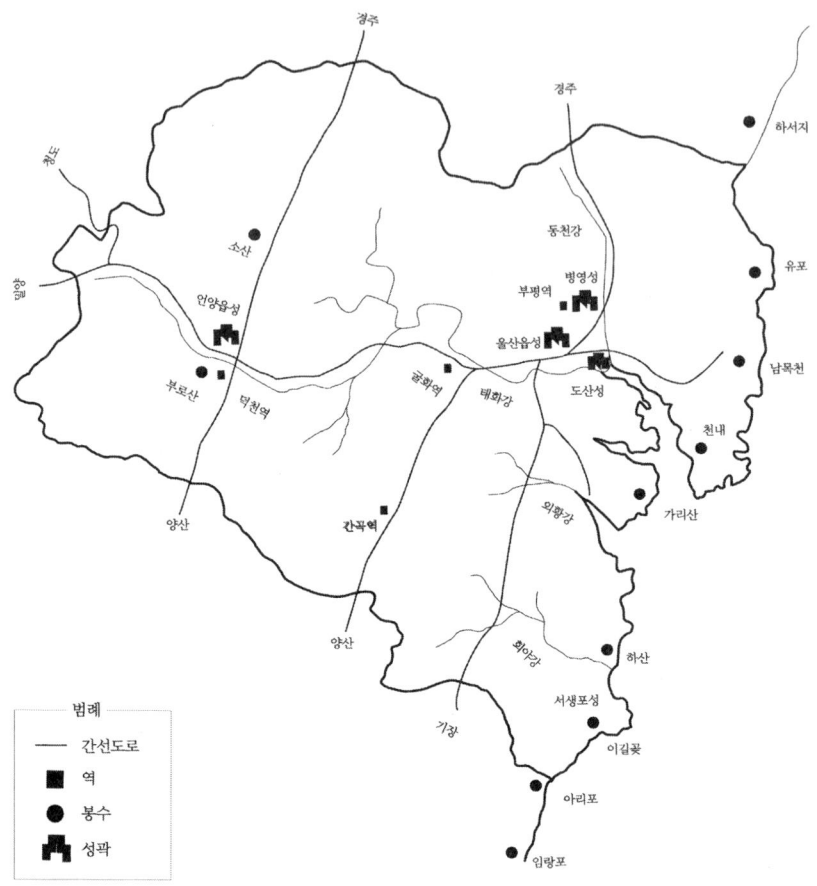

〈도 1〉 울산지역의 도로망과 통신망

 도로와 도로 사이를 연결해주는 교량과 진도 역시 중요한 교통의 수단으로서 평가되어야 할 것이다. 『신증동국여지승람』에 의하면 조선 전기 울산지역에는 해양교(海陽橋) 하나가 있었다. 해양교는 병영성의 동문 밖 어련천(오늘날 동천강을 가리킴)에 위치하였는데, 병마절도사 해양군 윤희평이 처음으로 가설한 데서 그 이름을 딴 나무다리였다. 1832년에 간행된 『울산읍지』에도 해양교가 여전히 등재된 것으로 미루어 몇차례 보수는 있었겠지만 그 때까지 그 자리에 놓여있었던 것으로 짐작된다. 그런데 1871년에 간행된 『울산읍지』에는 해양교가 지금은 없다고 되어 있고, 첨부된 울산부 지도에는 해양교가 있던 비슷한 지점에 동천교가 명기되어 있는 것으로 미루어 19세기 중반에 해양교를 대신하여 동천교를 새로 가설한 것으로 짐작된다.

또한 1832년에 간행된 『울산읍지』에는 교량으로 삼탄교(三灘橋)가 새롭게 기재되어 있어 조선후기에 들어와 교량이 한 개 더 개설된 것을 알 수 있다. 삼탄교는 굴화천(곧 태화강 중류)에 가설된 것으로 되어 있는데, 위치로 보아 오늘날 삼호교 근처였을 것이다. 그리고 1871년에 간행된 『울산읍지』에는 태화강석교가 새롭게 등재되어 있다. 이는 태화진 부근에 위치하였는데, 다른 읍지에는 홍교(虹橋)라 되어 있는 것으로 미루어 아치형의 다리로서 울산 최초의 돌다리가 되겠다. 이는 1867년(고종 4)에 부사 김세중이 주도하여 가설한 것으로 되어있다.

언양에도 조선후기의 『언양읍지』에 의하면 벽력교(霹靂橋)가 현의 동쪽 19리쯤 울산과의 경계 지점인 태화강 상류에 가설된 것으로 나타나 있는데, 왕명으로 출장가는 관리들이 왕래할 때 그들이 탄 남여(藍輿)의 통과 목적으로 만든 다리였다고 한다.

한편 울산지역에는 배를 타고 건너는 진(津)도 네 군데 있었다. 먼저 태화강에 태화진과 중진(中津)이 있었는데, 태화진은 오늘날의 태화교 부근이고, 중진은 그 보다 하류지역으로 오늘날의 울산교 부근인 것으로 추정된다. 각각 나룻배가 한 척 있은 것으로 되어 있다. 그리고 동천강 하류에 내황진이 있었고, 외황강의 선소(船所) 근처에 외황진이 있은 것으로 되어있다. 역시 나룻배가 한 척씩 배치되어 있었다.

조선전기 각 도로망에는 곳곳에 원(院)이 산재해 있었다. 원래 원이란 공용의 여행자에게 숙식을 제공하기 위하여 국가에서 설치한 것이었다. 조선전기에는 원의 크기에 따라 일정한 토지를 지급하고, 또한 가호도 배치하여 그들에게는 잡역을 면제해 주는 대신 원에 부여된 제반 업무를 담당케 하였다.[23] 『신증동국여지승람』에 나타난 울산 지역의 원은 다음과 같다.[24] 먼저 울산군에는 진동원(군의 동쪽 6리), 송지원(군의 북쪽 27리), 대한원(군의 동쪽 30리), 가수개원(군의 서쪽 30리), 견분원(군의 서쪽 24리), 굴화원(군의 서쪽 15리, 굴화역옆), 단두원(군의 서쪽 26리), 대양원(군의 서쪽 33리), 공계원(군의 서쪽 57리), 초전원(군의 서쪽 64리), 공수곶원(군의 남쪽 40리), 청광원(군의 남쪽 65리), 고지원(군의 북쪽 22리), 고원(군의 북쪽 35리), 태화원(태화루 옆), 팔등촌원(군의 남쪽 5리) 등 16개소가 있었고, 언양현에는 신원(현의 남쪽 20리, 양산 경계), 저촌원(현의 남쪽 24리, 울산 경계), 우천원(현의 북쪽 11리, 경주 경계), 석남원(현의 서쪽 30리, 석남산하), 보통원(현의 동쪽 1리) 등 5개소가 있어서 도합 21개소에 달하는 원이 분포되어 있었다.

    그러나 위와 같은 조선전기의 원은 다른 지역과 마찬가지로 임진왜란을 거치면서 모두 퇴락하였다. 관설 원의 이러한 훼폐는 자연 사설 점(店)의 성행을 초래하게 되었다. 점은 참점이라고도 하였는데, 역의 인근에 위치하여 여행자에게 숙식을 제공하던 일종의 사설 요식업과 여인숙을 겸한 것이었다. 이것을 보통 주막이라고 속칭하였다. 주막은 날이 갈수록 늘어나서 교통의 요지나 지방관아의 소재지, 또는 역과

---

23) 『세종실록』109, 27년 7월 을유. 『경국대전』, 공전, 원우. 조정에서는 전국의 원을 삼등급으로 나누어 대로원에는 1결 50부, 중로원에는 1결, 소로원에는 50부씩의 토지를 지급하였다. 또한 각 등급의 원에 5호, 3호, 2호씩을 배정하여 원에 부여된 제반 업무를 맡도록 하였다.

24) 『신증동국여지승람』, 울산군・언양현, 역원.

역 사이의 인가가 없는 외딴 곳 등 도처에 설치되어 있었다. 울산 지역 안에는 얼마나 많은 주막이 있었는지 기록이 없어 정확한 파악은 할 수가 없으나 아마도 수많은 주막이 산재해 있었으리라 생각된다.

2) 울산지역의 통신체계

조선왕조에 있어서 우체, 통신의 기능을 지니고 있었던 것은 역·파발 및 봉수였다. 그러나 그것들은 오늘날처럼 모든 사람들의 통신업무를 담당하고 있었던 것은 아니었고, 국가의 공적인 업무만을 담당하고 있었다. 행정적인 면에서 중앙의 명령을 지방에 하달하고 지방의 사정을 중앙에 보고하는 일과, 군사적인 면에서 변방의 군정을 신속하게 중앙에 보고하는 일 따위를 주 기능으로 삼았고, 공적인 임무를 띤 관리에게 규정된 한도 내의 편의를 제공하는 것이 주된 임무였다.

역제는 곧 국가의 신경조직에 해당하였다. 따라서 왕권의 강화를 위한 필요요건 중의 하나는 역제의 정비와 그 부단한 개선이었다. 조선 후기의 『속대전』에는 역을 대·중·소로역의 세 등급으로 구분하였는데, 대로역은 경기도에만 12개처가 있었고, 중로역은 경상도 5개처를 포함하여 총 100개처였으며, 나머지는 모두 소로역이었다.[25] 울산지역의 역은 모두 소로역에 해당되었다.

울산지역의 역으로는 먼저 울산군에 부평역, 굴화역, 간곡역 등 세 역이 있었고, 언양현에 덕천역 한 곳이 있어서 도합 4개의 소로역이 있었다. 부평역은 병영성의 서쪽에 위치해 있었고, 굴화역은 울산의 중심에서 서쪽 15리 지점에, 그리고 간곡역은 서쪽 39리 떨어진 지점에 있었다. 덕천역은 언양현의 남쪽 5리 지점에 있어 동으로 30리 떨어진

---

25) 『속대전』, 병전, 역로.

울산의 굴화역에 응하였다. 조선후기의 각역은 유지비조로 국가로부터 일정한 토지를 지급받고 있었다.[26]

통신기능으로서의 역제는 파발제와 밀접한 관계를 가지고 있었다. 이 파발제는 변경지방과의 긴밀한 군사적 목적의 연락을 취하기 위하여 선조 30년(1597)에 설치된 것이었다. 따라서 전국적인 규모를 가진 역제에 비하면 훨씬 규모가 작았다. 파발로는 경성-의주간의 서발 38참, 경성-경흥간의 북발 64참, 경성-동래간의 남발 34참 등 세 갈래가 있었다. 이 파발로를 연결하는 발참은 기발 즉 말(馬)이 수단일 경우에는 25리마다에, 보발 즉 보행이 수단일 경우에는 30리마다에 둔다고 되어 있는 점으로 보아 참과 참 사이의 거리는 역과 역 사이의 거리와 거의 같았던 것을 알 수 있다. 그러한 점으로 미루어 위에 든 146개의 발참이 모두 신설된 것으로 보기는 어렵고, 그 가운데 상당수는 기존의 역이 임무를 대행하였으리라 믿어진다. 그것은 역제와 파발제가 유사한 기능을 가지고 있었다는 점과 지역에 따라서는 역과 참의 명칭을 혼용하고 있다는 점을 고려할 때 더욱 그러하다. 울산지역은 위의 세 개의 파발로의 간선에서는 약간 비켜나 있었다.

역제 및 파발제와 더불어 통신의 기능을 담당하였던 다른 하나는 봉수제였다. 그런데 전자가 군사와 행정 양면의 통신을 아울러 수행하였던데 반하여 후자는 군사통신만을 담당하고 있었던 점이 달랐다. 다시 말하면 봉수는 국경지방의 군정을 신속하게 중앙에 보고함으로써 불의의 사고에 대비케 하고자 함이 그 주목적이었다. 따라서 봉수망은 북변의 국경과 남방의 해안지방이 기점이 되고 경성이 종점이 되었다.

---

26) 『만기요람』(군정편, 역체)에 의하면 대로역은 20결, 중로역은 15결, 소로역은 5결을 지급받았는데. 소로역 이었던 울산지역의 역들은 모두 5결씩의 역위전을 지급받았을 것이다.

교신 방법은 낮에는 연기, 밤에는 불빛으로 신호하되, 연기와 불빛의 숫자에 따라 위급한 정도가 정해져있었다. 평시에는 한 개, 적이 모습을 나타내면 2개, 적이 경계에 접근하면 3개, 적이 경계를 침범하면 4개, 싸움이 벌어지면 5개를 반복하여 올렸다. 비나 궂은 날씨로 신호가 불가능하면 봉수대를 지키던 군사가 뛰어가서 다음 봉수대에 알려야 하였다.

봉수망은 그 중요성에 따라 주봉과 간봉으로 구분되어 있었는데, 주봉에는 다음과 같은 다섯 개의 봉수망이 있었다.

1. 경흥 – 회령 – 운두봉 – 길주 – 함흥 – 안변 – 철원 – 경성
2. 동래 – 경주 – 영천 – 안동 – 충주 – 경성
3. 강계 – 삭주 – 의주 – 통군정 – 정주 – 안주 – 평양 – 개성 – 경성
4. 의주 – 진남포 – 해주 – 연평도 – 개성 – 경성
5. 순천 – 옥구 – 임피 – 은진 – 공주 – 천안 – 수원 – 인천 – 강화 – 김포 – 경성

위의 다섯 갈래 주봉중 1, 3, 4거(炬)는 북변의 군정을, 2, 5거는 남변의 군정을 전달하기 위한 것이었다. 이 주봉을 큰 줄기로 하여 간봉이 전국에 신경망같이 분포해있었다.

울산지역에는 조선전기에 총 10개의 봉수가 분포해 있었다. 울산군에 8개, 언양현에 1개소, 경주부에 1개소이다.[27] 경주부의 1개소는 소산 봉수를 가리키는데, 현재 행정구역상 울산군의 두서면에 속해 있기 때문에 포함시켰다. 이 소산 봉수와 언양현의 1개소인 부로산 봉수는 주봉상에 위치해있었다. 즉 동래 다대포 봉수에서 출발한 것이 동래의 계명산 봉수, 양산의 위산 봉수, 부로산 봉수, 소산 봉수를 거쳐 경주의

27) 『신증동국여지승람』, 울산군·언양현·경주부, 봉수.

고위산 봉수로 연결되었던 것이다. 울산군의 8곳은 모두 간봉에 해당되었는데, 부산의 황령산에서 출발한 것이 기장의 남산을 지나 울산의 임랑포, 아리포, 이길곶, 하산, 가리산, 천내, 남목천, 유포 봉수를 차례로 거쳐 경주의 하서지로 통과한 후 결국 안동을 통과하는 주봉과 만나게 되었던 것이다. 위의 울산지역의 봉수대를 다시 정리하면 다음과 같다.

(1) 임랑포 봉수; 조선후기 효종 2년(1651)부터 기장현에 속하게 되었다. 현 부산광역시 기장군 장안읍 임랑리.
(2) 아리포 봉수; 조선후기 효종 2년(1651)부터 기장현에 속하게 되었다. 현 부산광역시 기장군 장안읍 효암리.
(3) 이길곶 봉수; 현 울산군 서생면 나사리.
(4) 하산 봉수; 현 울산군 온산면 강양리.
(5) 가리산 봉수; 현 남구 용연동 가리산.
(6) 천내 봉수; 현 동구 화정동.
(7) 남목천 봉수; 현 동구 주전동 봉대산.
(8) 유포 봉수; 현 울산군 강동면 당사리. 조선후기에 폐지되었다.
(9) 부로산 봉수; 현 울산군 삼남면 천전리 봉화산.
(10) 소산 봉수; 조선시대에는 경주부에 소속되어 있었다. 현 울산군 두서면 구량리.

위와 같은 조선전기 울산지역의 봉수는 조선후기에 들어와 약간의 변화가 있었다. 주봉상에 있었던 부로산 봉수와 소산 봉수는 변화가 없었다. 다만 울산부의 임랑포 봉수와 아리포 봉수는 효종조 이후 그 지역이 기장현에 속하게 되면서 울산부에서 떨어져나가게 되었고, 유포 봉수는 폐지되었다. 남목천 봉수는 한 때 남옥으로 명칭이 변경된 적이 있는 듯하다. 그리하여 조선후기 울산부에는 이길곶, 하산, 가리산, 천내, 남목천 등 5개소의 봉수가 간봉상에 위치해 있었다.

5. 맺음말

이상에서 살펴본 내용을 간략히 요약하면 다음과 같다.

울산 지역은 조선초 울산군과 언양현으로 구성되어 있었다. 특히 울산의 경우는 조선 초부터 병영이 설치될 정도로 군사적인 요충지로 주목을 받았다. 울산군과 언양현에는 각각 군수와 현감이 파견되었는데, 울산의 경우는 조선전기 장기간 병영의 책임자가 수령을 겸하기도 하였다. 조선후기에 들어와 울산은 도호부로 승격되었고, 이어 전임의 도호부사가 파견되어 군사와 행정이 분리되었다.

군현제하의 지방행정은 전적으로 수령에게 달려있었다. 그들의 임기는 약 5년이었으나 실제로는 3년을 넘기는 경우도 드물었다. 울산지역의 수령들도 대개 1~3년 사이에 교체되었다. 수령을 보좌하여 지방행정의 실무를 담당한 이로는 향리를 위시하여 군교, 사령 등이 있었다. 이들의 정원은 법전에 규정되어 있었으나 잘 지켜지지 않은 것 같고, 결국 읍세와 이족의 형세에 따라 차이가 있었다. 조선후기 울산도호부의 경우 이들의 수가 170여명에 달하였고, 언양현의 경우는 70~80여명에 이르렀다. 관청의 최하층 구성원으로 관노비가 있어 대내외적인 고된 잡역과 사환에 종사하고 있었는데, 울산도호부의 경우는 50~60명에 달하였고, 언양현의 경우에는 20~30명에 이르렀다.

한편 수령의 지방행정을 보좌하는 것으로 지방자치적인 성격이 강한 유향소가 있었다. 울산과 언양의 유향소에는 각각 좌수 1인과 별감 2인이 배치되어 있었는데, 점차 수령의 통치를 보조하는 기관으로 정비되어 갔다. 수령 중심의 행정체계의 하부 단위로는 면리가 있었다. 면리의 행정책임자로는 면리임이 있었는데, 이들은 향리와 향청의 단계를 거쳐 면리행정을 수행하였다. 이 면리제는 조선후기에 와서 가장 획기적으로 발전한 부분으로 시대의 진전에 따른 향촌사회의 성장에 기인한 것이다. 조선후기 울산도호부는 16면 323리로 구성되어 있었고, 언양현은 6면 36리로 구성되어 있었다.

울산과 언양에는 각기 독립된 군현으로서의 관아·창고 등의 시설을 가지고 있었다. 울산과 언양의 중심지에는 성곽이 둘러있었고, 그 안에는 수령 관아를 비롯하여 각종 관청, 누정, 창고 등이 배치되어 있었다. 관아나 창고 시설은 모든 군현이 거의 같았는데, 단 규모에 있어 차이가 있었을 뿐이다.

조선시대 전국의 도로망에서 볼 때 울산지역의 도로는 서울과 동래를 잇는 대로상에 위치하지 못하고 지선상에 위치해 있었다. 그러한 가운데 울산지역 내의 도로는 울산의 읍성을 중심으로 사방으로 연결된 5개 도로가 간선도로의 구실을 하였고, 언양의 경우는 언양 읍성을 중심으로 동서 방향과 남북 방향으로 뻗은 도로가 간선도로의 구실을 하였다. 원활한 도로로서의 구실을 하기 위한 시설물로 교량이 필요한데, 울산지역에서는 해양교, 동천교, 삼탄교, 태화강석교, 벽력교 등의 존재가 확인된다. 깊은 강을 배로 건너기 위한 나루터도 4개소에 있었다. 그 외 조선전기에는 공용 여관인 원이 울산군 16개소, 언양현 5개소로 울산지역에 도합 21개소가 배치되어 있었다. 이 원은 임진왜란을 거치면서 사라지고 더 많은 수의 사설 주막이 곳곳에 들어서서 여행자에게 편의를 제공하게 되었다.

조선시대 우체, 통신의 기능을 담당하였던 것은 역제과 봉수제였다. 울산지역의 역은 모두 소로역에 해당되었는데, 울산군에 3개소, 언양현에 1개소가 있었다. 또한 울산지역에는 총 10개의 봉수가 분포해 있었다. 그 중 언양지역에 위치한 2개 봉수는 주봉상에 위치한 것이었고, 울산에 있던 8개 봉수는 간봉상에 위치한 것이었다.

제2장

조선초 울산 염포의 대일관계상의 위치

1. 머리말
2. 해상방어기지
3. 대일본 교역항
4. 일본인 거류지
5. 조일 사신의 내왕처
6. 맺음말

조선초 울산 염포의 대일관계상의 위치

1. 머리말

 조선은 1404년(태종 4) 일본과 공식적인 통교를 맺었다. 이 때 일본 무로마치(室町)막부의 3대장군 아시카가 요시미츠(足利義滿)가 일본국왕의 자격으로 조선국왕에게 국서를 보냈고, 조선이 이를 접수하여 그를 일본국왕으로 접대하기로 함으로써 양국 중앙정부간에 국교가 체결되었던 것이다. 통일신라 때 국교가 단절된 이래 550여년만에 중앙정부간 국교가 재개되었다는 점에 역사적 의미가 있었다.[1]
 하지만 그것으로 조선과 일본의 외교체제가 완결된 것은 아니었다. 당시 조선의 일본과의 통교체제는 중앙정부간의 일원적 관계만이 아니라 지방 호족 세력과의 다원적 형태를 띠고 있었는데, 막부가 일본 전체의 외교체제를 완전히 통괄할 수 있는 위치에 있지 못하였기 때문이다. 이에 조선은 일본과의 통교체제를 좀 더 분명하게 정비할 필요가 있었다. 또한 고려 말 이래 일본과의 관계에서 가장 중요한 현안이었던 왜구 문제도 시급한 해결 과제로 남아있었다. 조선초기는 왜구

---

[1] 하우봉, 「일본과의 관계」, 『한국사』22, 국사편찬위원회, 1995, 369~371쪽.

문제를 포함하여 바로 그러한 통교체제를 정비해간 시기였던 것이다. 조선으로서는 왜구의 금압이 일차적인 관심사였고, 통교와 무역은 이의 실현을 위한 수단이었다.

삼포는 위와 같은 요인으로 인해 복잡하게 전개된 조선과 일본의 외교 관계 속에서 조선초기에 탄생한 공식적 무역장소였다. 주지하듯이 삼포는 지금의 경상남도 진해시 웅천동에 해당하는 웅천의 제포(내이포), 부산광역시 부산진에 해당하는 동래의 부산포 그리고 울산광역시 염포동에 해당하는 울산의 염포(鹽浦)였다.

본고에서는 대일관계를 염두에 두면서 네가지 측면에서 염포가 가진 기능을 살피고자 하였다. 첫째, 왜구를 방어하기 위한 군사시설로서의 염포가 가진 기능을 살펴보았다. 둘째, 국가에서 정해준 교역의 장소로서의 염포의 위치에 대해 살폈다. 셋째, 개항장 근처에 장기 거주하는 일본인의 거류지로서의 염포에 대해 살펴보았다. 넷째, 일본사신이 도착하고 떠나가는 외교 장소로서의 염포의 기능을 살폈다. 이를 통해 조선초기 대일관계에서 염포가 지녔던 역사적 위치가 드러날 것으로 기대한다.

2. 해상방어기지

남부 지방의 해안 지역이 군사적으로 주목받기 시작한 것은 고려 말 왜구의 침입이 극심해지면서였다. 공민왕대에 이르러 왜구의 노략질이 격심하게 되어 그 피해가 커지자 그에 대한 대응책의 일환으로 선군(船軍) 즉 수군이 재건되었다. 그 수군이 제도적 장치를 통해 일정한 체제를 갖추게 된 것은 조선왕조가 성립한 이후의 일이었다.[2)]

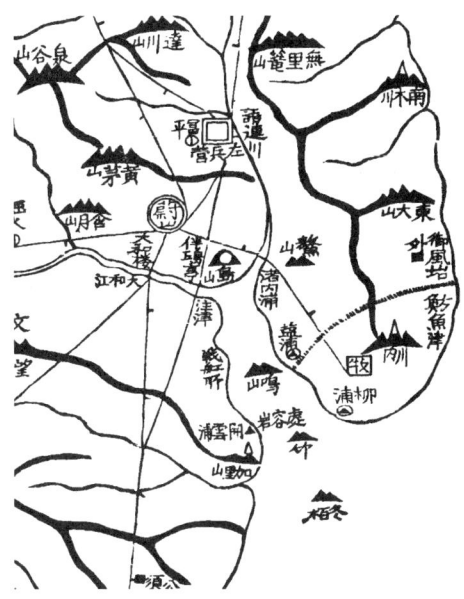

〈지도 1〉 염포 주변 (「청구도(靑丘圖)」)

고려 말에 수군은 육군인 병마절도사의 관할 하에 있었는데, 조선왕조 개창과 함께 각도별로 수군도절제사가 설치되면서 독립된 지휘 편제를 갖게 되었다. 각도별로 1인 또는 2인의 수군도절제사가 머무는 수영이 설치되었고, 다시 각 바닷가 요새지에는 도만호, 만호[3] 등을 지휘관으로 하는 포진(浦鎭)이 설치되었다. 수군도절제사는 세종 2년에 일시 혁파되었다가 이듬해에 수군안무처치사(水軍都安撫處置使)로 다시 설치되었다.[4]

수군의 분포는 경상도와 전라도에 집중적으로 배치되어 있었고, 그 다음으로 충청, 경기, 황해도에 배치되어 있었다. 남부의 해안 지역이 해로를 통한 왜적의 침입에 대처하여야 하는 현실을 반영한 것이라고 하겠다. 대체로 영진군도 바다와 인접한 지역에 배치되었는데, 왜적이 침입할 때 수군이 제 일선인 바다에서 제지하고, 왜적이 상륙하는 경우 영진군이 나서서 육지에서 제압하도록 되어 있었던 것이다.

---

2) 육군본부, 『한국군제사(근세조선전기편)』, 1968, 105~108쪽.
3) 만호 등의 階位는 품계에 따라 정하여졌는데, 만호는 3품, 부만호는 4품, 천호는 5품, 부천호는 6품관이었다.
4) 『세종실록』11, 3년 2월 을사.

염포에 포진을 설치하여 만호를 배치한 것은 1417년(태종 17)의 일이었다. 이 때 염포에 왜선이 연속하여 와서 정박함으로써 방어가 시급하였기 때문이었다.5) 군항으로서의 포진은 해상 방어에 적합한 입지조건을 갖춘 곳에 설치되었다. 포진은 바람이 없고 광활하며 선박이 자유롭게 왕래 정박할 수 있는 자연의 요새로서 U자형의 지형이 적합하였다. 바다 밑에 암석이 없고 사토(沙土)가 좋아야 하며, 썰물 때도 정박시킬 수 있고, 포진 밖에 병선을 정박시킬 수 있어야 하였다. 또한 포진은 주변의 백성과 토지를 보호할 수 있는 조건을 갖추고 있어야 했다. 그 위에 주변 영진(營鎭)과의 관계나 왜구의 침입로인 요해처(要害處) 및 포간(浦間) 거리가 고려되었다.6) 염포 주변에는 천내봉수와 가리산봉수가 있어 조망과 감시에 있어 효율성을 더할 수 있는 이점도 있었을 것으로 짐작된다.

조선초기 수군의 규모와 각 도별 방위 상태는 『세종실록지리지』에 잘 나타나 있다. 그 중 경상도 지역 수군의 편제와 분포 상황을 정리하면 다음의 <표 1>과 같다.

<표 1> 세종대 경상도 수군 편제

將官名	浦鎭 所在地	船數	水軍數
左道水軍都安撫處置使	東萊 富山浦	33	1,779
都萬戶	蔚山 鹽浦	7	502
萬戶	寧海 丑山浦	12	429
萬戶	盈德 烏浦	8	353
萬戶	興海 通洋浦(今泊豆毛赤浦)	8	218
萬戶	長鬐 包伊浦(今泊加嚴浦)	8	589

5) 『태종실록』34, 17년 10월 갑진.
6) 방상현, 『조선초기 수군제도』, 민족문화사, 1991, 39~41쪽.

將官名	浦鎭 所在地	船數	水軍數
萬戶	慶州 甘浦	6	387
萬戶	蔚山 開雲浦	12	420
萬戶	蔚山 西生浦	20	767
萬戶	機張 豆毛浦	16	843
萬戶	東萊 海雲浦	7	589
萬戶	東萊 多大浦	9	723
右道水軍都安撫處置使	巨濟 吾兒浦	28	2,601
都萬戶	固城 加背梁(今泊巨濟玉浦)	22	1,122
萬戶	金海 薺浦	9	882
萬戶	巨濟 永登浦	8	700
萬戶	巨濟 見乃梁(今泊巨濟玉浦)	20	940
萬戶	固城 蕣溪(今泊固城唐浦)	15	722
萬戶	晉州 仇良梁(今泊固城蛇梁)	16	748
萬戶	晉州 赤梁(今泊加乙串)	13	720
萬戶	晉州 露梁(今泊平山浦)	8	568
	合計	285	16,594

　　위 표에서 보듯이 염포는 도만호가 배치되어 있던 곳으로 다른 곳보다 중시되었음을 알 수 있다. 그런데 이 시기 경상좌도 수군의 도만호가 염포에만 계속 배치되어 있었던 것은 아니고, 수차에 걸쳐 여기저기로 옮겨 배치되었다. 1407년(태종 7)에는 도만호가 부산포에 있었고,[7] 염포가 개항장으로 처음 설정되던 1418년(태종 18)에는 염포에 도만호가 있었던 것으로 짐작된다. 그러나 1425년(세종 7) 경에는 서생포에 도만호가 배치되어 있는 것으로 나타나 있고,[8] 1426년에는 병조의 건의로 다시 염포에 도만호가 설치되었다가[9] 같은 해에 부산포

---

[7] 『태종실록』7년 7월 무인.
[8] 『경상도지리지』, 울산군, 燔鹽盆.

로 옮겨갔다.10) 그 뒤 다시 염포에 도만호가 설치되어서 앞의 표와 같이 1432년(세종 14)의 상황을 반영하고 있는 『세종실록지리지』에는 염포에 도만호가 배치된 것으로 나타나 있는 것이다.

그 후 1457년(세조 3)에는 전국 군사방어체제를 진관체제로 재편하는 획기적인 조치가 있었다. 이 때 수군의 경우도 여기에 맞추어 재편되었다. 12년에는 관제가 개편되어 관직의 명칭도 바뀌었다. 수군도안무처치사가 수군절도사로, 도만호도 첨절제사로 바뀌었다. 수군의 진관체제화는 지휘체제도 일원적으로 확립시켰다. 즉 주진(水營), 거진, 제진의 진관 편성에 따라 각각 수군절도사, 첨절제사, 만호가 배치되게 되었다.

당시 각도의 수군 최고지휘관은 정3품 수군절도사였는데, 경상도는 전라도와 함께 그 전략적 중요성 때문에 2인의 전임수군절도사가 배치되어 있었다. 경상좌도의 수군절도사는 주진인 울산 개운포에 있었고, 경상우도의 수군절도사는 주진인 거제 오아포에 있었다. 그런 가운데 여러 포진들은 좌도의 거진인 부산포와 우도의 거진인 제포 등 두 진관하에 각기 편성되어 있었다. 다만 수군의 진관편제는 육군의 그것과는 달라서 반드시 행정조직과 일치되지 않았고 전략상 요충지에 포진을 설치한 것이 상례였다.11)

세조대에 확립되어 『경국대전』에 실린 경상도 수군의 편제와 병선 보유 상황을 보면 다음 <표 2>와 같다.12)

---

9) 『세종실록』32, 8년 4월 무진.
10) 『세종실록』34, 8년 11월 기해.
11) 육군본부, 『한국군제사(근세조선전기편)』, 1968, 280~281쪽.
12) 『경국대전』, 병전, 諸道兵船, 경상도. 당시 경상좌도 수군절도사가 머문 水營은 울산 개운포에 있었다. 1459년(세조 5)에 동래 富山浦(釜山浦)에 있던 수영을 개운포로 옮겼던 것이다.(『세조실록』15, 5년 1월 계묘, 『慶尙道續撰地理誌』

〈표 2〉 세조~성종대 경상도 수군 편제와 병선 보유 현황

將官名		浦鎭 所在地	兵船數			
			大猛船	中猛船	小猛船	無軍小猛船
左道水軍節度使		蔚山 開雲浦	2	7	6	2
釜山浦鎭管	僉節制使	東萊 釜山浦	1	3	5	1
	萬戶	寧海 丑山浦	–	–	6	1
	萬戶	盈德 烏浦	–	–	4	1
	萬戶	興海 漆浦	–	–	4	1
	萬戶	長鬐 包伊浦	–	1	6	1
	萬戶	慶州 甘浦	–	–	6	1
	萬戶	蔚山 鹽浦	1	4	5	2
	萬戶	蔚山 西生浦	1	1	4	1
	萬戶	機張 豆毛浦	1	3	3	1
	萬戶	東萊 海雲浦	1	1	4	1
	萬戶	東萊 多大浦	1	2	6	1
右道水軍節度使		巨濟 吾兒浦	2	11	8	10
薺浦鎭管	僉節制使	熊川 薺	1	5	5	5
	萬戶	熊川 安骨浦	1	2	3	4
	萬戶	巨濟 知世浦	1	4	7	5
	萬戶	巨濟 助羅浦	1	2	3	3
	萬戶	巨濟 玉浦	1	5	4	6

蔚山郡, 關防) 이후 개운포의 수영은 1544년(중종 39)에 동래의 해운포로 이전되기까지(『중종실록』104, 39년 9월 갑인·임술) 약 80여년 동안 유지되었다. 그런데 진단학회에서 편찬한 『韓國史(近世前期篇)』(1962, 249쪽)에서 『經國大典』에 근거하여 육군과 수군의 진관체제 조직표를 만들면서 당시 경상좌도의 수영을 울산의 개운포가 아니라 동래라고 잘못 파악하였다. 이후 많은 책에서 이를 그대로 轉載하였기 때문에 오류는 수정되지 못하고 확대 재생산되었다. 육군본부 편찬의 『韓國軍制史(近世朝鮮前期篇)』(1968, 164쪽), 국사편찬위원회의 『한국사(제23권)』(1994, 239쪽), 方相鉉의 『朝鮮前期 水軍制度』(민족문화사, 1991, 63쪽), 『慶尙南道史』(경상남도사편찬위원회, 1988, 810쪽), 『釜山市史』(부산시사편찬위원회, 1989, 595쪽), 『慶尙北道史』(경상북도사편찬위원회, 1983, 713쪽) 등이 그 예이다.

將官名		浦鎭 所在地	兵船數			
			大猛船	中猛船	小猛船	無軍小猛船
薺浦鎭管	萬戶	巨濟 永登浦	1	3	3	6
	萬戶	固城 蛇梁	1	2	4	5
	萬戶	固城 唐浦	1	4	3	5
	萬戶	晉州 赤梁	1	3	3	6
	萬戶	南海 平山浦	1	3	3	6
合計			20	66	105	75

위 표에서 보는 바와 같이 염포에는 10척의 크고 작은 병선이 배치되어 수군을 태우고 항시 바다 위에 떠서 경계를 하고 있었고, 비상시를 대비하여 마련해 둔 작은 병선 2척이 더 배치되어 있었다. 같은 시기인 예종대에 편찬된 『경상도속찬지리지』에도 역시 비슷하게 유군병선(有軍兵船) 10척, 무군병선(無軍兵船) 5척, 수군 940명이 배치되어 있는 것으로 나타나 있다.[13]

성종대에는 여러 포진의 방비를 위한 성보를 축조하는 등의 강화조치가 취하여졌다. 지금까지 염포를 위시한 여러 포진의 수군은 만호의 지휘하에 병기와 식량을 병선에 싣고 선상에서 대기 근무하는 것이 원칙이어서 포에 성보와 같은 방벽은 마련되어 있지 않았다. 수군의 선상 근무는 수군이 수상에서 제 일선이 되어 방어를 담당한다는 원칙에 입각한 것이었다.

그러나 선상근무는 실제 여러 가지 어려운 점이 많았다. 오랫동안 병기를 선상에 두면 손상되기 쉬웠기 때문에 적의 침입이 잠시 그쳐 평화가 계속된 성종 초년이래로 만호들은 선상에 머물지 않고 해안가에 임시 머물 집을 마련하여 병기도 갈무리하고 휴식처로도 삼는 경향

---

13) 『경상도속찬지리지』, 울산군, 關防.

이 뚜렷해졌다.[14] 뿐만 아니라 만호들이 수군의 역이 매우 고통스러운 점을 틈타서 당번인 수군을 방귀(放歸)시키고 대가로서 포를 거두어 사익을 취하고 있기도 하였다.[15]

　이러한 상황들이 방비의 허점으로 지적되었고 또한 병기의 손상이 특히 강조되어 성종대 이후 포진에 성보(城堡)를 축조할 것이 결정되었다. 해안 요소에 성곽이 축조된 것은 수군의 병력이 부족할 경우 육군의 투입이 가능하게 되는 의미도 있었다. 염포의 성곽은 1490년(성종 21)에 완성되었다.[16] 염포는 부산포, 제포와 더불어 왜인들이 왕래하고 또 일부 왜인들이 거주하던 곳이었기 때문에 불시의 변에 대비하기 위해 이미 담장이 설치되어 있었으나 낮고 작아서 완전한 것이 아니었는데,[17] 이때에 이르러 돌로 된 본격적인 성곽이 축조된 것이었다. 염포성은 둘레 1,039척, 높이 15척의 석성이었고, 성내에는 우물이 3개 있었다.[18] 당시 둘레가 3,635척이던 울산 읍성과 둘레 3,723척이었던 울산 병영성과 비교하면 염포는 그 보다 훨씬 작은 규모였음을 알 수 있다. 같은 등급의 포진의 경우가 대개 둘레 2,000척~1,000척 사이였던 것을 감안하면,[19] 염포의 성곽은 작은 편에 속하였던 것이다. 염포에서 얼마 떨어지지 않은 곳에 병영성이 있었으며, 또한 근본적으로 염포의 성곽은 본격적인 방어를 위한 시설이라기보다는 병기와 육지에서 보관해야 하는 여러 가지 물건을 안전하게 보관하기 위한 장소로서의 의미가 더 강하였기 때문에 크게 만들 이유가 없었던 것이다.[20]

---

14) 『성종실록』171, 15년 10월 계미.
15) 『성종실록』84, 8년 9월 임진.
16) 『성종실록』240, 21년 5월 신사.
17) 『성종실록』171, 15년 10월 계미. 『성종실록』176, 16년 3월 무술.
18) 『성종실록』240, 21년 5월 신사. 『신증동국여지승람』, 울산군, 관방.
19) 『성종실록』176, 16년 3월 병오. 『성종실록』243, 21년 8월 기유.

『경국대전』당시의 수군진관편제는 그 후 끊임없는 왜적의 침입이 있었을 때, 효과적인 방어 체제가 되지 못한 단점이 드러나 진관 편제에 많은 변화가 있게 되었다. 왜구의 침입로를 효과적으로 봉쇄하기 위해 다른 곳으로 진을 옮기거나 새로운 곳에 진을 신설하는 등의 조치가 거듭되었다. 염포는 1510년(중종 5) 삼포왜란이 일어나서 조선과 일본의 통교가 중단되었을 때 개항지로서의 기능을 마감하게 되었고, 제한적 통교가 재개된 이후에도 그 전의 상태를 회복하지 못하였다. 그리고 1544년(중종 39)에는 군사적인 포진으로서의 기능도 폐지되어 만호도 두지 않게 되었다.[21] 이후 울산지역의 포진으로는 개운포와 서생포가 수군 요새로서의 구실을 계속하였다.

3. 대일본 교역항

조선 초에는 일본과의 교역장소로 일정한 곳이 지정되어 있지 않았기 때문에 왜인들이 수시로 도착하는 각처의 항구에서 교역이 이루어졌다. 이는 왜구를 회유하기 위한 목적에서 시작된 것이었는데, 점차 경제적인 부담으로 작용하고 또한 군사적인 측면에서도 우려되는 바가 커지면서 이를 정비할 필요성이 제기되었다. 이에 1407년(태종 7) 상업 행위를 하는 왜인들의 교역처로서 일정한 곳을 지정하게 되었다. 경상좌도와 경상우도의 도만호 소재지인 부산포와 제포(내이포) 두 항구가 개항장으로 제일 먼저 지정되었다.[22]

---

20) 『성종실록』171, 15년 10월 계미.
21) 『중종실록』104, 39년 9월 갑인.
22) 『태종실록』14, 7년 7월 무인.

그 후 무역을 위해 도래하는 왜인들이 1410년(태종 10)의 경우 경상도지역에만 2,000여명에 달하는 등 급증하게 되었다. 드디어 1418년(태종 18)에 경상좌도와 경상우도에 추가로 각각 1개소씩 개항장을 증치하였으니, 바로 경상좌도의 염포와 경상우도의 가배량이었다.[23] 이때 교역처를 증설한 이유는 무수히 건너오는 상왜(商倭)와 사송인(使送人)들을 전부 접대 무역하기에는 기존의 2개소로는 불가능할 정도였기 때문이다. 또한 해안 지역에 산재한 투항하거나 귀순한 왜구인 향화왜인(向化倭人)과 상호 왕래하며 잠무역을 하거나 국가의 정보를 탐지하는 것을 방지하기 위하여 왜인들을 가급적 분산시키려는 의도도 내포되어 있었다.[24]

〈사진 1〉 개항지 염포의 표지석

---

23) 『태종실록』35, 18년 3월 임자.
24) 『태종실록』35, 18년 3월 임자. 이현종, 『조선전기 대일교섭사연구』, 한국연구원, 1964, 146쪽.

〈사진 2〉 현재 염포만 전경

이때부터 염포가 일본과의 교역항으로 주목받기 시작하였다. 많은 항구 중에 특별히 염포가 선정된 것은 내왕에 편리한 점도 그 요인으로 작용하였으며, 또한 염포가 지닌 군사적 측면에서의 우위도 고려되었을 것이다. 당시 염포와 가배량은 도만호가 배치되어 있어 다른 포진보다 격이 높았기 때문에 왜인들에 대한 통제도 더 효율적으로 할 수 있을 것으로 판단하였기 때문이다.

그러나 이듬해인 1419년(세종 원년)에 기해동정(己亥東征) 즉 대마도 정벌이 단행됨으로써 양국간의 통교는 일시적으로 끊겼다. 통교가 끊긴 후 일본국왕 사신의 간청과 대마도주의 간청을 받아들여 4년만인 1423년(세종 5) 부산포와 제포를 다시 개항하게 되었다. 이어 3년 뒤인 1426년(세종 8)에는 다시 염포를 추가로 개항함으로써[25] 총 삼개소의 포소를 개항하게 되었다. 무역과 통교를 너무 강경하게 단절할 경우 왜구의 발생이 더욱 빈번해질 수도 있을 것이라는 과거의 경험에

---

25) 『세종실록』31, 8년 1월 계축.

바탕을 둔 조선정부의 판단이 여기에 개재되어 있었다. 실제 대마도의 실세 중의 일부는 "만약 우리 대마도가 한 번 움직이면 경상도 백성의 생업이 안정되지 않을 것이라"는 소리를 공공연히 할 정도의 상황이었던 것이다.26) 이후 1510년(중종 5) 삼포왜란이 일어나기 전까지 약 100년간은 큰 마찰없이 평화적인 통교와 무역이 이 세 개 항구를 통해 이루어졌다.

무역을 하기 위해 염포를 찾는 일본인들은 단순 교역을 목적으로 한 홍리왜인(興利倭人; 상업행위를 하는 왜인)과 외교사절의 형식을 갖춘 사송왜인(使送倭人)이 있었다. 그러나 홍리왜인도 겉으로는 사송의 형식을 갖추어야 하였다. 어느 경우든 그들의 주된 목적은 경제적인 교역에 있었다. 형태면에서는 외교사절이나 실제 목적은 교역이었던 경우가 많았다. 당시 일본과의 무역은 명목상은 무역이라 하였으나 근본적으로는 왜구에 대한 회유책에서 비롯된 것이었기 때문에 많은 한계를 지닌 상거래였다고 할 수 있다. 당시 조선 측으로부터 접대가 허용된 통교자는 일본국왕사(日本國王使), 거추사(巨酋使), 구주탐제사(九州探題使), 대마도주사(對馬島主使), 수직인(受職人), 수도서인(受圖書人), 기타 문인(文引) 소유자로 한정되었다. 이전까지 자유롭게 왕래하던 홍리왜인도 대마도주가 발급하는 증명서 즉 문인이 있어야 하였다.27)

당시 교역의 유형은 크게 사행무역, 공무역, 사무역이 있었다. 사행무역은 일본의 외교사절이 서울로 가서 조선국왕을 배알한 후 가지고 온 진상품을 바치고, 그 대가로 회사를 받아가는 형태였다. 공무역은 진상품 이외에 가져온 물건을 해당 관청에서 구입해주는 형태였다. 사

---

26) 『성종실록』61, 6년 11월 정사.
27) 하우봉, 「일본과의 관계」, 『한국사』22, 국사편찬위원회, 1995, 394~395쪽.

무역은 조선 관리의 감독 하에 개항장에서 조선상인과 개별적으로 거래하는 형태였다. 따라서 개항장인 염포에서 주로 행해진 무역의 형태는 사무역이었다고 할 수 있다.

사무역은 민간을 상대로 다양한 물건을 거래하는 방식이었기 때문에 시세에 따라 가격이 정해졌고, 따라서 이익도 많이 났다. 따라서 감독이 소홀한 틈을 타고 물품이 급증하게 되었고, 금, 은, 화약과 같은 금지된 제품에 대한 교역도 이루어지는 등 문제점도 많았다. 이에 1457년(세조 3)에는 사무역을 금지하였고, 1485년(성종 16)에는 사무역을 부활시켰다가 10년 만인 1494년(성종 25)에는 다시 폐지하는 등 치폐를 빈번히 하였다.

염포에서 주로 거래된 물품이 정확히 어떤 것이었는지 알 수는 없다. 다만 전반적으로 조선과 일본이 주고받은 물건들 중 사무역에서 이루어졌음직한 것들을 유추해볼 수는 있다. 당시 일본인들이 가져온 물품 중 가장 비중이 컸던 것은 금·구리·유황 등 일본에서 나는 광산물, 동남아시아산의 중계품인 소목(蘇木)과 같은 염료, 호초(胡椒)와 같은 향료, 각종 약재, 장식품 등이었다. 그 중 금·구리·유황은 사무역에서 금지된 품목이었다. 따라서 염포에서 행해진 사무역에서는 주로 짐승가죽이나 음식물과 같은 사무역이 금지되었을 때도 자유로운 교역이 허용되었던 물품을 위시하여[28] 공예품, 약재, 향료, 장식품 등이 거래되었을 것으로 추측된다.

한편 일본인들이 교역의 대가로 주로 가져간 것으로는 면포나 마포 같은 섬유제품, 곡물류, 각종 약재류, 화문석이나 짐승 가죽과 같은 장식품, 대장경이나 서적과 같은 문화제품 등이었다. 그중 사무역에서는

---

28) 『예종실록』4, 1년 3월 계사.

주로 섬유류와 약재 등이 교역의 대상이었을 것으로 추측된다.

이상과 같은 물품을 사고파는 장소로서 한 때 염포가 이용되었기 때문에 근처에 살던 울산인들이 이 교역에 많이 관계하였을 것은 분명한 사실일 것이다. 『신증동국여지승람』에 울산인의 성정을 '호상고(好商賈)'로 표현한 것은[29] 염포에서의 교역과도 무관한 것이 아니었을 것으로 판단된다.

4. 일본인 거류지

염포 개항장 근처에는 거주가 허용된 항거왜인이 마을을 이루어 살고 있었다. 항거왜인들이 삼포에 거주하게 된 것은 세종조에 대마도주가 대마도민들의 어려운 생활을 내세워 한 해에 60인 정도를 삼포 근처로 보내어 생선을 잡아다 팔아서 생업에 도움이 되게 해달라고 청한데서 비롯되었다.[30] 당시 조선에서는 잡은 생선을 팔고 나서는 곧 돌아간다는 조건으로 임시 거주를 허락하였으나, 곧 돌아가지 않고 풍우를 피한다면 초막을 만들어 머무적거리며 눌러 살게 되었던 것이다.[31]

조선의 입장에서 이 항거왜인들은 득이 되는 면과 염려가 되는 면을 동시에 가지고 있었다. 이들이 해를 당할 것을 꺼려 다른 왜인들이 함부로 조선을 침범하지 못하는 것은 득이 되는 점이었고, 근본적으로 족속이 달라 사단이 생길 가능성이 큰 것은 염려가 되는 점이었다.[32] 후자를

---

29) 『신증동국여지승람』 울산군, 풍속.
30) 『세종실록』 71, 18년 3월 을미. 『海東諸國記』, 「朝聘應接紀」, 三浦禁約.
31) 『성종실록』 48, 5년 10월 경자.
32) 『성종실록』 38, 5년 1월 경술.

더 중시한 사람들은 뱀을 방안에 키우는 것에 비유하기도 하였다.[33]

1420년대인 세종대에는 3포의 항거왜인을 염포 10호, 부산포 20호, 제포 30호로 총 60호로 한정하여 되도록 왜인의 거주를 억제하려 하였다.[34] 그러나 1436년(세종 18)에는 이미 삼포의 항거왜인의 총수가 584명에 달하여 그 중 염포에서 96명, 부산포에서 29명, 제포에서 253명 등 총 378명을 돌려보내고 206명을 머물게 한 바 있다.[35]

그로부터 30년이 지난 1466년(세조 12) 경상도관찰사가 조사한 항거왜인의 호수는 염포의 경우 36호 120여명, 부산포의 경우 110호에 330여명, 제포의 경우 300호에 1,200여명으로 총 446호 1,650여명에 달하였다.[36] 1475년(성종 6)에는 경상도관찰사가 삼포에 거주하는 왜인들의 호구를 남녀별, 연령별로 상세히 보고하고 있는데, 그 상황을 보면 다음 <표 3>과 같다.[37]

〈표 3〉 15세기 후반 삼포 거주 왜인의 호구 상황

	호수	인구수	壯男	壯女	老男	老女	弱男	弱女	사찰	승려
염포	34	128	42	43	8	8	14	12	1	1
부산포	88	350	125	132	6	8	40	34	3	5
제포	308	1,731	607	605	33	19	234	187	11	46
합계	430	2,209	774	780	47	35	288	233	15	52

---

33) 『세종실록』69, 17년 7월 기축.
34) 『중종실록』3, 2년 5월 계해.
35) 『세종실록』71, 18년 3월 을미.
36) 『海東諸國記』,「朝聘應接紀」, 三浦禁約. 1469년(예종 1)에 편찬된 『경상도속찬지리지』(울산군, 野人所居)에는 염포의 항거왜인이 30호인 것으로 파악하고 있어 앞의 『해동제국기』의 기록과 거의 일치하고 있다.
37) 『성종실록』53, 6년 3월 신해.

위 표에서 보듯이 삼포 전체에 거주하는 왜인은 총 430호에 2,209명에 이르렀다. 그 중 염포에는 34호 128명의 왜인이 여전히 거주하고 있는 것으로 나타나 있다. 이는 전체 호수의 약 7.9%, 전체 인구의 약 5.8%에 해당하였다. 장남(壯男)과 장녀(壯女)의 비율이 거의 비슷할 뿐만 아니라 어린 아이(弱男, 弱女)의 수가 521명으로 전체 인구의 23.6%를 차지하고 있는 점으로 미루어 정상적인 가정을 이루고 장기 거주하고 있었음을 보여준다. 그리고 사찰과 승려까지 건너와 거주하고 있는 점도 이채로운데, 전체 일본 사찰 15개소 중 1개소가 염포에 있었던 것으로 되어 있다.

그로부터 20년 뒤인 1494년(성종 25)에 경상도관찰사가 조정에 보고한 삼포 항거왜인의 호구 상황을 표로 나타내면 다음 <표 4>와 같다.38)

〈표 4〉 15세기 말 삼포 거주 왜인의 호구 상황39)

	호수	인구수	남	여	사찰	승려
염포	51	152	70	82	—	—
부산포	127	453	206	240	4	7
제포	347	2,500	—	—	10	40
합계	525	3,105	—	—	14	47

위 표에서 보듯이 20년 전과 비교하여 항거왜인의 호구가 크게 늘었음을 알 수 있다. 염포의 경우 34호 128명에서 51호 152명으로 늘었고, 부산포는 88호 350명에서 127호 453명으로 늘었으며, 제포의 경

---

38) 『성종실록』295, 25년 10월 경진.
39) 경상도관찰사의 원 보고의 인구수에는 승려의 수가 합산되어 있지 않았는데, <표 3>과 동일한 비교를 위하여 <표 4>에는 승려를 포함한 인구수를 제시하였다.

우도 308호 1,731명에서 347호 2,500명으로 늘었다. 전체를 합산한 것을 비교하면 430호 2,209명에서 525호 3,105명으로 늘어서 20년 동안 100여호에 900여명이 증가하였던 것이다. 염포의 비율은 전체 호수의 9.7%, 전체 인구수의 4.9%로 20년 전과 비교하여 호수의 비율은 조금 늘어난 반면 인구수 비율은 약간 줄어든 것으로 나타난다. 그리고 염포에 있던 사찰도 그 동안 없어졌다.

한편 항거왜인이 모여 사는 마을에는 추장이 있었고, 그 위에 수직인(受職人)인 삼포총치자(三浦總治者)가 총책임자로 통제하는 행정적인 조직망까지 갖추고 있었다.[40] 이들은 조선정부로부터 면세의 혜택을 받으면서 세금은 대마도주에게 납부하고 있었다.[41] 삼포에서 거두는 세금의 이익이 컸기 때문에[42] 대마도주는 불법으로 거주하는 왜인들에 대한 쇄환에 소극적으로 대처하였던 것이다.

그들은 삼포 주변에 정해진 구역내에서 주로 어로와 상업에 종사하였다. 비록 국법에는 거주지 5리 밖을 벗어나지 못하게 출입을 제한하고 있었으나 잘 지켜지지 않아서 예사로 성 아래까지 와서 상행위를 하기도 하였다.[43] 성종대의 기록에 의하면 그들이 소유한 선박이 염포에 15척, 부산포에 30척, 제포에 80척 등 도합 125척에 이르렀다고 한다.[44] 왜인들 중 일부는 토지를 점유하고 있어 문제가 되기도 하였다.[45] 염포에 사는 왜인들의 생활은 제포와는 달리 대개 매우 가난하여[46] 때로는 조선 조정에서 환곡을 주어 구휼하기도 하였다.[47]

40) 하우봉,「일본과의 관계」,『한국사』22, 국사편찬위원회, 1995, 391쪽.
41)『성종실록』89, 9년 2월 병신.『성종실록』176, 16년 3월 무술.
42)『연산군일기』49, 9년 3월 임진.
43)『성종실록』283, 24년 10월 임오.
44)『성종실록』278, 24년 윤5월 신축.
45)『성종실록』48, 5년 10월 경술.『성종실록』87, 8년 12월 기해.

항거왜인을 비롯하여 삼포에 머무는 왜인의 수가 급속도로 증가하자, 조선정부에서는 꾸준히 송환을 요구하였으나 그리 큰 효과를 보지 못하였다. 세종대의 경우, 세종 18년(1436)에는 염포를 위시한 삼포에 거주하는 왜인이 584명 중 계속 머물기를 청한 206명을 제외하고 나머지 387명을 쇄환한 바 있었다.[48] 이 때 염포에서 96명, 부산포에서 29명, 제포에서 253명을 각각 쇄환하였다. 세종 21년(1439)에는 제포에 200여명, 부산포에 160여명이나 와서 살고 있었기 때문에 그들 모두를 이듬해 봄까지 쇄환하도록 요구한 바 있었다.[49] 성종대에도 삼포 거주 왜인들에 대한 쇄환은 이루어졌다. 성종 6년(1475) 삼포 전체 600호, 1600여명 중에서 염포 13호, 부산포 5호, 제포 26호 등 총 44호 100여명을 대마도로 돌려보낸 바 있었다.[50]

항거왜인에 대한 쇄환이 제대로 이루어지지 않는 가운데 상업을 목적으로 와서 머물고 있는 흥리왜인까지 가세하면서 삼포지역에 머무는 왜인의 수는 매년 크게 증가하였다. 1434년(세종 16) 제포와 부산포에 와있던 흥리왜인 수는 각각 600여명에 달하였으며,[51] 1440년(세종 22) 부산포의 항거왜인은 60여호인데 장사군들은 무려 6,000여명이나 되었다고 한다.[52] 1445년(세조 1)에는 제포에 머무는 왜인의 수가 92호 416명이었고, 부산포와 염포에 사송유포자(使送留浦者)가 2,011명, 거기에 일반 흥리왜인까지 더하면 우리나라 경내에 들어와 있던

46) 『성종실록』176, 16년 3월 무술.
47) 『세종실록』63, 16년 1월 임오.
48) 『세종실록』71, 18년 3월 을미.
49) 『세종실록』87, 21년 11월 기사.
50) 『성종실록』62, 6년 12월 신사.
51) 『세종실록』64, 16년 4월 무진.
52) 『세종실록』88, 22년 2월 경진.

왜인은 대략 수천명에 달하였다.[53]

그 후 왜인의 수는 더욱 늘어나 15세기 말 연산군대에 이르면 삼포에 거류하는 왜인수는 무려 1만여명에 육박하는 실로 엄청난 규모에 이르게 되었다.[54] 삼포에 거류하는 왜인수가 늘어나 일정한 세력을 이루자 그들은 해적무리의 본성을 드러내기 시작하였다. 왜적무리들의 침입은 특히 연해의 백성들이 바다에 나가 고기를 잡거나 해초를 채취하는 시기인 4·5월과 8·9월에 더욱 심하였다.[55] 또한 강한 것을 믿고 악한 버릇이 생겨 더러 조선의 백성들을 해치기도 하였고, 민가를 불사르고 재산을 약탈하기도 하였으며, 수군 장수를 욕보이기도 하였다.[56]

급기야 1510년(중종 5) 왜인의 쇄환 요구와 왜선에 대한 감시의 강화 조처를 기화로 그 전에 비해 접대가 박하여지자 여기에 불만이 고조된 삼포에 거주하는 왜인들은 도리어 난동을 일으키기에 이르렀다.[57] 이 삼포왜란으로 인하여 한 때 부산포와 제포가 함락되고, 부산포첨사가 전사한 것을 위시하여 일반 백성 수백명이 처참하게 죽임을 당하였고, 민가 수백채가 불에 타는 등 분탕질을 당하였다. 이 때 염포 지역도 부산포와 제포보다는 미약하였지만 피해를 당하였다.[58] 염포

---

53) 『세조실록』1, 원년 7월 기미.
54) 『연산군일기』19, 2년 11월 을축. 그런데 『연산군일기』49, 9년 3월 임진조에는 제포의 왜호가 400이고 인구가 2,000여명이라고 하였으며, 염포와 부산포도 이와 비슷한 것이라고 하였다. 그러므로 원문의 1만여호는 1만여명의 잘못으로 추정된다. 오봉근, 『조선수군사』, 사회과학출판사, 1991, 241쪽.
55) 『연산군일기』37, 6년 3월 기미.
56) 『중종실록』8, 4년 3월 병진.
57) 『중종실록』11, 5년 4월 을미.
58) 『중종실록』11, 5년 4월 을미.

에 거주하였던 왜인들은 모두 대마도로 돌아갔다.59)

5. 조일(朝日) 사신의 내왕처

조선전기 조선에서 일본으로 사절을 파견한 횟수는 전체 65회가 확인되고 있다. 그 중 태종과 세종대가 각각 24회와 15회로 주로 이 시기에 사절 파견이 집중되었음을 알 수 있다. 왜구 금지와 통교체제 정비를 위해 조선이 적극적으로 임하였기 때문이다. 그런데 왜구가 진압되고 통교체제가 확립된 이후 조선은 사절 파견에 매우 소극적으로 변하였다. 이에 비해 일본은 매우 활발하게 사절을 보내왔다. 특히 16세기 이후 조선과 일본의 통교가 상업적 성격을 강하게 띠면서 조선은 통제적이었던 데 비해 일본은 더욱 적극적으로 대응하였다. 조선전기에 일본이 파견한 각종 사절은 조선왕조실록에 기재된 것만 살펴보더라도 무려 2,360여회에 달하여 65회 정도였던 조선과 비교가 되지 않을 정도로 많았다.60)

조선측 사절은 외교적인 임무만을 수행하였으나 일본 측 통교자들은 사행과 교역이라는 이중적인 역할을 하였다. 조선은 일찍부터 사행 시 사적인 교역을 엄금하였으며, 1439년(세종 21)에는 사무역 금지 사목을 법제화하였다. 이 점은 사행의 종류에 관계없이 교역을 하면서 사행경비까지도 조선 측에 부담을 지웠던 일본사절과는 대조적이었다. 또한 조선의 경우 모든 사행이 정부에서 파견하는 국가사절의 성격을 지니고 있었을 뿐 개인자격으로 파견된 사절은 전혀 없었다. 이

---

59)『중종실록』11, 5년 4월 정유.
60) 하우봉,「일본과의 관계」,『한국사』22, 국사편찬위원회, 1995, 399~402쪽.

점에서도 국왕사 외에 거추사, 구주탐제사, 대마도주특송사, 제추사 등 다양한 통교자로 구성된 일본측과 대비되었다.61)

조선에서 일본으로 오가는 경우에는 주로 부산포가 이용되었다. 부산포에서 출발하여 對馬島－壹岐島－博多－赤間關－尾路關－兵庫－大阪을 거쳐 京都에 이르렀던 것이다. 일본에서 조선으로 오는 배들은 염포, 부산포, 제포에 고루 나누어 윤차적으로 정박하도록 대마도에서 안내 유도하기로 하였으나62) 잘 지켜지지 않았다.63) 이에 1443년(세종 25) 이후에는 대마도에서 보내는 세견선 50척의 경우에만 제포와 부산포에 각각 25척씩 나누어 정박케 하였을 뿐, 그 외 일본 사행들은 임의로 삼포 중에 한 곳을 택하여 정박케 하였다.64) 따라서 부산포와 제포보다는 못하더라도 염포에도 상당한 인원이 정박하였을 것으로 추정된다.

염포를 비롯한 삼포에는 각기 왜관(倭館)이 설치되어 있어 일본에서 건너오는 자들의 도박처(渡泊處), 접대처, 무역처로서의 구실을 하였다. 사신들을 위한 연회를 여는 장소로 이용되었는데, 조선에 도착했을 때의 환영연과 돌아갈 때의 환송연이 왜관에서 열렸던 것이다. 국왕사의 경우에는 포소에 체류하는 동안 3회, 돌아갈 때에 1회로 도합 4회의 연회가 왜관에서 베풀어졌다. 거추사의 경우 포소에 체류하는 동안 2회, 돌아갈 때에 1회로 도합 3회의 연회가 베풀어졌으며, 구주탐제사와 대마도주특송사의 경우에는 체류하는 동안 1회, 돌아갈 때에 1회로 도합 2회의 연회가 베풀어졌다. 나머지 사절의 경우에는

---

61) 위의 글, 399~400쪽.
62) 『세종실록』81, 20년 2월 기사.
63) 『세종실록』89, 22년 4월 신축.『세종실록』95, 24년 5월 경신.
64) 『海東諸國記』, 「朝聘應接紀」, 三浦分泊.

포소에 체류하는 동안에 1회의 연회가 베풀어졌다.65)

사신을 접대하던 염포의 왜관은 규모가 크지 않고 협소하였을 뿐 아니라 더러는 연회에 사용되는 상이나 그릇들이 제대로 갖추어지지 않았던 때도 있었던 것 같다. 이에 따라 일본 사신도 객관에 다 머물지 못하고 일부는 성 밖의 사찰에 머물거나 항거왜인의 집에 머물기도 하였다.66)

포소에 도착한 일본 사행은 그 중 일부만 서울로 향하게 되어 있었다. 상경인수는 국왕사의 경우 25인, 거추사의 경우 15인, 구주탐제사나 대마도주특송사의 경우는 3인으로 제한되어 있었다.67) 따라서 나머지 사람들은 그들이 돌아올 때까지 포소에 머물러 있어야 하였다. 삼포에 도착한 일본 사절이 서울로 가는 길은 크게 육로와 수로 두 가지가 있었다. 상경로는 국가 기밀의 보존이라는 면에서 몇 차례 조정을 거쳐 성종대에 대개 정비되었다. 성종대의 경로를 『성종실록』과 『해동제국기』를 대비하여 정리하면 다음과 같다.68)

<육로>
염포 - 영천 - 죽령 - 충주 - 양근 - 서울(15일정)
제포 - 금산 - 청주 - 서울(13일정)
제포 - 대구 - 상주 - 괴산 - 광주 - 서울(14일정)
부산포 - 대구 - 상주 - 괴산 - 광주 - 서울(14일정)
부산포 - 영천 - 죽령 - 충주 - 양근 - 서울(15일정)

---

65) 『海東諸國記』, 「朝聘應接紀」, 三浦宴.
66) 『성종실록』283, 24년 10월 병인, 정묘.
67) 『海東諸國記』, 「朝聘應接紀」, 上京人數.
68) 『성종실록』10, 2년 4월 신해. 『海東諸國記』, 「朝聘應接紀」, 上京道路.

<수로>
　　　염포 – 경주 – 단양 – 충주 – 광주 – 서울(15일정)
　　　제포 – 창원(김해)69) – 창녕 – 선산 – 충주 – 광주 – 서울(19일정)
　　　부산포 – 양산 – 창녕 – 선산 – 충주 – 광주 – 서울(21일정)

　위의 일정을 보면 염포에서 서울로 가는 노정은 육로나 수로나 다같이 15일이 소요되는 것으로 나타나 있다. 육로의 경우는 다른 포소의 경로에 비해 1~2일 더 걸리나, 수로의 경우는 다른 포소의 경로에 비해 4~6일 정도 더 짧은 것으로 나타난다. 결국 염포에서 출발할 경우 서울까지의 내왕에만 30일이 소요되었음을 알 수 있다.

　포소에 머물 수 있는 일수도 사절의 등급에 따라 차이가 있었다. 국왕사의 경우에는 정해진 기한이 없이 자유로이 머물 수 있었다. 실제 국왕사의 경우 포소에서 대여섯 달을 지체하는 경우도 있어 포소에 머문 동안에 지급한 식량만 500섬이 되는 경우도 있었다.70)

　거추사의 경우에는 사신의 도착을 확인한 경상도관찰사의 문서가 포소에 도착한 뒤부터 15일, 서울서 염포로 돌아온 뒤부터는 20일이 체류할 수 있는 기한이었다. 다른 여러 사절들의 체류 가능일수는 이보다 5일에서 10일정도 더 짧게 기한이 정해져있었다.71) 이 정해진 기한까지만 양식을 지급해 주도록 되어 있어, 기한을 넘겼을 경우에는 양식을 더 이상 지급해주지 않았다. 그러나 이 정도 규제만으로는 기

---

69) 『海東諸國記』에는 제포 – 김해 – 창녕 – 선산으로 되어있는 데 비해, 『성종실록』에는 제포 – 창녕 – 창원 – 선산으로 되어 있다. 『성종실록』의 경우는 지리적 위치상 창녕과 창원의 순서를 바꾸어 제포 – 창원 – 창녕 – 선산으로 정리되어야 할 듯하다. 그렇게 하더라도 김해를 통과하는 『海東諸國記』의 경로와는 약간의 차이가 있다.

70) 『성종실록』278, 24년 5월 신축.

71) 『海東諸國記』, 「朝聘應接紀」, 留浦日限.

한을 넘겨 머물려는 일본인들을 효과적으로 통제할 수 없었던 듯하다. 일본 사절을 빌미로 상업 활동을 하기 위해 온 자들은 배를 치장한다거나 물건을 점검한다는 핑계를 대면서 으레 기한을 넘기면서까지 머물렀기 때문에 여러 가지 문제를 발생시키기도 하였다.

6. 맺음말

조선초기의 대일관계에서 가장 중요한 것은 왜구의 문제였다. 조선에서는 왜구를 방지하기 위한 방책을 다각도에서 강구하였는데, 하나는 군사적인 물리력을 행사하여 왜구를 격퇴시키는 것이었고, 다른 하나는 통상을 허용하여 그들의 욕구를 어느 정도 충족시킴으로써 평화를 유지하는 방법이었다.

이 시기 염포가 가졌던 여러 기능도 모두 일본과의 관계 속에서 만들어졌던 것이다. 염포는 군사적인 측면에서 동남 해안에 출몰하는 왜구를 효과적으로 막기 위한 경상좌도의 주요한 포진 중의 하나였다. 군사적 측면에서의 그러한 중요한 위치와 더불어 일본에서 접근하기 좋은 지형적인 요건으로 말미암아 국가에서 일본과의 교역을 위해 특별히 지정한 개항장으로서의 기능도 수행하였다. 일본인들이 모여 사는 마을이 형성되어 있기도 하였다. 아울러 도착하고 떠나는 일본의 각종 사신들을 접대하는 장소로도 이용되었다. 이러한 점에 조선초기 대일관계에서 염포가 가지는 역사적 위치가 있다.

염포에는 이상의 기능들을 원활하게 수행하기 위한 여러 가지 장치들이 마련되어 있었다. 1490년 성종대에는 돌로 된 성곽이 축조되었다. 원래 있던 담장을 더욱 보강하기 위해 쌓은 것으로, 둘레가 약

300m 정도인 조그만 성곽이었다. 그리고 왜관이 설치되어 있었다. 이는 왕래하는 일본 사신들을 접대하기 위한 공간이자 무역을 위한 장소로도 이용되었다. 또한 임시로 조선에 머물러 사는 것이 허용된 항거왜인들이 모여 사는 마을이 염포 개항장 근처에 따로 마련되어 있었다. 염포의 항거왜인들은 선박을 15척 정도 보유하고 주로 어업과 상업에 종사하고 있었다. 15세기 중엽이후 염포에 거주하는 항거왜인은 대개 30~50여호에 120~150여명에 달하였다.

그 외 염포를 찾는 일본인들은 단순 교역을 목적으로 한 흥리왜인과 외교사절의 형식을 갖춘 사송왜인 등이 있었다. 그들의 수는 점차 증가하여 16세기 초 연산군대에는 삼포에 각종 형태로 머무는 왜인의 수가 무려 1만여명에 달할 정도로 늘어났다. 왜인의 수가 급증한 것은 조선의 대일 통제 정책이 방만하고 느슨해진 결과이기도 하였다.

급기야 1510년 중종대에는 세력을 규합한 왜인들이 제포와 부산포를 중심으로 이른바 삼포왜란을 일으켰다. 그 여파로 일본과의 관계가 냉각되어 모든 개항장이 폐쇄되었고, 항거왜인들도 대마도로 돌아갔다. 이에 따라 염포도 대일 교역항 으로서의 기능을 상실하게 되었다. 뿐만 아니라 얼마 뒤에는 수군 만호가 배치되었던 포진마저도 폐지되어 군사적인 측면에서의 기능도 마감하게 되었다. 이렇게 염포는 조선 초기 대일관계 속에서 번성하고 쇠퇴하였던 것이다.

제3장

울산지역 임란의병의 활동과 그 성격

1. 머리말
2. 울산의 지역적 특성
3. 임진왜란의 전개와 울산지역의 의병 활동
4. 울산지역 의병 활동의 성격과 의의
5. 의병에 대한 현창
6. 맺음말

울산지역 임란의병의 활동과 그 성격

1. 머리말

　의병에 관한 연구는 임진왜란 연구 중에서 가장 큰 비중을 차지하고 있는데, 저명한 의병장이나 의병 활동에 치중되어 있는 한계가 있었다.[1] 각 지역 단위로 이루어졌던 소규모 의병집단과 저명하지 않던 의병장들의 활약들도 논의의 대상으로 포함되어질 때 임진왜란 의병에 대한 이해의 폭이 더욱 넓어질 수 있을 것이다.

　그런 의미에서 본고에서는 그동안 학계의 주목을 거의 받지 못하였던 울산지역 의병들의 활동에 대해 살펴보고자 한다. 울산지역의 의병 활동은 어느 지역 못지않게 활발하고 치열하게 전개된 바 있었다. 그러함에도 불구하고 주목을 받지 못한 것은 저명한 의병장이나 전투가 없었기 때문일 것이다. 그러나 그러하기 때문에 오히려 대부분 지역에서 일어난 의병들의 일반적인 모습을 더 잘 드러내어준다고 할 수도 있다.

---

[1] 조원래,「임진왜란사연구의 추이와 과제」,『조선후기사연구의 현황과 과제』, 창작과 비평사, 2000.

또한 울산지역의 특수성으로 말미암아 울산지역 의병만이 가진 특징도 있었다. 울산지역은 조선초기이래 군사상 요충지였으며, 더구나 해상에서도 요충지이기도 하였다. 그 효용 가치는 왜군에게도 마찬가지였기 때문에 울산은 어느 다른 지역보다도 장기간 왜군이 주둔한 지역이었다. 이는 의병활동에 있어서 그렇지 않은 지역과 일정한 차이로 작용하였을 것이다.

지금까지 울산의 의병과 관련해서는 구체적 연구가 드문 형편이다. 이겸주가 울산지역 청안이씨 가문의 의병장들의 활동에 국한하여 간략히 살핀 바 있다.[2] 그리고 향토사학자 이유수가 관군과 의병을 불문하고 임진왜란시 울산지역에서 벌어졌던 전투를 장소별로 간추려 정리한 바 있으며,[3] 최근에는 이정일이 울산지역의 의병 활동을 포함하여 임진왜란시 울산의 상황에 대해 정리한 것이 있을 뿐이다.[4]

이에 본고에서는 울산 지역에서 일어난 의병 활동에 초점을 맞추어 다음과 같은 점에 대하여 살피고자 한다. 먼저 울산의 지역적 특징을 역사적 측면에서 살핌으로써 논의의 기초로 삼고자 한다. 다음으로 울산 지역에서 일어난 의병들의 활동을 임진왜란의 추이에 맞추어 시기별로 나누어 살펴보고, 그 의병활동이 지니는 역사적 성격과 의의에 대해 살피고자 한다. 마지막으로 임진왜란이 극복된 후에 추진된 의병들에 대한 현창 사업에 대해 살펴보고자 한다.

---

[2] 이겸주, 「임진왜란시의 영좌의병활동 일반 － 울산지방 의병의 예－」, 『연구논문집』15－2, 울산대학교, 1984.
[3] 이유수, 「울산의 임진정유재란사」, 『울산향토사연구논총』, 울산시향토사연구회, 1996.
[4] 이정일, 「임진·정유왜란과 울산」, 『울산광역시사(역사편)』, 울산광역시시사편찬위원회, 2002.

2. 울산의 지역적 특성

울산은 경상도의 동남해안에 위치하여 동으로는 바다와 접해 있고, 남으로는 기장·양산을 거쳐 동래에 접해 있었고, 서로는 언양을 거쳐 밀양·청도와 접해있었으며, 북으로는 경주와 접해 있었다. 동래에서 조령을 거쳐 서울로 이어지는 간선도로인 영남대로 상에서는 약간 비껴나 있었지만 경상도의 대읍인 경주와 변경인 동래의 사이를 연결하는 위치에 있었다. 울산은 인접한 고을 중에서 경주와 가장 긴밀하게 연결되어 있었다. 군사적인 측면의 진관체제 편성에서도 울산지역은 경주진관에 속해 있었으며, 문화적인 측면에서도 경주지역의 인사들과 긴밀한 관계를 유지하고 있었다.

또한 울산은 중요한 군사적 거점 구실을 하고 있었다. 경상도에 설치된 두 개의 병영 중 하나인 좌병영이 울산에 설치된 것이 그를 단적으로 웅변해준다. 울산에 경상좌병영이 설치된 것은 1417년(태종 17)으로 조선이 개창된 직후의 일이었는데,[5] 잦은 왜구의 침입을 막기 위한 요충지로서의 입지조건을 인정받았기 때문이었다.

그리고 울산은 동남해안의 수군 요충지이기도 하였다. 경상도의 동남해안에 위치하여 경상좌수영에 속한 울산지역의 주요 수군 거점으로는 서생포, 개운포, 염포 등이 분포되어 있었다. 염포, 개운포, 서생포에는 조선전기이래 만호가 배치되어 수군의 거점 구실을 하였다. 특히 염포는 왜인들이 공식적으로 출입하던 항구인 삼포 중의 하나였고, 개운포는 조선전기에 경상좌도수군절도사의 수영이 한 때 개설되기도 하였던 요충지였다. 그리고 서생포는 울산과 부산의 중간 지점에 위치한 수군기지였다. 이러한 수군 기지는 그 지역 해상에서의 요충지

---

[5] 『태종실록』33, 17년 1월 무신.

에 해당되고, 배가 정박하기에 적당한 천연적인 조건과 함께 다른 내륙으로의 접근성 또한 뛰어난 곳이기 때문에 전쟁이 일어났을 때는 피아간에 중요한 거점 구실을 하게 되는 것이다. 왜적의 침입시에는 침입로가 되면서 동시에 교두보 확보를 위한 공간으로 활용될 가능성이 큰 것이다.

임진왜란이 발발하였을 때 울산지역은 부산 다음으로 왜군이 초기에 진입한 지역이었고, 임진왜란 기간 동안 왜군의 교두보가 되어 왜군이 장기간 주둔하는 지역이 되었다. 그리하여 울산지역은 항상 왜군의 약탈 위험 속에 노출되어 있었다. 이 점이 바로 울산지역이 다른 지역과 구별되는 특징이라고 하겠다.

조선은 왜군의 기습으로 일시 군사체제가 혼란에 빠져 평양과 함경도일대까지 밀리면서 고전하였으나 곧 명과 힘을 합쳐 왜군을 남쪽으로 밀어내었다. 왜군은 동남해안 지역에 왜성을 쌓아 교두보를 확보한 후 장기전에 돌입하고자 하였다. 그 때 왜군의 교두보가 동남해안의 울산에서부터 부산을 거쳐 남해안의 사천에 이르는 지역으로 해안을 따라 군데군데 왜성을 쌓아 거점으로 활용하고 있었던 것이다.[6] 울산지역에서는 서생포에 왜성이 축조되었는데, 이 왜성은 동남해안에서 가장 위쪽에 있던 전략상의 요충이었다. 임진왜란 발발 이듬해에 서울에서 총 퇴각한 후 가토오 기요마사(加藤淸正)의 주도하에 축조된 것이었다. 그리고 정유재란 이후에는 서생포왜성보다 더 북쪽인 울산의 중심부에 울산왜성을 추가로 축조하여 왜군 주둔의 최전방 거점으로 삼은 바 있었다. 왜군은 임진왜란시의 소강기 때는 서생포왜성을 최북단의 거점으로 삼았고, 그리고 정유재란시의 소강기 때는 추가로 쌓은

---

6) 왜성지연구회, 『왜성Ⅰ』, 1976.

울산왜성을 최북단의 거점으로 삼았던 것이다. 이를 통하여 가장 핵심되는 거점인 부산지역을 보호하는 두터운 외곽으로 활용하였던 것이고, 동시에 울산, 언양, 양산, 경주 등 주변지역을 노리는 거점으로 활용하고 있었던 것이다.

위와 같은 지역적 특성으로 말미암아 울산은 늘 왜적과 접해있으면서 그들의 약탈에 노출되어 있었고, 긴장상태가 이어지고 있었다. 여기에 울산지역에서 의병활동이 치열하게 일어난 원인이 있고, 또 다른 지역보다 좀 더 지속된 이유가 있다.

3. 임진왜란의 전개와 울산지역의 의병활동

1) 임진왜란 초기의 의병활동(1592.4.~1593.4.)

이 기간이 울산지역에서의 의병 활동이 가장 치열하게 전개된 시기였다. 왜란 초기에 일찍이 조직된 울산지역의 의병들은 산발적으로 왜군을 공격하여 적지 않은 전과를 올리고 있었다.

울산지역은 임진왜란 발발 후 며칠 안 되어 왜군 수중에 떨어졌다. 13일에 부산이 함락된 후 15일에는 동래가 함락되었으며, 언양이 점령된 것은 19일의 일이었다. 이어 왜군은 둘로 나누어 경주와 울산으로 각각 향하였는데, 경주는 21일에 함락되었고, 울산의 병영성은 22일에 함락되었다.[7] 이로써 울산은 왜군의 수중으로 들어갔지만 일부 산간지역을 중심으로 의병과 관군이 유격전을 펼치며 저항하고 있었다.

울산이 왜군의 침입을 받던 4월 21일 심환(沈渙), 박응정(朴應禎), 고처겸(高處謙), 박진남(朴震男), 이한남(李翰南), 김응방(金應邦) 등

---

7) 『亂中雜錄』1, 임진년 4월 22일.

이 각기 20여명을 이끌고 모여 모두 300여명의 의병이 결집되었다. 4월 23일에 울산지역의 인사들을 중심으로 의병의 진용이 짜여졌다. 박봉수(朴鳳壽)를 창의대장으로 하고, 좌익장 박응정, 우익장 장희춘(蔣希春), 좌위장 고처겸, 우위장 이봉춘(李逢春), 찬획(贊劃) 심환, 종사관 이한남, 운량호군(運糧護軍) 이경연(李景淵), 좌제군(左提軍) 박진남, 우제군 김응방으로 조직을 편제하였다.8) 25일에는 흩어진 관군과 합진하여 좌군과 우군으로 각각 편성하였으며, 30일부터 군사를 이끌고 실제 왜군 격퇴에 나섰다.

이들과는 별도로 윤홍명(尹弘鳴), 이응춘(李應春), 장희춘, 서인충(徐仁忠), 서몽호(徐夢虎) 등 울산출신 의병장들이 경주 출신의 의병장 류정(柳汀), 류백춘(柳伯春), 박인국(朴仁國), 이눌(李訥) 등과 합세하여 일군의 의병단을 형성하여 울산지역에서 활동하고 있었다. 이들은 4월 23일부터 왜군 격퇴에 돌입하여 울산 연포(蓮浦)에 상륙한 왜군 80여명을 사살하는 전과를 올린 바 있다. 5월 2일에는 공암(孔巖)으로 진을 옮겨 100여명을 사살하였고, 달현전투에서는 류백춘과 박인국의 활약으로 역시 100여명을 참살하는 전공을 올렸다.9)

왜군의 주력군이 서울을 향해 급히 북상할 때, 후방의 왜군은 부산에서 서울에 이르는 길을 확보하기 위해 일단 30리마다 하나의 진을 설치하는 거점 단위의 점령을 하였다.10) 그런 다음 좌우로 흩어져 약탈의 범위를 넓히면서 중심선 주위를 두텁게 확보함으로써 보급로를 보호하려 하였다. 경상좌도의 여러 고을 중 점령당하지 않고 남아서 저항한 곳을 왜군 영향권에서 멀리 떨어져 있던 영해·용궁·예안 등

---

8) 『霽月堂實紀』, 「龍蛇日錄」, 임진 4월 23일.
9) 『松壕遺集』下, 임진 4월 23일조, 5월 2일.
10) 『난중잡록』1, 임진년 5월 3일.

지 뿐이었다.[11]

　5월말에 접어들면서 왜군의 강한 압박으로 인해 울산지역에서 활동하던 의병장들은 경주나 운문산 등지로 이동하지 않을 수 없게 되었다. 이경연, 고처겸, 이한남 등은 운문산으로 진을 옮겼으며, 서인충, 이승금(李承金), 이우춘(李遇春), 장희춘, 김흡(金洽), 윤홍명, 전응충(全應忠) 등도 경주로 진을 옮겨 경주지역 의병장들과 합동으로 작전을 펼치게 되었다.[12] 이 시기 울산의병과 경주의병 및 관군의 합동작전으로 대표적인 것이 6월 7일에 있었던 전투였다. 경주판관 박의장(朴毅長)이 이끄는 관군과 경주지역의 의병들은 남천에 진을 쳤고, 울산에서 진을 옮긴 여러 의병들은 금오산의 산곡에 진을 쳤는데 총 병력수가 4,200여명에 달하였다. 이들 연합군은 언양에서 북상하던 왜군을 대파하여 400여명을 참살하고, 일본도 27자루를 획득하는 전과를 올렸다. 이에 경주부윤 윤인함(尹仁涵)은 특별히 윤홍명, 이여량(李汝良), 이응춘, 이눌, 류백춘 등 다섯 의병장에게 용양대원수(龍驤大元帥)라는 칭호를 주어 격려하였다.[13]

　그러나 8월로 접어들어 의병과 관군의 활약으로 영천성을 수복하고, 이어 9월에는 경주성까지 탈환함으로써[14] 경상좌도에서의 왜군의 추가 침략을 주춤하게 만들었다.[15] 경주가 탈환되자 울산지역도 곧 이어 수복된 듯하다. 울산의병장들은 다시 울산지역으로 돌아와서 왜군과 대치하면서 전과를 올렸다. 9월 초순에는 이응춘, 이삼한(李三韓),

---

11) 『난중잡록』1, 임진년 5월.
12) 『梅岩實紀』, 「龍蛇錄」, 임진년 5월. 『松壕遺集』下, 임진 6월 5일.
13) 『松壕遺集』下, 임진 6월 7일.
14) 『亂中雜錄』2, 임진년 9월 16일.
15) 문수홍, 「임난중 경상좌도지방의 의병활동 － 임진년 영천·경주성 수복전을 中心으로－」, 『남도영화갑기념사학논총』, 태학사, 1984.

윤홍명, 장희춘, 서인충, 이계수(李繼秀), 이우춘 등 7의병장이 이끄는 의병이 개운포에서 적을 막기도 하였고, 9월 하순에는 윤홍명, 이응춘, 장희춘, 서인충, 김흡 등 5의병장이 이끄는 의병이 태화강 쪽에서 접근하는 적을 막기도 하였다.[16] 한편 전만호 김태허(金太虛)가 울산의 임시군수로 차임되어 울산지역의 수습을 맡았다. 김태허는 전현감 박홍춘(朴弘春)을 서면장(西面將)으로 삼아 부산・양산의 적을 막았고, 전봉사(前奉事) 전응충을 남면장(南面將)으로 삼아 동래・기장의 적을 막았으며, 바다에 가라앉은 배를 모아 수리하여 서인충으로 주사장(舟師將)을 삼아 적이 들어올 수로를 차단하면서 울산을 보존하고 있었다.[17] 10월에는 왜군이 전선 6척을 앞세워 기장으로부터 쳐들어오고, 육군 300명이 아이포로부터 울산 경내로 쳐들어왔는데, 군수 김태허가 이끄는 관군과 전응충・박홍춘・서인충이 이끄는 의병들이 하루종일 싸워 무찔렀다. 이 때 육지에서는 왜군 50여급을 베었고, 바다에서는 40여급을 베고, 적선 2척을 나포하였다. 이 전공을 인정받아 김태허는 실제 군수로 임명되기도 하였다.[18]

11월경에는 동천강, 연포, 태화강, 개운포, 무룡산, 서생포 등지를 중심으로 하여 왜군을 방어하거나 격퇴하였다.[19] 12월경에는 울산지역의 3000여 의병이 합진하여 문수산에서 겨울을 보내었으며, 이듬해 1월 15일에는 다시 소규모의 의병부대로 분대(分隊)하여 주요 거점을 방어하기로 결정하여 12명의 의병장들이 각기 200여명씩을 이끌고 각자의 방어처로 옮겨갔다.[20] 이들과는 별도로 경주의병장과 활동하던

---

16) 『松壕遺集』下, 임진 9월 21일.
17) 『蔚山府輿地圖新編邑誌』(1786年刊),「古蹟」, 壬辰倭變事蹟.
18) 위와 같음.
19) 『霽月堂實紀』,「龍蛇日錄」, 임진 11월 5일.

윤홍명과 이응춘은 2월 6일에 태화강에 매복하여 있다가 상륙하는 왜군을 크게 무찌르고, 도망가는 왜군을 백련암까지 추격하여 타격을 가하는 전과를 올리기도 하였다.[21] 이러한 상태는 북상하였던 왜군의 주력군이 대거 동남해안 지역으로 퇴각한 이듬해 4월까지 지속되었다.

2) 강화교섭기의 의병활동(1593.4.~1597.7.)

평양전투에서 패배하고 행주산성 전투에서 기가 꺾인 왜군들은 서울에 집결하였다가 동남해안지역으로 총퇴각을 하게 되었다. 이 때 한편으로는 명의 심유경(沈惟敬)과 일본의 고니시 유키나가(小西行長) 사이에 화의를 위한 회담이 진행되고 있었다. 이 시기에는 대규모 전면전은 없었으나, 단위 부대별로 국지전은 계속 전선을 중심으로 일어나고 있었다.

특히 울산지역은 최전선지역에 해당되었기 때문에 크고 작은 전투가 다른 지역보다 더 빈번하게 일어나고 있었다. 1593년 4월경 왜군들은 전열을 수습하여 동남해안 곳곳에 왜성을 축조하면서 거점 확보에 나서면서 지구전에 대비하였다. 울산의 남쪽 서생포에는 5월부터 왜군의 최전방 거점으로서의 서생포왜성이 축조되기 시작하였다.[22] 동시에 왜군들은 그 동안의 여러 차례에 걸친 패전을 설욕하기 위해 네 길로 나누어 대대적으로 울산지역을 공략하여왔다. 도저히 대적하기

---

20) 『霽月堂實紀』, 「龍蛇日錄」, 임진 12월 10일, 계사 1월 15・16일.
21) 『松壕遺集』下, 계사 2월 6일.
22) 왜성지연구회, 『왜성Ⅰ』, 1976. 서생포왜성의 구조와 석축 등에 대해서는 최근의 다음 연구에 자세하다. 高田徹・谷本進・堀口健貳・黑田慶一, 「西生浦倭城の遺構と遺物」, 『倭城の研究』3, 城郭談話會, 1999. 黑田慶一・西川禎亮・奧村信一・松岡利郞・山崎敏昭, 「西生浦倭城調査報告」, 『倭城の研究』5, 2002.

어려운 대군이었기 때문에 울산지역의 의병들과 관군들은 다시 경주로 옮겨가지 않을 수 없었다.23) 이후 경주를 최전방 거점으로 삼고 있는 조명연합군과 울산 남쪽의 서생포왜성을 최전방 거점으로 삼고 있는 왜군이 서로 대치하고 있는 국면이 지루하게 전개되었다. 울산은 남부지역을 왜군에게 점령당한 채 울산 전역에 전선이 형성되어 있었던 것이다.

1593년 6월에는 서인충과 전응충이 이끈 의병이 경주 이견대 앞바다에서 왜군과 접전하여 수많은 왜군을 사살하였고, 11월에는 경주 봉길리 해변과 장기 소봉대 아래 해변에서도 200여 왜군을 사살하고 많은 무기를 빼앗은 바 있었다.24) 7월에는 이눌과 이경연이 태화강 근처의 왜군과 격전을 벌여 수백명을 참살한 바 있었다.25)

울산 서생포왜성의 왜군은 여러 차례 경주를 노리면서 허실을 정탐하러 다녔다. 때로는 수천명의 왜군이 창졸간에 경주를 들이쳐서 조명연합군이 막대한 피해를 보기도 하였다.26) 1594년 2월에도 경상도좌병사 고언백이 경주를 향해가던 가토오 기요마사의 왜군 수천명을 막기도 하였다.27)

1594년 1월에는 울산의 의병들이 경주, 영천, 대구의 여러 의병들과 함께 경주의 문천에 결집하여 진지를 구축 중이던 왜군을 크게 격퇴한 전과를 올렸다.28) 가을에는 울산의 의병들이 영천의 권응수(權應銖)

---

23) 『蔚山府輿地圖新編邑誌』(1786年刊), 「古蹟」, 壬辰倭變事蹟.
24) 『울산부여지도신편읍지』(1786년간), 「고적」, 임진왜변사적.
   『望潮堂實紀』, 「壬辰倡義事蹟」, 계사 6월 28일, 11월 19일, 윤11월 20일.
25) 『霽月堂實紀』, 「龍蛇日錄」, 계사 7월 24일.
26) 『난중잡록』3, 계사년 8월 22일.
27) 『난중잡록』3, 갑오년 2월 27일.
28) 『望潮堂實紀』, 「壬辰倡義事蹟」, 갑오년 정월.

진에 합류하여 왜군을 크게 무찌르는 전공을 세우기도 하였으며, 1595년 4월에도 울산의병 천여명이 영천의 권응수 진영에 합류하여 왜군에 대응하기도 하였다.29)

　이와 같이 이 시기 울산의병들은 단독으로 활동하기보다는 주로 경주나 영천의 유력한 의병들과 합세하여 전공을 올리고 있었다. 그리고 무엇보다도 이 시기 의병활동에 있어서의 특징은 관부의 의병부대에 대한 통제나 협조가 전보다 더 강화되었다는 점이다. 이는 시기가 지남에 따라 관군이 안정을 찾아 정상적인 활동이 가능해짐에 따른 것이었다. 그리고 전투가 정규군 간의 정규전으로 전투가 대규모화됨에 따라 소수 병력인 의병들의 역할과 기능은 그만큼 축소될 수밖에 없게 되었던 것이다. 관군의 공백을 메운다는 특수한 비상적인 상황에서의 임시방편적인 측면이 강하였던 만큼 시간이 흐르면서 관군의 진용이 제자리를 찾아 정상화된 상황에서는 의병의 존재 의의가 여전할 수는 없는 면이 있다고 하겠다. 더구나 의병활동시의 전공을 인정받아 일찍이 관직을 수여받은 경우는 반(半)관군적인 성격을 띠게 되었던 것이다.

　이에 따라 관군의 의병에 대한 통제는 더 강하게 나타나기 시작하였다. 경상좌도 관찰사 한효순(韓孝純)이 대규모 왜군에 대응하기 위해 7개 고을의 의병들을 문경에 집결케 한 조처를 취한 것이 그러한 예이다. 이 때 경주와 울산지역에서도 독촉하는 글을 받고서 류영춘(柳榮春), 류백춘, 박인국, 이여량, 장희춘, 윤홍명, 박손(朴孫), 박문(朴文) 등 의병장들이 각기 200명씩의 의병을 이끌고 관찰사영으로 가서 합류하여 7일간의 전투에 참여한 바 있었다.

　그런 가운데도 물론 소규모의 전투가 이루어지기도 하였다. 1593년

---

29)『霽月堂實紀』,「龍蛇日錄」, 을미 4월 10일~17일.

10월 서인충 부대가 울산의 남면 신야리와 전탄에서 소규모의 접전을 벌이기도 하였다.30) 1594년 5월 이경연, 서인충 등이 도산(島山)의 왜군을 격퇴한 것이라든지,31) 10월에 이응춘이 개운포에서 왜군과 싸우다가 격전 끝에 전사한 것도 그러한 예이다.32) 그러나 그 빈도는 점차 줄어들면서 급기야 1595년 봄과 같이 의병을 일단 해산하고 농사에 힘쓰게 하는 등33) 의병의 활동은 한계에 도달하였다.

3) 정유재란기의 의병활동(1597.7.~1598.11.)

고니시 유키나가와 심유경이 주도한 강화교섭은 결국은 파탄으로 막을 내렸다. 무엇보다도 강화교섭의 내용이 도요토미 히데요시(豊臣秀吉)의 생각과는 전혀 다른 것으로 드러났기 때문이었다. 고니시 유키나가는 곤경에 처하게 되었고, 분개한 도요토미 히데요시는 조선에 대한 재침략을 결정하였다.

1597년(선조 30) 1월 가토오 기요마사는 본격적인 재침 결정이 이루어지기 전에 먼저 조선으로 건너와 기장, 양산을 거쳐 일시 폐성으로 남아있던 서생포왜성으로 재입성하였다.34) 이에 따라 울산지역의 남부지역은 약 8개월만에 다시 왜군의 수중에 떨어졌다. 가토오 기요마사는 8월경에 전라도와 충청도 지역을 공략하기 위해 밀양을 거쳐 창녕, 합천방면으로 나아갔다. 이에 맞서 곽재우(郭再祐)를 위시한 각처의 의병들은 이들의 침략을 분쇄하기 위해 창녕의 화왕산성에 총집

---

30) 『망조당실기』, 「임진창의사적」, 계사 10월 1일・11일.
31) 『제월당실기』, 「용사일록」, 갑오 5월 25일.
32) 『淸安李氏忠義錄』, 「退思齋應春逸稿」, 拾遺, 갑오 10월 7일~9일.
33) 『松壕遺集』下, 을미 2월 29일.
34) 『선조실록』84, 30년 정월 갑인. 『난중잡록』3, 정유년 1월 10일.

결하게 되었고, 서인충·전인충·이경연 등 울산지역의 의병들도 이에 응하여 화왕산성으로 가서 곽재우를 도와 왜군을 막는데 일조를 하였다.

조명연합군은 서울을 향해 북상하던 중 왜군을 직산에서 격퇴하여 다시 동남해안 쪽으로 밀어내었다. 다시 서생포왜성으로 돌아온 가토오 기요마사는 11월초부터 북방 30Km 떨어져있는 최전선의 울산지역에 울산왜성의 축조를 서둘렀는데, 이는 서생포왜성의 방비를 더욱 튼튼하게 하려는 목적이 있었을 것이다.[35] 울산지역은 다시 왜군의 수중에 떨어지게 되었고, 군수는 경주로 옮겨간 듯하다.

그 후 12월 22일에는 약 5만7000여명의 조명연합군이 울산왜성을 공격한 제 1차 도산성(島山城)전투가 일어났고, 왜군은 다음해 1월 4일까지 비참하고 처절한 농성전을 치루었다.[36] 1598년 9월의 제 2차 도산성전투를 거치면서도 왜군은 끈질기게 울산을 포기하지 않은 채 임진왜란이 끝날 무렵까지 울산왜성에서 장기간 농성하였다.

이 시기 울산지역 의병들의 활동은 대규모 정규전 전투가 벌어졌을 때는 관군을 도와 한 축을 형성하여 전과를 올리기도 하였다. 제 1차 도산성전투와 제 2차 도산성전투가 울산을 중심으로 전개되었을 때 울산지역의 의병장들이 관군의 정규전을 돕는 일정한 역할을 수행한 것이 그 예이다.

또한 의병 특유의 비정규전으로 소규모 왜군에게 타격을 가하기도 하였다. 주로 정유재란시 북상하였던 왜군들이 패주하여 동남해안지역으로 돌아올 때 곳곳에서 왜군과 크고 작은 전투가 이어졌다. 9월의 이눌과 박인국의 전투, 10월의 십천동에서의 이경연·이한남 등의 활

---

[35] 『선조실록』95, 30년 12월 경신.
[36] 『난중잡록』3, 정유년 12월 27일.

약, 11월의 성황당·마등오 등지에서의 박봉수·이경연의 활약은 그 예이다.37) 그 후 전선이 고착된 후인 1598년 5월에도 이경연 등 울산의 의병들이 안골산의 왜군을 공격하여 전과를 올린 바 있다.38) 그러나 전체적으로 보았을 때 그 전보다 의병의 역할이나 기능은 상당히 축소되고 위축되었다고 할 수 있다. 이는 그만큼 관군의 체제가 안정되고 정상화되어 전체 군사력에 대한 통제의 주도권을 완전히 장악하게 되었음을 뜻하는 것이다.

1598년 11월에 들어서면서부터 왜군은 사태가 불리해지자 도요토미 히데요시의 죽음을 비밀로 한 채 총퇴각령에 의해 도망가게 되었다. 11월 18일에 가토오 기요마사는 울산왜성을 불태우고 부산으로 퇴각하였고, 서생포왜성의 쿠로다 나가마사(黑田長政)도 같은 날 퇴각하였다.39) 이에 제독 마귀(麻貴)는 군사를 거느리고 울산왜성과 서생포왜성을 접수함으로써 울산지역은 다시 완전히 수복되기에 이르렀다. 12월에 울산군수 김태허가 군민을 이끌고 경주에서 울산으로 돌아옴으로써 모든 것은 정상화되었다.40)

4. 울산지역 의병 활동의 성격과 의의

울산지역에서는 다른 지역에 비해 많은 의병이 활약하여 혁혁한 공을 세웠으며, 그들의 용맹도 어느 다른 지역보다 뛰어났다는 평가를

---

37) 『송호유집』下, 정유 9월 22일. 『제월당실기』, 「용사일록」, 정유 10월 15일. 『선조실록』94, 30년 11월 을묘.
38) 『제월당실기』, 「용사일록」, 무술 5월.
39) 『선조실록』106, 31년 11월 병오.
40) 『울산부여지도신편읍지』(1786년간), 「고적」, 임진왜변사적.

받았다.41) 물론 초기에 왜군에 대해 느낀 두려움의 정도는 울산지역도 다른 지역과 마찬가지였다. 그러나 실제 맞부딪쳐 격전을 치르고 난 뒤부터는 한번 싸워볼 만하다는 자신감에 충만하였던 것이다.

임진왜란이 창졸간에 일어나 울산지역이 곧바로 함락되었기 때문에 의병의 결성에 사전 협의를 할 충분한 시간적 여유를 가질 수는 없었다. 평소에 교분이 있던 자들을 중심으로 의병 결성이 이루어질 수밖에 없었던 것이다. 따라서 울산지역에서 일어난 의병들도 처음에는 몇 개의 그룹으로 나누어져 결성되어 각기 독자적으로 움직인 듯이 보이는데, 크게 보아 3개 정도의 그룹으로 나누어져 조직되었다고 보인다.

먼저 박봉수를 창의대장으로 하여 결집된 울산지역 중심의 의병 그룹인데, 좌익장 박응정, 우익장 장희춘, 좌위장 고처겸, 우위장 이봉춘, 찬획 심환, 종사관 이한남, 운량호군 이경연, 좌제군 박진남, 우제군 김응방 등이 그 중심 인물들이었다.42)

다음으로는 이들과는 별도로 경주출신의 의병들과 연합하여 활동을 시작한 무리의 의병들로 윤홍명, 이응춘, 장희춘, 서인충, 서몽호 등이 그들이다. 이들은 임진왜란 직후에 경주 출신의 의병장과 합세하여 일군의 의병단을 형성하여 울산과 경주지역을 오가면서 활동하였다. 이들은 각기 독특한 장군 칭호를 사용하였는데,43) 조방장(助防將) 윤홍명, 능해장(凌海將) 이응춘, 돌격장(突擊將) 장희춘, 천사장(天使將) 이눌과 같은 식으로 자칭하였다.44)

---

41) 위와 같음.
42) 『제월당실기』, 「용사일록」, 임진 4월 23일.
43) 이장희, 「임진왜란 의병성격의 분석」『한국사론』22, 국사편찬위원회, 1992.
44) 『송호유집』하, 계사 2월 2일. 그 외에도 激義將 李汝良, 收兵將 朴孫, 先鋒將

마지막으로 울산 군수가 이끄는 관군과의 긴밀한 협조하에 활동한 의병들을 들 수 있다. 임시군수 김태허에 의해 서면장에 임명된 전현감 박홍춘, 남면장에 임명된 전봉사 전응충, 주사장에 임명된 서인충으로 대표되는 의병들이 그들이다.45) 그들은 임진왜란이 발발한 직후부터 이미 개별적으로 의병 활동을 하던 이들이었는데, 이 때 군수에 의해 특별 임무를 부여받으면서 조직화되었던 것이다. 이들은 반(半)관군적인 성격을 띠고 군수의 지휘하에 조직적으로 울산지역 방어의 임무를 수행하였다.

위 의병집단들은 새로운 사정이나 상황이 발생함에 따라 다른 그룹의 의병들과 연대하기도 하였다. 또 처음의 그룹과 끝까지 같이 활동한 경우도 있지만 떨어져 나와 독자적으로 활동한 이도 있었다. 의병들에 대한 구속력이 크지는 않았기 때문에 각자가 처한 사정과 상황에 따라 신축성있게 대처하였던 것으로 생각된다.

울산지역의 의병장 중에는 전국적인 차원에서 이름을 드날린 이는 없었고, 또한 왜란의 전체 국면 변화에 의미가 있는 이름난 전투를 독자적으로 치러내지도 못하였다. 그러나 어느 지역보다도 격렬하게 왜적에 저항하며 향토와 국가 수호를 위해 크고 작은 전투를 벌였던 것이다. 왜군들이 함부로 날뛰지 못하도록 견제함으로써 울산지역민의 목숨을 구하고 삶을 안정시키는 데 기여하였던 것이다. 나아가 이는 문화대국으로서의 자존심을 지키면서 민족과 국가의 위기 극복에 큰 밑거름이 되는 것이기도 하였다.

울산지역의 의병 활동이 다른 지역과 비교하여 가지는 특징 중의 하나는 유효한 의병 활동이 좀 오래 지속되었다는 점이다. 이는 울산지

李繼秀, 奮義將 金應河, 運粮將 李台立 등의 표현이 보인다.
45) 『울산부여지도신편읍지』(1786年刊), 「고적」, 임진왜변사적.

역 의병들이 지닌 사명감이 투철하였다는 점에도 기인하였겠지만, 다른 지역에 비해 더 장기간 왜군과 접경해있었던 울산지역의 특수성에서 기인한 바 크다. 왜군이 한 번 거쳐간 것에 불과한 지역에서는 대개 의병이 한번 일회적으로 일어난 데 그친 경우가 많았다. 왜군이 자신의 고장에서 물러간 뒤에는 다급하고 절박한 이유가 그만큼 줄어드는 것이다. 그러나 왜군의 위험이 상존한 지역에서는 다른 지역보다 의병의 활동이 좀 더 지속되었다고 보는데, 울산이 바로 그러한 지역으로서 한 좋은 예가 될 것이다. 이는 향토방위를 우선시한 의병의 일반적인 성격과도 연관시켜 생각할 수 있는 점인 것이다.46)

그러나 시간이 지남에 따라 관군의 기능이 정상화되면서 상대적으로 의병의 역할이 축소되어간 것은 울산 지역도 다른 지역과 마찬가지 사실이다. 그리고 관군 대 왜군의 병력이 정면으로 충돌하는 정규전이 펼쳐지는 대규모 전투에서 비정규전에 능한 소규모 의병의 입지가 줄어든 것도 사실이다. 이에 따라 인근 지역의 의병을 규합하여 대규모화하는 일이 일어나게 된 것도 바로 그러한 전투양상의 변화에 대응하기 위한 조처였던 것이다.

다음으로 울산지역의 의병은 인근의 군현 중에서 특히 경주지역의 의병과 밀접한 연대감을 가지고 있었다는 점을 특징으로 지적할 수 있다. 이는 경주가 당시 큰 도시로서 울산이 바로 그 영향권 내에 포함되어 있었기 때문이다. 교육·문화적인 측면에서의 인적인 교류도 경주와 가장 빈번하였다. 평소의 이 같은 두 지역의 연관성이 의병 활동에서도 그대로 나타났다고 생각한다. 따라서 울산지역이 왜군에 점령되

---

46) 최영희,「임난의병의 성격」,『사학연구』8, 1960.
  허선도,「임진왜란론 -올바르고 새로운 인식-」,『천관우환력기념한국사학논총』, 정음문화사, 1985.

어 머물 곳이 마땅찮게 되자 울산지역 의병들이 진지를 경주로 옮기는 것도 지리적인 요인과 함께 평소 두 지역 인사들간의 긴밀한 통교에 기인하고 있는 것이다.

또한 울산지역은 바닷가를 끼고 있는 동남해안의 요충지였다. 따라서 육지에서 적을 막는 것 못지 않게 바다로부터 침공하는 왜적에 대한 대비 또한 매우 중요한 과제였다. 이에 다른 지방과는 달리 해상에서 활약한 의병이 존재하였던 점도 특이하다고 할 수 있다.[47] 그 중에서도 특기할 이는 울산출신의 서인충의 활약이다. 서인충은 임진왜란이 일어나기 전해에 무과에 급제하였는데, 임진왜란이 일어나자 39세의 나이로 곧 바로 의병을 규합하여 왜적 토벌에 나섰다.[48] 그는 수전에 관한 능력을 인정받아 1592년 9월에 임시군수 김태허로부터 주사장에 임명되어 바다에 가라앉은 배들을 수리하여 왜군이 침입할 해로를 방어하였다. 10월에 적의 전선 6척이 기장으로부터 울산으로 쳐들어왔을 때 서인충이 이끈 해상 의병은 적함 2척을 나포하고 30여명을 참살하는 전공을 올렸다. 1593년 6월에는 전응충과 힘을 합쳐 경주의 이견대 근처 바다에서 왜군을 크게 격퇴하였는데, 이 때 서인충이 11명의 왜군을 죽였고, 4명에게 부상을 입혔다. 이로부터 경주의 동해변에서 전투가 벌어지지 않은 날이 없었고 서인충 부대는 수많은 적을 사살하거나 중상을 입혔다. 그 외에도 기도로 광풍을 일게 하여 왜군을 격퇴하였다고 하는 등 바다를 중심으로 주로 활동하였다. 11월에는 경주 봉길리 앞 바다와 장기 소봉대 아래 해변에서 바다로부터 침략해

---

47) 해상의병에 관해서는 다음의 연구가 있다. 조원래, 「임진왜란과 해상의병」, 『허선도정년기념한국사학논총』, 일조각, 1992.

48) 이하 서인충과 관련된 내용은 아래의 책에 의거하였다. 『망조당실기』, 「연보」・「임진창의사적」, 『울산부여지도신편읍지』(1786년간), 「고적」, 임진왜변사적.

오는 왜군 200여명을 참살하는 전공을 세운 바 있었다. 이 공으로 그는 부산포첨사에 임명됨으로써 해상 방어에서의 그의 능력을 인정받았다.

육상에서 주로 활약하였던 울산의 의병장 이응춘도 해상에서의 의병 활동의 중요성을 인지하고 직접 만든 전함을 태화강에 띄우고 수전에 대비한 연습을 한 바 있었다. 그는 의병장으로서의 호칭도 스스로 능해장(凌海將)이라 한 것으로 미루어 수전에 조예가 있었던 것으로 짐작된다. 그가 마지막으로 전사하면서까지 고수하고자 한 곳도 울산 해안의 요충지였던 개운포였다.[49]

이상과 같이 울산지역의 의병들은 바다를 끼고 있는 울산지역의 특수성으로 말미암아 해상에서의 의병활동에도 많은 관심과 노력을 기울였던 것이다. 이 점은 바다를 끼지 않아 주로 육지에서 활동한 다른 지역의 의병들과 구별되는 울산지역 의병활동의 특징이라고 하겠다.

5. 의병에 대한 현창

임진왜란이 극복된 후 왜적을 물리치는 데 공이 있었던 의병들에 대해서도 현창하는 여러 가지 사업이 다각도에서 추진되었다. 아래에서는 종류별로 나누어 그 구체적인 상황을 살펴보도록 하겠다.

첫째, 포상 연회의 개최였다.

1599년(선조 32) 선조는 임진왜란 극복에 공이 있었던 경주와 울산 두 지역 장사들을 위무하고 포상하는 연회를 열고 상금을 내려주었다.

---

49) 『송호유집』하, 계사 6월 19일조. 『淸安李氏忠義錄』, 「退思齋應春逸稿」, 拾遺, 갑오 10월 7일~9일.

이러한 선조의 조처는 안무어사(安撫御史)로 영남지역을 다녀온 집의 이상신의 건의에 따른 것이었다. 아울러 조정에서는 박이장(朴而章)을 시켜 교서를 작성케하는 한편 선유어사(宣諭御史) 필선 윤휘(尹暉)를 경주로 파견하여 연회석상에서 왕의 뜻을 전하게 하였다. 그 해 12월 27일에 열린 이날의 연회에 울산의 의병장 박봉수 등 165명이 경주의 의병장 황희안(黃希顏) 등 215명과 함께 모여 서로 감축하며 즐겼다.50)

둘째, 공신의 책봉이었다.

1604년(선조 37) 임난 극복에 공이 있는 자 18명을 3등으로 나누어 선무공신(宣武功臣) 책봉이 이루어졌다.51) 이듬해에는 정공신(正功臣)에 책봉될 정도는 아니지만 역시 공이 있는 자 9,060명을 3등으로 나누어 선무원종공신(宣武原從功臣)으로 책봉하였는데,52) 울산지역의 많은 의병장들도 선무원종공신에 책봉되었다. 울산지역의 선무원종공신에는 의병장으로 공이 있던 이들도 거의 망라되어 있다.53)

셋째, 울산군의 도호부로의 승격이었다.

조선초이래 군으로 편제되어 있던 울산은 임진왜란이 끝난 직후인 1599년(선조 32)에 도호부로 승격되었다. 이 때 도호부로의 승격은 임진왜란 때 울산출신 여러 의병장들을 위시한 울산 군민(軍民)들이 목숨을 바쳐 지켜낸 결과물이었다. 왜적을 물리치는 데 울산 군민들의 전공이 가장 많았다는 체찰사 이덕형의 장계를 조정에서 받아들여 내

---

50) 『울산부여지도신편읍지』(1786년간), 「고적」, 임진왜변사적.
51) 『선조실록』175, 37년 6월 갑진.
52) 『선조실록』186, 38년 4월 경신.
53) 이유수, 「울산의 임진정유재란사」, 『울산향토사연구논총』, 울산시향토사연구회, 1996.

려진 조처였던 것이다.54) 이후 울산은 1895년(고종 32) 전국의 행정구역 편제가 개편되기 전까지 약 300년동안 도호부체제를 유지하였다.

넷째, 의병장과 의병의 사적들이 대거 읍지에 기재된 사실이었다.

의병들에 대한 현창은 군현 단위로 만들어지는 읍지에 등재하는 것으로도 표출되었다. 임진왜란 이후 울산지역의 읍지로서 가장 먼저 만들어진 1749년(영조 25)의 『학성지』에는 충렬조 항목을 설정하여 서인충, 박홍춘, 박봉수, 이한남, 이경연 등 의병장 12명을 간단한 공적과 함께 등재하여 현창하고 있다. 1899년에 편찬된 『울산군읍지』에는 충훈조 항목에서 박봉수, 박홍춘, 서인충 등 의병장 39명을 간단한 공적과 함께 기재하고 있으며, 1902년에 간행된 『울산읍지』의 경우는 충의조 항목에서 의병장 49명을 등재하여 그 폭을 넓혔다. 1937년에 편찬된 울산읍지인 『홍려승람』충의조 항목에서 기존의 울산지역 의병장 뿐아니라 울산에 합속된 언양지역의 의병장까지 합하여 총 91명의 의병을 등재하여 그 등재의 폭을 더욱 확대하였다.

그리고 1749년에 편찬된 『학성지』충렬조에서 『동경지』를 인용하여 임난 극복에 공이 있었던 경주와 울산의 장사들을 위한 잔치가 열렸을 때 울산의 의병장 박봉수를 위시한 165명이 참가하였다는 사실을 간략히 언급하여 울산지역에서 일어난 의병활동에 대해 주목한 바 있었다. 이 부분은 1786년(정조 10)에 만들어진 『울산부여지도신편읍지(蔚山府輿地圖新編邑誌)』에서는 「임진왜변사적」이라는 항목을 설정하여 『동경지』의 전문이 상세히 게재되었다. 즉 임난시의 울산의 병장들의 활약상을 시대순으로 열거하며 그 전공을 소개하고 있으며, 아울러 임진왜란 직후 경주와 울산의 장사를 위해 연회를 베푼 사실과

---

54) 『울산부여지도신편읍지』(1786년간), 「고적」, 임진왜변사적.

교서를 내려 위무한 사실을 특기하고 있다. 1895년의 『울산부읍지』에서는 이를 각각 「용사실기(龍蛇實紀)」와 「선유기사(宣諭記事)」라는 항목으로 이름지어 같은 내용을 기재하였고, 1899년의 『울산군읍지』에도 같은 방식으로 게재하였다. 1902년에 편찬된 『울산읍지(학성지)』에는 「잡저보유」라는 항목에서 같은 내용을 게재하였고, 1937년에 편찬된 『흥려승람』 권6에는 「잡저보유」 안에 「용사적」과 「선유기사」라는 항목을 설정하여 역시 같은 내용을 다루었다.

군현단위로 작성된 읍지류에 의병활동과 의병장들을 현창하려는 움직임은 시대가 내려갈수록 더욱 확대되어갔음을 알 수 있다. 이는 조상에 대한 현창사업과 맞물려서 나타난 현상이라고 하겠다.

다섯째, 사당의 건립이었다.

임진왜란이 끝난 직후 울산지역에서 창의한 의병들을 기리는 사당이 서생포왜성 안에 건립되었으니 바로 창표당(蒼表堂)이다. 창표당은 승전을 기념하는 축하연을 열기 위해 지워진 건물로 초가 4칸의 건물이었다. 이어 의병장들을 모시는 사당인 창표사도 건립되었던 듯하다. 그 후 세월의 흐름 속에 위 건물들은 자연적으로 허물어져 잡초가 무성한 채 방치되어왔다. 약 300년이 흐른 뒤인 1906년경에 울산 지역민들과 공신의 후예들에 의해 창표당과 창표사가 중건되었다. 그러나 이것은 다시 일제강점 말기에 훼철되었다.[55]

그 외 후대에 후손이나 향인들은 임난 의병장을 모시는 사당을 곳곳에 세워 그들을 현창하게 되었다. 울산지역에 세워진 임난 의병장을 모신 사당의 건립 상황을 살펴보면, 1791년(정조15)에 서인충을 모신 다산사(茶山祠), 1840년(헌종6) 박언복・박인립을 모신 반곡사(盤谷

---

55) 울주군, 「서생포왜성 관광개발계획」, 울산과학대학 건설환경연구소 보고서, 2002.

祠), 1844년(헌종10) 박춘영·박춘무를 모신 충효사, 1851년(철종2) 서몽호를 모신 증산사(甑山祠), 1860년(철종11)박진남을 모신 지고사(芝皐祠), 연대 미상의 이겸수를 모신 남강사(南崗祠)와 전응충을 모신 전장군묘(全將軍廟) 등이 건립된 바 있었다.56)

〈사진 1〉 임난시 공을 세운 울산인을 합동으로 모신 충의사(2000년 건립)

6. 맺음말

조선시대 울산지역은 경상도의 좌병영이 설치될 정도의 군사적 요충지였고, 동남해안 수군의 거점이기도 하여 전략상 매우 중요한 곳이었다. 그리고 왜군 입장에서 보더라도 울산지역은 부산을 북동쪽 방면에서 보호할 수 있는 곳임과 동시에 경주를 침범할 수 있는 교두보로서의 구실을 하는 곳이었기 때문에 주요 거점 중의 하나였다.

---

56)『興麗勝覽』권1, 院祠壇條.『朝鮮寶輿勝覽』, 蔚山郡, 院祠·壇廟條.

울산은 임진왜란 초기에 함락된 이후 일부 지역은 왜군의 점령이 장기간 지속되었다. 왜군은 임진왜란의 소강기 때는 서생포왜성을 최북단의 거점으로 삼았고, 그리고 정유재란의 소강기 때는 추가로 쌓은 울산왜성을 최북단의 거점으로 삼았던 것이다. 따라서 울산지역은 다른 대부분 지역과는 달리 항상 왜군의 약탈 위험 속에 노출되어 있었던 것이다.

울산은 왜군이 부산에 상륙한 지 열흘만에 병영성이 함락되면서 왜군의 수중으로 들어갔지만 산간 지역을 중심으로 의병들이 유격전을 펼치며 저항하고 있었다. 왜군의 기습공격에 따른 초반의 열세는 곳곳에서 봉기한 의병들과 전열을 가다듬은 관군들에 의해 시간이 지나면서 극복되기 시작하였다.

울산이 왜군의 공격을 받을 즈음 울산에서도 본격적인 의병의 진용이 짜여졌다. 처음에는 몇 개의 그룹으로 나누어져 결성되어 각기 독자적으로 움직이다가 시일이 흐르면서 새로운 사정이나 상황이 발생함에 따라 다른 그룹의 의병들과 연대하기도 하였다. 또 처음의 그룹과 끝까지 같이 활동한 경우도 있지만 떨어져 나와 독자적으로 활동한 이도 나타나게 되었다. 의병들에 대한 구속력이 크지는 않았기 때문에 각자가 처한 사정과 상황에 따라 신축성있게 대처하였던 것으로 생각된다.

이들 울산지역의 의병들은 주로 울산을 주무대로 하여 활동하였는데, 동천강·연포·태화강·개운포·무룡산·서생포 등지가 전투의 현장이었다. 그리고 상황이 악화되어 사정이 여의치 않을 때는 인근의 운문산이나 경주로 옮겨가기도 하였다. 그리고 다른 지역 특히 경주지역의 의병이나 관군과 합동으로 많은 작전을 치루었다.

울산지역 의병 활동이 가지는 특징 중의 하나는 유효한 의병 활동이 다른 지역보다 좀 더 오래 지속되었다는 점이다. 이는 울산지역 의병들이 지닌 투철한 사명감에도 기인하였겠지만, 다른 지역에 비해 더 장기간 왜군과 접경해있었던 울산지역의 특수성에서 기인한 바 크다. 그러나 시간이 지남에 따라 관군의 기능이 정상화되면서 상대적으로 의병의 역할이 축소되어간 것은 울산 지역도 다른 지역과 마찬가지였던 것이다.

울산지역의 의병은 인근의 군현 중에서 특히 경주지역의 의병과 밀접한 연대감을 가지고 있었다는 점도 특징으로 지적할 수 있다. 평상시 교육·문화적인 측면에서의 인적인 교류도 경주와 가장 빈번하였는데, 두 지역의 연관성이 의병 활동에서도 그대로 나타났다고 생각한다. 또한 울산지역은 바닷가를 끼고 있는 동남해안의 요충지였기 때문에 해상의 방어 또한 매우 중요하였다. 이에 다른 지방과는 달리 해상에서 활약한 의병이 존재하였던 점도 특이하다고 할 수 있다.

의병들에 대한 임란후의 현창 사업은 다양한 형태로 전개되었다. 포상 연회, 공신 책봉, 도호부로의 승격, 읍지에의 등재 등이 그것이었다. 그리고 창의한 의병들을 기리는 사당이 곳곳에 건립되었는데, 창표당과 창표사는 그 대표적인 것이었으며, 그 외 후손이나 향인들에 의한 사당이 곳곳에 세워져 그들을 현창하게 되었다.

제4장

서생포왜성의 역사적 성격

1. 머리말
2. 서생포왜성의 축조
3. 사명당의 대일 교섭과 서생포왜성
4. 조명연합군의 서생포왜성 수복
5. 창표당의 건립과 중건
6. 수군 동첨절제사영의 설치
7. 맺음말

서생포왜성의 역사적 성격

1. 머리말

임진왜란은 일본이 계획적으로 도발하여 조선을 침략한 전쟁으로 당시 조선과 일본뿐 아니라 명나라까지 가세함으로써 동아시아의 삼국이 참여한 국제전쟁이 되었다. 그 영향도 만만찮아 전쟁이 끝난 후 일본은 도요토미 히데요시(豊臣秀吉) 정권이 붕괴하고 도쿠가와 이에야스(德川家康) 정권이 들어서게 되었으며, 명나라도 전쟁의 후유증에 시달리다가 결국 여진족에게 망하게 되었다. 전국이 전장으로 화한 바 있던 조선은 비록 정권이 교체될 지경은 아니었지만 국토가 황폐화되고, 막대한 인적·물적 피해를 입었다.

1591년 11월 도요토미 히데요시는 조선 침략의 전진기지로서 큐우슈우 북단에 나고야(名護屋)성을 축조하는 한편 바다를 건너기 위한 병선 건조에 힘을 기울였다. 마침내 1592년 4월 나고야성의 수비병만 남겨둔 채 제1군부터 9군까지의 15만여명이 차례로 바다를 건너왔다. 고니시 유키나가(小西行長)가 이끄는 제1군이 700여척의 병선에 나누어 타고 부산에 상륙하였고, 이어 부산성과 동래성을 차례로 함락시켰다. 동래부사 송상현은 군민과 함께 농성하다가 장렬하게 전사하였다. 가토오 기요마사(加藤淸正)와 나베시마 나오시게(鍋島直茂)의 제2군, 쿠로다 나가마사(黑田長政)의 제3군도 속속 도착하였다.

100여년에 걸친 전란 속에서 단련되어온 일본군의 조직적인 전투법과 철포대의 위력 앞에, 200여년간의 태평에 익숙해 있던 조선군은 철포의 총성에 놀라고 일본도의 날카로움에 겁을 먹어 계속 패주하였다. 일본군이 부산에 상륙한지 20여일만에 서울이 함락 당하였으며, 선조는 의주로 피난을 가서 명나라에 구원을 요청하기에 이르렀다.[1]

서울을 함락시킨 일본군 제2군은 북상하는 제1군과 개성에서 나누어져 함경도로 북진, 회령에서 임해군과 순화군 등 두 왕자를 포로로 잡았다. 제1군은 평양으로 진격하여 결국 평양성을 함락시켰다. 제3군은 황해도로 북진하였다. 문자 그대로 파죽지세였다. 그러나 일본군의 초전 승리는 평양성을 점령하기까지 2개월간이었고, 이후 난관에 부딪쳐 1598년 11월 조선에서 완전히 철병할 때까지 진퇴양난의 흙탕물 속에서 헤어나지를 못하였다.

명나라에서는 송응창을 요동경략에 임명하여 원군의 총책임자로 삼고, 이여송을 동정제독(東征提督)에 임명하여 파견군 사령관으로 삼았다. 1592년 12월에 이여송은 4만여명의 명군을 이끌고 얼어붙은 압록강을 건넜는데, 여기에 8천여명의 조선군도 합류하였다. 4월에 출병한 이래 월동준비를 충분히 하지 못한 일본군에게는 가장 상대하기 힘든 동장군이 찾아온 것이었다.

---

[1] 이하 임진왜란의 추이에 대한 서술은 다음의 저서에 힘입은 바 크다. 이진희·강재언, 『한일교류사』, 학고재, 1998. 국사편찬위원회, 「임진왜란」, 『한국사(조선중기의 외침과 그 대응)』29, 1995. 이형석, 『임진전란사』, 임진전란사간행위원회, 1974. 北島万次, 『豊臣政權の對外認識と朝鮮侵略』, 校倉書房, 1998.

명과 조선의 연합군은 1593년 1월 드디어 평양을 탈환하고 남진하기 시작하였다. 그러나 벽제관에서 일본에 반격을 받은 이여송은 전의를 상실하고 개성으로 돌아가버렸다. 사기가 조금 회복되던 일본군은 권율이 수비하는 행주산성을 공격하였다가 처참하게 무너짐으로써 다시 사기가 땅에 떨어졌다. 거기에다가 조선의 추운 겨울과 식량 부족으로 곤궁에 처한 일본군은 서울을 방어하는 것조차 곤란하게 되었다. 이에 일본군은 명과의 화의에 나서게 되었고, 명나라 심유경과 일본의 고니시 유키나가 사이의 회담이 진행되는 동안 일본군은 서울에서 철수하여 남해안지역에 거점을 마련하기 시작하였다.

　1593년(선조 26) 일본군은 경상도 연안으로 쫓겨와서 지구전을 준비하였다. 일본군은 울산 서생포로부터 동래, 김해, 웅천, 거제 지역에 총 16개소에 각각 성을 쌓고 웅거하였다. 명의 심유경과 일본의 고니시 유키나가 사이에 화의를 위한 회담이 진행되고 있어 전쟁이 소강상태에 있었기 때문에 축성을 할 수 있었을 것이다.

　서생포왜성(西生浦倭城)은 바로 이 때 축성된 대표적인 왜성 중의 하나였다. 아래에서는 서생포왜성의 축조 과정과 임진왜란 기간 중에 사명당 유정의 대일 교섭의 장소로 활용된 점, 급기야 조명연합군에 의해 점령된 후 그 승전의 기념으로 서생포왜성 내에 설치되었던 창표당의 건립 과정, 그리고 이후 조선의 수군이 서생포왜성을 활용한 상황 등에 대해 차례로 살펴보도록 하겠다. 이를 통해 서생포왜성이 가지는 역사적 성격과 의미가 드러날 수 있을 것이다.

2. 서생포왜성의 축조

서생포 왜성은 가토오 기요마사에 의해 1593년 5월부터 본격적으로 축성되기 시작하였다. 가토오 기요마사는 그의 본거지로서 이 성을 웅대하고 견고하게 축성했던 것이다. 축성은 사명당이 가토오 기요마사와 회담하기 위해 방문한 1594년 4월 이전에 완성된 것으로 보인다. 축성을 전후한 시기의 이 성의 수비병은 약 7천명 정도였다.[2] 서생포 왜성은 회야강 강구의 작은 포구를 끼고 높이 133m 고지의 산정에 아성(牙城)을 쌓고 동쪽 경사면을 이용하여 복잡한 구조의 2단·3단의 부곽을 두고 그 아래로 산아래까지 점차 길고 넓어지는 외성(外城)을 배치하였다.

성곽의 규모는 동서 약 880m, 남북의 긴 부분은 약 400m에 이르렀다. 또한 그 구조가 교묘하고 복잡하여 남해안 각지에 산재하는 왜성 가운데 규모가 가장 웅장한 성이다. 아성에는 남북으로 성문을 설치하고 외성의 동쪽 끝 제일 낮은 곳에도 두개의 성문이 있다. 성벽은 현무암과 잡석을 섞어서 5~8m의 높이로 쌓았는데, 성문의 양측이나 성벽의 굴곡부에는 모난 축대를 돌출시켰으며 성벽 밖에는 2, 3중으로 해자를 둘렀다. 지금 아성과 부곽 부분은 성벽이 거의 완전하나 외성의 동반부는 주택지가 되어 많이 허물어졌다.[3]

---

[2] 이하 서생포왜성과 관련한 일본 장수들의 동태에 대한 구체적 서술은 다음의 저서에 힘입은 바 크다. 倭城址硏究會, 「西生浦城」, 『倭城(Ⅰ)』, 1979.

[3] 서생포왜성의 구조와 석축 등에 대해서는 최근의 다음 연구에 자세하다. 高田徹·谷本進·堀口健貳·黑田慶一, 「西生浦倭城の遺構と遺物」, 『倭城の硏究』 3, 城郭談話會, 1999. 黑田慶一·西川禎亮·奧村信一·松岡利郞·山崎敏昭, 「西生浦倭城調査報告」, 『倭城の硏究』5, 2002.

〈사진 1〉 서생포왜성 중심부의 입구 부분

    1595년에는 화평교섭이 진척됨에 따라 최소한의 수비에 필요한 인원을 일부 성곽에만 남기고 나머지는 점차적으로 일본으로 돌아갔다. 이 때 가토오 기요마사도 서생포왜성에서 철퇴하여 기장왜성으로 옮겨갔다가,[4] 이듬해인 1596년에는 도요토미 히데요시로부터 귀국 명령을 받아 일본으로 돌아갔다.

    그 후 심유경과 고니시 유키나가 사이에 진행된 화평 교섭이 깨어졌다. 강화회담에서 아무 것도 얻지 못한 도요토미 히데요시는 1597년 1월 재침을 하니, 정유재란이었다. 제 1군에서 8군에다가 조선에 주둔하고 있던 수비대를 합쳐 약 14만여명이 동원되었다. 가토오 기요마사도 이 때 다시 조선으로 침략하여 기장, 양산을 거쳐 일시 폐성으로 남아있던 서생포왜성으로[5] 재입성하였다. 3월에는 본격적인 전투를 벌이기 전 사명당과 서생포왜성에서 회담을 가지기도 하였다.

---

4) 『선조실록』69, 28년 11월 경오.
5) 『선조실록』84, 30년 정월 갑인.

8월경 가토오 기요마사를 위시한 일본군은 좌군과 우군으로 나누어 전라도와 충청도 지역으로 원정을 떠났다. 이 때문에 이 서생포왜성의 수비 책임자는 따로 두게 되었으니, 아사노 요시나가(淺野幸長)가 3천명의 군사로 수비와 성곽 수리를 맡아하였다. 일본군은 임진왜란 때 함락시키지 못하였던 전라도 방면을 집중 유린하고 충청도 직산까지 북상하였다. 그러나 이 곳에서부터 조명연합군은 일본군을 격퇴하기 시작하여 일본군을 추격하기 시작하였다. 이에 좇긴 일본군은 울산에서 전라도 순천에 이르는 남부 해안 지역으로 후퇴하여 다시 성을 추가적으로 쌓으면서 장기전 태세에 들어갔다.

　가토오 기요마사도 충청도지역의 공략에 실패하고 10월말에 다시 서생포왜성으로 돌아왔다. 돌아온 직후인 11월초부터 그는 서생포왜성에서 북방 30Km 떨어져있는 최전선의 울산지역에 울산왜성의 축조를 서둘렀는데, 이는 서생포왜성의 방비를 더욱 튼튼하게 해주는 목적도 있었을 것이다.[6] 한겨울의 어려운 여건 속에서 강행된 축성공사는 12월 말경에 거의 마무리되었다.[7] 12월 22일에는 약 5만7000여명의 조명연합군이 울산왜성을 공격하기 시작하였고, 그 소식을 접한 가토오 기요마사는 이 지역 방위의 책임자로서 야밤에 소수의 병력을 이끌고 서생포왜성을 떠나 울산왜성으로 입성하였다. 이후 다음해 1월 4일까지 비참하고 처절한 농성전을 치루었다.

　한편 울산왜성에 고립된 일본군을 지원하기 위한 모오리 요시나리(毛利吉成), 쿠로다 나가마사, 모오리 히데모토(毛利秀元), 나베시마 나오시게 등 지원군이 속속 서생포왜성으로 입성하였다. 서생포왜성에서 회의를 거친 제장들은 2만여명의 구원군으로 울산왜성 근처까지

---

6) 『선조실록』95, 30년 12월 경신.
7) 笠谷和比古,「蔚山籠城戰と關ケ原合戰」,『倭城の硏究』2, 1998.

다다랐다. 이에 조명연합군은 울산왜성의 함락 직전인 1598년 1월 4일 경주로 일단 퇴각하였다.

1월 22일 가토오 기요마사는 울산왜성의 수비 책임만을 맡도록 도요토미 히데요시의 명령을 받았고, 이에 따라 서생포왜성에는 모오리 요시나리, 시마즈 다다토요(島津忠豊), 이토 스케타가(伊東祐兵) 등 여러 장수들이 입성하여 수비를 담당하게 되었다. 그리고 울산왜성의 처절했던 농성전을 거친 경험으로 서생포왜성을 수비를 강화하기 위한 개수작업을 하였다.[8] 5월에는 쿠로다 나가마사가 서생포왜성의 수비 책임자로 임명되어 이후 총퇴각때까지 책임자로 있었다. 이 시기 서생포왜성 주변에서 조명연합군과 일본군간에 수차에 걸친 전투가 있었으나 소규모 전투였다.

11월경에 울산왜성의 가토오 기요마사와 서생포왜성의 쿠로다 나가마사는 각각 지키던 성을 방기하고 부산으로 퇴각하였다. 곧 이어 명나라 제독 마귀(麻貴)가 이끄는 조명연합군은 마침내 울산왜성과 서생포왜성을 각각 접수하였다.

이상과 같이 서생포왜성은 조선침략의 교두보로 가토오 기요마사의 본거지였다. 일본군은 이를 거점으로 하여 주변 지역을 침공하기도 하였다.[9] 후일 울산왜성에서의 농성전이 벌어졌을 때는 이를 구원하기 위한 본거지로 활용되기도 하였다. 그리고 일본으로의 퇴각시에도 최후의 거점으로서의 역할을 하였다.

---

8) 『선조실록』99, 31년 4월 기사.
9) 『선조실록』46, 26년 12월 병진, 『선조실록』50, 27년 4월 임술.

3. 사명당의 대일 교섭과 서생포왜성

임진왜란의 초기에는 일본의 파죽지세의 선제 공격에 밀려 조선은 국왕 선조가 의주로까지 몽진을 가는 처지에 빠지게 되었다. 고니시 유키나가가 이끄는 일본군이 평양 근처까지 가토오 기요마사가 이끄는 일본군은 함경도 일대까지 휩쓸었기 때문이다. 그러나 전선이 길어지면서 후방에서 일어난 의병들의 항쟁과 명나라의 군대 지원에 힘입은 평양성 탈환을 고비로 하여 일본측의 예봉이 꺾이게 되었다. 그 틈에 조명연합군과 각지의 의병들은 일본군을 한반도 동남 해안 지역으로까지 압박하게 되었다.

그리고 그 전부터 이루어져 왔던 외교적 교섭이 본격화하게 되었다. 그런데 강화교섭은 조선이 빠진 상태에서 명나라와 일본 사이에서 이루어지고 있었다. 그것도 직접 교섭에 임한 사람은 양측의 일부였고, 그 자세한 내막은 외부에 잘 알려지지 않은 채 진행되고 있었다. 심지어 명과 일본의 최고권력자에게도 알려지지 않은 채 일부 담당자에 의해서 모략을 거듭하면서 비밀리에 진행되고 있었다.

조선의 입장에서는 명나라와 일본 단독으로 이루어지고 있는 외교적 회담에 소외되었기 때문에 정보 수집을 위해 각방으로 노력하는 한편 강화 교섭 자체를 반대하는 분위기가 강하였다. 그러나 조선이 단독으로 행하는 정보 수집에는 한계가 있었다. 이러한 때인 선조 27년(1594) 무렵 명나라의 제독 유정(劉綎)의 요청에 의해 가토오 기요마사를 상대하는 외교 교섭이 시도되었는데, 적임자로 선택된 이가 바로 사명당 유정이었던 것이다.

1) 제 1차 회담 (선조 27년 4월 13일)

사명당과 가토오 기요마사 간의 회담이 선조 27년(1594) 4월 13일 서생포왜성에서 열렸다. 사명당은 명나라 제독 유정의 요청에 따라 가토오 기요마사와 외교적 강화 교섭을 하기 위해 그의 본거지였던 서생포왜성을 방문하였다.

사명당에게 이 중책이 맡겨진 것은 그가 '충렬위국(忠烈爲國)'의 지혜와 용기를 겸비한 데다가 승려라는 신분이 크게 작용하였다. 사명당은 일본으로서도 쉽게 신뢰할 수 있을 존재였다. 일본 측의 경우 진영 내부의 적지 않은 참모나 장수들이 승려이거나 불교도였다. 더구나 가토오 기요마사 등 일본군의 지휘자들은 대부분 한자를 알지 못하였고, 약간이나마 한자를 알고 있는 자는 승려로서 오고가는 서찰의 번역과 초안은 모두 그들이 담당하고 있었다. 같은 불제자인 사명당으로서는 이들과의 의사소통이 남보다 쉬울 수밖에 없었던 것이다.[10]

이 때 사명당의 일행은 통역관 김언복 등 약 20여명이었는데, 그 중에는 울산 출신의 인사들이 다수 포함되어 있었다. 특히 경상좌병사의 군관이었던 이겸수는 길 안내의 역할을 맡았다.

서생포왜성에서 사명당을 맞이한 가토오 기요마사는 먼저 명나라 유격장 심유경과 일본의 고니시 유키나가 사이에 추진되고 있던 강화 교섭이 어떻게 진행될 지에 대해 묻자, 사명당은 이 교섭은 반드시 성공하지 못할 것이라고 역설하였다. 그러자 가토오 기요마사는 교섭의 창구로 자신을 택한 명 제독 유정과 사명당에게 호감을 표하고 앞으로 흉금을 터놓고 대화하고 싶다고 말하였다.[11]

---

10) 조국경,「임진왜란에서의 명장 劉綎과 사명당 惟政」,『사명당 유정』, 사명당기념사업회, 2000.
11) 이하 사명당과 가토오 기요마사 간의 강화 회담에 대한 서술은 주로 다음의 연구

다음날 가토오 기요마사는 강화의 조건으로 5개항을 제시하면서, 그에 대한 사명당의 생각을 물었다. 이 5개항은 가토오 기요마사가 만든 것이 아니라 도요토미 히데요시가 지령한 것이었는데, 5개 조항과 그에 대한 사명당의 답변을 간략히 요약하여 제시하면 다음과 같았다.

① 명나라 황제의 딸을 시집보낼 것; 명나라 황제가 천하에 통치하고 있는데 어찌 귀한 딸을 만리 창파 밖에 시집보낼 수 있겠는가. 불가하다.
② 조선의 4개 도(道)를 일본에 할양할 것; 일본이 함부로 전쟁을 일으켜 영토를 침범하고 사람들을 도탄에 빠뜨림이 극에 달하였고, 아직 전쟁이 끝나지도 않았는데 어찌 영토를 할양해줄 수 있겠는가?
③ 전과 같이 교린할 것; 군부의 원수를 잊고 형제의 친교를 맺는 것은 불가하다.
④ 조선의 왕자 1명을 일본에 입송하여 영주케 할 것; 일본이 이유도 없이 침범하여 종사를 도탄에 빠뜨려 원한이 뼈에 사무치는데, 어찌 귀한 왕자를 이국 땅에서 살게 할 수 있겠는가?
⑤ 조선의 대신을 일본에 볼모로 보낼 것; 이 역시 같은 이유로 불가하다.

이상과 같이 5개 조항은 모두 대의에 어긋나는 것으로 결코 들어주지 않을 것이며, 이를 조건으로 강화 교섭을 한다면 심유경과 고니시 유키나가의 강화 회담이 결코 성사될 수 없을 것이라고 하였다. 그리고 이들과는 별도로 가토오 기요마사 본인이 제독 유정과 화의 회담을 가질 것을 제의하였다.

성과에 의거하였고, 이에 대해서는 일일이 주를 달지 않고 생략하였음을 미리 밝혀둔다. 이형석, 『임진전란사』, 임진전란사간행위원회, 1974. 김영작, 「사명당과 加藤清正 회담의 성과와 의의」, 『사명당 유정』, 사명당기념사업회, 2000. 貫井正之, 「임진왜란과 승의병장 사명대사」, 『사명당 유정』, 사명당기념사업회, 2000.

이에 가토오 기요마사는 고니시 유키나가가 추진하는 화의가 성사될 가능성이 희박하다는 분석에는 기뻐하면서도 자신의 함경도에서 포로로 잡은 두 왕자(임해군과 순화군)를 방환한 뒤에 아무런 감사의 표시가 없는 것에 대해서는 대단한 유감의 뜻을 표하였다. 제 1차 회담은 그 정도로 마무리되었다.

조선 조정에서는 유정의 귀환후 보고에 의해 가토오 기요마사와 고니시 유키나가 사이에 괴리가 있음을 알고, 그 이간책을 추진하기 위해 이겸수를 다시 가토오 기요마사가 있는 서생포왜성으로 파견하였다. 그러나 가토오 기요마사는 앞의 두 왕자의 소식이 없는 것에 대해 엄하게 힐문하였다.

2) 제 2차 회담 (선조 27년 7월 12일)

선조 27년(1594년) 7월 12일 사명당과 가토오 기요마사의 회담이 다시 서생포에서 열렸다. 사명당은 통역관 김언복을 포함 수십명을 동반하여 서생포왜성을 찾았다. 이 때 동반한 울산지역 인사로는 울산군수의 군관인 장희춘, 북부주부 이겸수, 통역관 김언복 등이 대표적이었다.

가토오 기요마사와 마주한 사명당은 가지고 온 제독 유정의 서신을 전하였는데, 그 내용은 대개 일본이 빨리 철퇴하지 않고 다시 진주성을 공격하려는 것을 책망하고, 만약 지금대로라면 수군 100만으로 귀로를 차단하여 한 명도 살아서 돌아가지 못하게 하겠다는 상당히 과장된 것이었다.

이에 가토오 기요마사는 붓을 들어 일문으로 쓴 것을 일본 승려 니쓰신(日眞)으로 하여금 한문으로 고쳐 써서 보여주게 하였다. 그 내용은 1차 회담에서 일본측에서 제기하였던 5개 조항의 진척 상황을 묻는 것이었다. 그리고 새로운 2개 조항을 더 첨가하여 요구한 것이었는데,

그 내용은 다음과 같았다.

⑥ 명나라도 인질을 들여보낼 것
⑦ 명나라는 누구를 일본에 파견할 것인가

사명당은 앞의 5개 조항에 대해서는 전일에 이미 분명히 답변을 한 바 있고, 이번에 또 유제독의 서한에도 기록되어 있으니 더 이상 재론할 필요가 없으며, 아래의 새로운 2개 조항은 중국과 관련된 것이어서 논할 처지가 되지 못한다는 뜻으로 답변하였다. 그러자 가토오 기요마사는 다시 묻기를 그렇다면 유제독이 화의를 청하는 이유가 무엇인가라고 하였다. 사명당은 유제독의 뜻은 가토오 기요마사 당신을 일본의 간파쿠(關白)로 봉하려는 것이라고 하면서 그의 반응을 살폈다.

가토오 기요마사는 잠시 침묵하다가 5개 조항은 간파쿠의 명령이니 하지 않을 수 없다고 하였다. 사명당은 아무리 간파쿠의 명령이라고 하더라도 이것이 명나라의 뜻에 합당하지 않고 또한 의리에도 맞지 않아 이 화의는 성립되지 않을 것이라고 하였다. 이에 가토오 기요마사는 이 5개 조항이 시행되지 않는다면 무엇으로써 강화라고 할 수 있겠느냐고 반문하였다. 사명당은 5개 조항 가운데 교린 한 조항은 될 수 있을 것 같다고 하면서 여운을 남겼다.

가토오 기요마사는 화제를 돌려 명과 조선의 성실하지 못한 자세를 3가지로 지적하였다. 첫째 전날 함경도 안변에서 명나라 사신이 화의를 구하러 왔다가 간 후 아무런 소식이 없는 점, 둘째 심유경이 화의로써 스스로 맹세하고 나로 하여금 퇴각하여 내려오게 한 뒤에 아직까지 아무런 결정이 없는 점, 셋째 포로로 잡은 두 왕자를 송환하였음에도 아직까지 아무런 고마움의 표시가 없는 점 등이었다.

이에 사명당은 다시 3차 회담을 가질 것을 약속하고 돌아왔다. 사명당은 강화 7개항이 가토오 기요마사의 의향이 아니라 도요토미 히데요시가 제안한 것이며, 가토오 기요마사는 도요토미 히데요시의 강화 조건 실현의 충실한 실행자임을 알았고, 이를 조정에 보고하였다.

3) 제 3차 회담 (선조 27년 12월 23일)

　가토오 기요마사와의 교섭 경로를 계속 유지하려는 조선은 그가 강하게 요구하는 왕자 송환에 대한 답례서 외에 매를 선물로 더 보내어 가토오 기요마사의 태도를 누그러뜨릴 것을 결정하였다. 사명당은 이것을 가지고 경주로 내려왔다. 사명당은 지금까지 회담에 대동하였던 주부 이겸수와 직장 장희춘을 서생포왜성으로 보내어 중도에서 만나 회담하기를 제의하였다. 선조 27년(1594) 12월 23일 사명당은 이겸수, 장희춘, 김언복 등을 대동하여 좌병영 동쪽 일본군이 있는 곳으로 갔다. 그러나 가토오 기요마사는 회견을 거부하고 승려 니쓰신과 부장으로 하여금 자신의 편지만을 대신 전하게 하였다.

　이 서신은 이미 경상우병사 김응서가 고니시 유키나가와 강화 회담을 하였고, 사명당 또한 고니시 유키나가 등과 통하고 있으면서 이제 다시 강화를 청하기 위해 내려오는 것을 배신 행위로 힐책하는 내용이었다. 이에 사명당이 되풀이하여 변명하였으나 그들은 끝내 납득하지 않았다.

　부득이 주부 이겸수에게 왕자의 서신, 매와 표범 가죽 등의 선물을 주어서 가토오 기요마사에게 전하게 하였다. 이겸수 일행이 서생포왜성까지 갔으나 가토오 기요마사를 직접 만나지는 못하였다. 다만 순화군과 사신 2, 3명을 보내주면 간파쿠에게 데리고 가서 화의를 일시에 결정할 수 있을 것이라는 가토오 기요마사의 회답을 받아 돌아왔다.

선조 28년(1595) 3월 3일 사명당을 빼고 한번 더 명 사신과 가토오 기요마사 사이에 서생포왜성에서 회담이 열렸다. 이 회담은 고니시 유키나가가 "가토오 기요마사가 강화 교섭에 반대하고 있기 때문에 교섭이 진전되지 않는다. 명측에서도 가토오 기요마사에게 방해하지 않도록 깨우쳐주었으면 한다."고 요동의 경략 손광(孫鑛)에게 요청하여 실현된 것이었다. 그러나 가토오 기요마사는 고니시 유키나가 등의 기만적인 강화 조건을 비난하면서 고니시 유키나가가 잔꾀를 부려 양국을 속이고 있음을 격하게 힐난하였다. 그리고 명 사신에게 앞의 5개 조건을 제시해서 승복할 것을 다그치면서 명과 조선은 결국 일본에 속하게 될 것이라는 격한 말까지 나왔다. 이에 명 사신은 매우 불쾌하게 여기고 얼굴빛이 변한 채 분연히 일어나고 말았다. 이로써 이 회담은 별 성과없이 끝났으며, 명 사신은 요동으로 귀환하는 도중 서울에 들러 "가토오 기요마사는 4도 할양을 얻지 않는 한 절대 철퇴하지 않는다"고 전하였다. 이후 고니시 유키나가 등은 도요토미 히데요시가 바라는 교섭 체결이 지연되는 것은 가토오 기요마사가 방해하고 있기 때문이라고 참언하였고, 이로 인해 속사정을 알지 못하는 도요토미 히데요시는 가토오 기요마사를 교섭의 방해자로 판단하여 1596년 4월에 귀환 명령을 내리고 근신케 하였다. 이에 조선의 강화교섭 경로는 단절되고, 가토오 기요마사도 강화활동을 단념할 수밖에 없었다.

4) 제 4차 회담 (선조 30년 3월 18일)

고니시 유키나가와 심유경이 주도한 강화교섭은 결국은 파탄으로 막을 내렸다. 무엇보다도 강화교섭의 내용이 도요토미 히데요시의 생각과는 전혀 다른 것으로 드러났기 때문이다. 도요토미 히데요시는 일본에 온 명나라 사신의 즉각 귀국을 명하였고, 조선 사신을 죽이려고

까지 하였다. 고니시 유키나가는 곤경에 처하게 되었고, 가토오 기요마사는 득세하게 되었다.

분개한 도요토미 히데요시는 조선에 대한 재침략을 결정하였다. 그리하여 선조 30년(1597) 1월 가토오 기요마사는 군사를 이끌고 다시 조선으로 건너왔다. 그는 군사 행동을 일으키기 전에 회담을 통해 일본의 요구를 관철시켜 보려고 하였다. 이를 위해 그는 먼저 사명당과의 면담을 요구하였던 것이다.

선조 30년(1597) 3월 18일 사명당은 서생포왜성으로 들어가 가토오 기요마사와 다시 마주하게 되었다. 이 때 완전 무장한 일본 군사들이 사면을 겹겹이 둘러싼 가운데 회담이 이루어졌는데, 사명당에게 겁을 주어 회담을 유리하게 이끌기 위한 술책이었다. 그러나 사명당은 조금도 겁내는 기색이 없이 당당히 회견에 임하였다. 대화 중에 가토오 기요마사가 "조선에 보물이 있는가?" 라고 묻자 사명당이 "우리나라에는 없고 보배는 일본에 있다"라고 하니, 이어 "어찌하여 보배가 일본에 있다는 말이오"라고 하였다. 이에 사명당이 "우리나라 사람들은 누구를 막론하고 당신의 머리를 베고자 하니 네 머리가 보배이다"라고 한 바 있었다. 이 말에 가토오 기요마사는 놀래어 얼굴빛이 푸르러졌다고 한다.[12]

가토오 기요마사는 본래의 매우 강경한 입장을 유지하고 있었다. 그는 지난날의 경위를 설명하면서 조선이 약속을 하나도 지키지 않아 재침략에 나섰음을 피력하였다. 이에 사명당은 조선은 그러한 약속을 애초에 한 바 없으며, 이는 모두 고니시 유키나가와 심유경의 조작임을

---

12) 신학상, 『사명당의 생애와 사상』, 너른마당, 1994.
김영작, 「사명당과 加藤淸正 회담의 성과와 의의」, 『사명당 유정』, 사명당기념사업회, 2000.

지적하였다. 나아가 사명당은 가토오 기요마사를 가리켜 재능과 지혜가 다른 사람보다 뛰어났으면서 어찌 가능한 일과 불가능한 일, 의와 불의 그리고 될 일과 안 될 일을 구별하지 못하는가라며 힐책하였다.

사명당과 가토오 기요마사의 계속된 회담에서 8년전 대마도와 고니시 유키나가 등에 의해 도요토미 히데요시의 요구를 조선이 받아들인 것처럼 꾸며진 과거의 모든 허구가 밝혀졌다. 가토오 기요마사로서도 조선이 그러한 약속을 한 바 없음을 확인하였다. 그러나 가토오 기요마사의 목적은 과거의 진실을 밝히는 것이 아니라 도요토미 히데요시의 요구를 관철시키는 것이었다. 그리하여 영토할양에 대한 것은 빠졌으나, 조선의 왕자를 일본에 보내 사죄할 것이라든지 매년 공물을 일본에 바칠 것 등을 요구하며 협박하였다. 여기에 응할 리 없는 사명당이 그러한 약속을 할 수 없다고 말함으로써 회담은 끝났다.

5) 외교 교섭의 의미

이상에서와 같이 사명당은 서생포왜성에서 전후 3차례에 걸쳐 대표적인 적장 가토오 기요마사와 외교담판을 통해 실로 다양한 외교적 성과를 거두었다. 명나라 측에서 보면 별 소득 없는 실패라고 여길 수도 있으나, 우리나라로서는 많은 성과를 거둔 유익한 회담이었다고 하지 않을 수 없다.[13]

첫째, 명나라와 일본간의 강화 교섭의 내용, 특히 조선 8도 중 4도를 일본에 할양할 것을 조건으로 추진되고 있던 명나라와 일본간의 강화 교섭의 내용을 탐지하여 조정에 알리고, 스스로도 가토오 기요마사의 그 같은 요구를 단호히 거부함으로써 나라를 위기에서 구한 것이다.

---

[13] 이하 회담의 의의는 다음의 논고에 기초하였다. 김영작, 「사명당과 加藤淸正 회담의 성과와 의의」, 『사명당 유정』, 사명당기념사업회, 2000.

둘째, 가토오 기요마사와 고니시 유키나가 사이의 갈등을 증폭시켜 적진을 분열시킴으로써 임진왜란의 전쟁 추이 면에서도 유리한 국면을 조성하는 데 공헌하였다.

셋째, 가토오 기요마사와의 외교담판 기회를 적정 정탐의 호기로 활용함으로써 왜군의 성의 구조, 군기, 군수물자 등을 두루 살펴 군사전술 및 전략상의 대책 마련에 크게 기여하였다.

넷째, 일본군의 군사 재개에 대비한 군사적 방비책 마련에 진력하였을 뿐만 아니라, 조일간의 참된 강화 곧 영토 할양이나 왕자의 인질을 전제로 하지 않는 화평 교섭을 통하여 평화를 달성하고자 노력하였다.

이상과 같이 사명당은 가토오 기요마사와의 외교 교섭을 통해 조선의 생존에 유익한 많은 성과를 거두었다. 특히 적장 가토오 기요마사와 고니시 유키나가 사이의 갈등을 증폭시켜 적진을 분열시킴으로써 조선 영토의 일본에의 할양과 조선의 일본에의 복속을 전제로 추진되고 있던 명나라와 일본 간의 강화 교섭을 저지하는 데 크게 공헌하였다.

적정을 탐지 한 공도 빼놓을 수 없다. 그래서 제독 마귀는 일본군에 대한 총공세를 펴기 전에 사명당과 장희춘을 특별히 지목하면서 이들로 하여금 다시 한번 가토오 기요마사의 서생포왜성으로 파견하여 적정을 탐지하는 기회로 활용할 것을 적극 거론한 바 있는 것이다.[14] 그러나 시기적으로 워낙 좋지 않은 상황이었기 때문에 이 계획은 실행에 옮겨지지는 못하였다.

후일 사명대사는 임난이 끝난 후에도 대마도에 파견된 기회를 이용하여 직접 일본 본토에까지 건너가 일본의 새로운 지배자 도쿠가와 이에야스(德川家康)와 회견을 하고, 7년여의 침략전쟁으로 인한 두 나

---

14) 『선조실록』93, 30년 10월 병술.

라 사이의 감정을 풀고, 신의와 평등에 기초한 국교정상화의 초석을 마련하였고, 그 과정에서 3,000명에 가까운 포로 송환을 주선하는 공을 세웠다.

아울러 사명당의 서생포왜성에서의 외교 교섭에 김언복, 이겸수, 장희춘을 위시한 울산지역의 많은 인사들이 시종 몸을 아끼지 않고 사명당을 도와 수차에 걸친 외교 교섭에 참여하여 공을 세웠음도 특기해둔다.

4. 조명연합군의 서생포왜성 수복

도요토미 히데요시는 강화회담에서 얻은 것이 아무 것도 없자 1597년 다시 침략해왔다. 이 때 일본군은 약 14만여명으로 좌군과 우군으로 나누어 전라도 방면을 집중 유린하고 충청도 직산까지 북상하였다. 그러나 이 곳에서부터 조명연합군은 일본군의 북상을 강력하게 저지한 다음, 후퇴하는 일본군을 추격하였다. 일본군은 울산에서 전라도 순천에 이르는 남부 해안 지역으로 후퇴하여 다시 성을 추가적으로 쌓으면서 장기전 태세에 들어갔다.

이 때 동남 해안 지역에 웅거한 일본군의 주력 부대는 전라도 순천 지역의 고니시 유키나가, 사천의 시마즈 요시히로, 경상도 서생포왜성의 가토오 기요마사가 이끄는 부대였다. 이를 효과적으로 제압하기 위해 명나라 군대는 육지에서 세 제독이 각기 한 방면을 맡아 일본군을 압박하고 있었다. 순천 지역의 일본군에 대응하는 서로군은 제독 유정(劉綎), 사천 지역의 일본군에 대응하는 중로군은 제독 이여매(李如梅, 나중에 동일원(董一元)으로 교체), 울산 지역의 일본군에 대응하기 위한 동로군은 제독 마귀가 각각 배치되었고, 해상에서는 제독 진린(陳璘)이 해상요격과 후방지원을 맡도록 분담되어 있었다. 조선의 군대는 각각 자신이 다스리는 고을과 지역에 따라 명나라 군과 협조하고 있었음은 물론이었다.

　남부 해안에 성을 쌓고 배수진을 친 일본군에 대해, 조명 연합군은 곳곳에서 압박을 가하면서 맹렬한 반격을 펼쳤다. 그 중에서도 가장 대표적인 것이 1597년 12월 22일부터 시작된 울산왜성 공격이었다. 제 1차 울산왜성전투였다. 이 전투는 1597년 12월 22일부터 이듬해 1월 4일까지 계속되었는데, 경리 양호(楊鎬)와 제독 마귀가 이끄는 명군과 권율(權慄)이 이끄는 조선군은 울산왜성을 포위하고 공격하였던 것이다.[15] 당시 울산왜성은 일본군의 가장 우익에 위치하여 서생포왜성과 함께 가토오 기요마사의 관할하에 있었는데,[16] 가토오 기요마사가 설계하여 막 축조공사를 끝낸 직후였다.

　일단 경주에 집결한 조명연합군은 총 5만명으로 3로로 나누어 울산을 향해 진격하였다.[17] 선봉을 선 유격장 파새(擺賽)는 새벽에 미처 준비가 되지 않은 일본군을 급습하여 큰 전과를 올렸다. 이에 일본군이 구원하러 나오자 파새는 거짓 퇴각하는 척 하다가 참장 양등산(楊登山)의 군사와 합세하여 일본군을 포위 공격함으로써 수많은 일본군을 섬멸하였다.

　구사일생으로 위기를 모면한 일본군은 성안으로 들어가 목숨 잃지 않은 것을 기뻐할 지경이었다. 당시 울산왜성에는 약 1만6천여명이 있었는데, 이 날 전사자만 460여명이었다. 성안의 일본군은 서생포왜성

---

15) 이하 자세한 전투 상황은 다음 저서에 주로 의거하였다. 이형석,『임진전란사(하)』, 임진전란사간행위원회, 1974.
16)『선조실록』95, 30년 12월 경신.
17)『선조실록』95, 30년 12월 갑신.

에 있는 가토오 기요마사에게 이 다급한 상황을 전하였고, 소식을 접한 가토오 기요마사는 부산에 구원군을 요청하는 한편 그 자신은 그날 밤으로 부하 20여명만을 이끌고 서생포왜성을 떠나 울산왜성으로 진입하여18) 총지휘를 맡았다. 뒤따라 서생포왜성에서 급파된 구원군은 연합군에 막혀 성안으로 진입하지 못하고 염포 근처에 머물고 있었다.

　조명연합군의 좌협장인 부총병 이방춘(李芳春)은 반구정의 적진지를 공격하였고, 중협장인 부총병 고책(高策)은 성황당의 적진을 공격하였으며, 우협장인 부총병 팽우덕(彭友德)은 태화강의 적진을 포위하였다. 경리 양호도 갑옷과 투구를 쓰고 직접 여러 군사들을 독전하였다. 이에 모든 군사들은 북을 치고 고함을 지르면서 분전하였으니, 포성이 끊임없이 천지를 흔들고 불화살이 계속 하늘을 갈랐다. 유격장 모국기(茅國器)는 절강지역의 정예병 3천명을 이끌고 서북 외곽진지의 이중성책을 돌파하여 쳐들어갔고, 유격장 진인(陳寅)은 적의 화살과 돌을 무릅쓰고 적진의 제 1, 제 2성책을 돌파하였다. 이에 일본군은 울산왜성의 내성으로 들어가 문을 굳게 걸고 나오지 않았다. 이 때 제독 마귀는 울산왜성의 북쪽 높은 봉우리에서 전군을 지휘하였었다.19)

　며칠간 계속된 공격에도 울산왜성은 워낙 견고하게 쌓은 성곽이어서 함락시키기가 쉽지 않았다. 몇 차례 화공을 시도하였으나 성공하지 못하였다. 이에 별장 김응서(金應瑞)는 일군의 군사를 이끌고 밤마다 성 남쪽에 있는 적의 급수로를 차단하기 시작하였다. 어떤 날은 밤에 물을 길러 오는 일본군을 백명이나 사로잡기도 하였다. 성을 완전히 포위하고 급수로를 끊은 상태에서 지구전에 들어갈 태세를 갖추어가고 있었다.

---

18)『선조실록』95, 30년 12월 병술.
19)『선조실록』96, 31년 정월 임진.

일본군은 식량이 바닥나고 탄약이 부족하여 전멸 직전까지 몰렸다. 일본군은 군마를 찔러서 그 피를 마셨으며, 군마가 없어지자 마침내 오줌을 마셔서 목을 축이기도 하였다. 그 위에 군량마저 결핍되었으므로 종이와 흙벽까지 끓여먹는 형편이었다. 불에 탄 쌀을 주워먹기도 하였고, 밤에 비가 오자 홑옷과 종이를 펴서 비에 적셔가지고 짜서 마시기도 하였다.[20] 또 밤이 되면 몰래 성 밖을 나와 연합군의 시체를 뒤져 그들이 지니고 있던 식량을 들춰먹기도 하였다.

한편 울산왜성의 위급한 상황을 접한 인근의 일본군들은 속속 군대를 이끌고 서생포왜성으로 모여들었으니, 약 1만 3,000여명에 이르렀다. 그들은 서생포왜성에 있던 수비병과 함께 곧 울산왜성을 향해 출발하였고, 그 외에 해로로 순천을 출발한 고니시 유키나가의 2,000여명이 울산 근해에 모습을 나타냈고, 우키다 히데이에(宇喜多秀家)와 모리 히데모토(毛利秀元)의 병력 2만여명도 부산을 떠나 울산 10리 부근에 이르렀다. 구원군들은 조명연합군을 도리어 역포위하여 공격할 태세를 갖추었던 것이다. 울산왜성의 일본군은 구원병이 도착함으로써 가까스로 위기를 벗어날 수 있었다.

사태가 여의치 않자 조명연합군은 군사를 일단 경주로 퇴각하게 하였다. 일부 후미를 맡았던 부대는 일본군과 산발적인 전투를 벌였으나 큰 희생없이 무사히 철수할 수 있었다. 이 때 도원수 권율은 몸소 최후미를 맡아 일본군의 추격을 막았으며, 경상우병사 정기룡은 후퇴하는 중에 적에게 포위되었다가 적진을 뚫고 나오기도 하였다. 다만 참장 노계충(盧繼忠)은 2,000명의 군사를 거느리고 강구에서 적의 구원병을 막고 있었는데, 철수하는 연락을 미처 받지 못하여 뒤늦게 철수를

---

20) 『선조실록』96, 31년 정월 임진.

하다가 일본군의 추격을 받아 큰 희생을 낸 끝에 자신도 전사하기에 이르렀다.

조명연합군이 일본군에 많은 타격을 주었음에도 불구하고 아쉽게 울산왜성을 끝내 함락시키지는 못하였다. 이는 세가지 원인에 기인하는데, 첫째는 적에게 구원병이 있었다는 점이고, 둘째는 날씨가 한랭하고 불순하였다는 점이며, 셋째는 성을 효과적으로 공격할 준비가 불충분하였다는 점을 들 수 있다.[21]

이후 일본군은 북상은 꿈도 꾸지 못한채 최전선을 형성하고 있던 동쪽의 울산왜성과 양산왜성, 서쪽의 순천왜성을 포기하려고 할 지경에 처하였다. 그러나 이 계획은 지역을 책임진 당사자인 가토오 기요마사와 고니시 유키나가, 무엇보다도 도요토미 히데요시의 반대로 곧 실행되지는 않았다.

그런 가운데 1598년 9월부터 다시 조명연합군의 대대적인 공격이 시작되었다. 그 해 8월에 도요토미 히데요시는 이미 사망하였지만 그 사실은 거의 비밀에 싸여있었다. 동로 제독 마귀는 다시 울산왜성을 공격하기 시작하였다. 제 2차 울산왜성전투인 것이다. 울산왜성에는 가토오 기요마사가 주력군 1만명으로 고수하고 있었다. 마귀는 여러 지역에 흩어져있던 군사를 경주에 집결시킨 다음 울산을 향해 남진하였다. 선봉을 선 부총병 해생(解生)은 6,000여명을 이끌고 울산의 학성산에 공격을 위한 준비진을 치게 하였다. 이 때 4,500여명의 조선군의 주력은 별장 김응서의 지휘로 울산왜성 공격 작전을 돕기 위해 먼저 동래군의 온정을 공략 점령함으로써 울산과 부산의 일본군을 분리 차단하였다.

---

21) 이형석, 『임진전란사(하)』, 임진전란사간행위원회, 1974.

해생은 일본군 천여명을 성책 밖에서 격파하였다. 마귀는 주력군 2만명을 거느리고 일본군을 공격하여 가토오 기요마사와 크게 맞붙었다. 이 때 천총 마운(麻雲)은 2백여기의 마군을 이끌고 불시에 적의 측면과 배후를 쳐서 일시에 쇄도하니 적은 크게 놀라 도망치다가 많은 희생자를 내었다. 마귀는 계속 진격하여 적의 외책(外柵)을 쳐부수고 군량과 마량을 모조리 불태웠다. 이에 일본군은 내성으로 도망쳐 들어가 농성하면서 아무리 유인하여도 끝내 겁을 먹고 나오지 않았다. 국지적인 전투는 며칠간 계속되었는데, 적중에 잡혀있던 조선인 1,100여명을 탈환하는 성과를 올리기도 하였다. 그러다가 마귀는 군사를 거두어 일단 경주로 물러갔다.

한편 중로 제독 동일원은 10월에 경상우병사 정기룡(鄭起龍)으로 하여금 병마 3,000으로 선봉을 삼고 자신은 정예병 4,000명을 이끌고 사천 지역의 일본군을 공격하기 시작하였다. 또 서로 제독 유정은 이순신과 진린이 이끄는 조명 연합수군과 합동작전으로 순천 지역의 일본군을 공격하기 시작하였다. 전 전선에서 일본군에 대한 압박이 가해졌던 것이다. 이순신의 수군은 명의 수군 제독 진린과 합세하여 순천성에서 철수하는 고니시 유키나가군을 기다리고 있었다. 육지에서는 명 제독 유정(劉綎)이 이끄는 조명연합군이 우여곡절 끝에 결국 순천성의 일본군을 바다로 내몰았다. 조선과 명나라의 수군 500척은 고니시 유키나가를 구원하기 위해 거제도에서 온 시마즈 요시히로의 수군 500척을 맞아 노량에서 일대 격전을 벌이며 대승리를 거두었다. 그러나 이순신은 장렬하게 전사하였고, 그 틈에 고니시 유키나가는 탈출하여 일본으로 돌아갈 수 있었다.

11월에 들어서면서 울산 쪽 일본군의 총 퇴각 작전이 치밀하게 진행되었다. 11월 18일에 가토오 기요마사는 울산왜성을 불태우고 부산으로 퇴각하였고,22) 서생포왜성의 쿠로다 나가마사도 같은 날 퇴각하였다. 이에 제독 마귀는 군사를 거느리고 울산왜성과 서생포왜성을 접수하는 한편 따로 일부 부대로 하여금 적의 후미를 추격케 하였다. 마귀제독 일행은 계속 일본군을 추격하여 12월 말경에는 부산에 이르렀다.23) 이로써 일본군은 완전히 퇴각하였다. 이로써 7년간에 걸친 전쟁은 종지부를 찍었다. 이듬해인 1599년(선조 32) 1월에 마제독은 한강변에 이르러 선조의 환영을 받았다.24) 일본이 다시 쳐들어올 것에 대비하여 일부 명나라 군대만 남기고 대부분은 중국으로 차례로 철수하였다. 마귀 제독도 1599년(선조 32) 봄에 중국으로 돌아간 것으로 보인다.

5. 창표당의 건립과 중건

임진왜란이 끝난 직후 울산지역에서 창의한 의병들을 기리는 사당이 서생포왜성 안에 건립되었으니 바로 창표당(蒼表堂)이다. 창표당은 승전을 기념하는 축하연을 열기 위해 지워진 건물로 초가 4칸의 건물이었다. 그리고 이어 의병장들을 모시는 사당인 창표사도 건립되었던 듯하다.

이 때 창표사에 모셔진 분들은 마귀제독이 썼다고 전해오는 '창표당서(蒼表堂序)'와 그에 첨부된 '창표당서판안(蒼表堂書板案)'에 기재된 사람들이었을 것이다.25) 아래에 정리하면 다음 표와 같다.

---

22) 『선조실록』106, 31년 11월 병오.
23) 『선조실록』107, 31년 12월 경진.
24) 『선조실록』108, 32년 정월 경인.
25) 마귀제독의 '창표당서'는 만력 27년 즉 1599년(선조 32) 11월에 작성한 것으로 나타나는데, 마귀제독은 그 해 봄에 이미 중국으로 돌아간 바 있다. 때문에 이정

〈표 1〉 창표당 서판안

死節十員	折衝將軍 張吾石, 司僕 金應福, 直長 裵紖芷, 訓練院正 朴震南, 高彦寬, 金允福, 鄭彦忠, 判官 洪億濟, 兼僉正 金彦福, 守門將 田福命
生節二十八員	副正 金洽, 僉正 朴慶說, 金順卿, 判官 李景淵, 沈關, 金德龍, 訓練院正 朴弘春, 訓練院正 徐仁忠, 朴鳳壽, 高處謙, 李翰南, 安信甲, 裵仁男, 李萬壽, 金夢禎, 李承金, 李宗吉, 部將 金應澤, 李應春, 柳允河, 主簿 朴慶悅, 金守岭, 黃希貞, 守門將 徐夢龍, 金麗慶, 奉事 尹從善, 折衝 金得福, 出身 高德崐
晚到義勇十五員	朴武公, 有司章甫 張長春, 朴應良, 金錄守, 會員通政 朴慶良, 判官 趙宗男, 章甫 安信命, 直史護軍 朴而휘, 題掌 蔣希春, 朴慶殷, 章甫 高崐, 監董部將 金演, 章甫 沈煥, 主簿 徐夢虎, 司諫 朴震元
(기타)	校正將軍 片彪, 都有司僉府使 郭再祐

그 후 세월의 흐름 속에 위 건물들은 자연적으로 허물어져 주변은 황량하게 잡초가 무성하게 방치되어왔다. 많은 세월이 흐른 뒤 울산 지역민들과 공신의 후예들에 의해 창표당은 중건되었다. 창표당의 중건이 이루어진 것은 1906년경이었다. 이는 창표당이 처음 만들어지고 약 300년이 흐른 뒤의 일이었다. 창건된 창표당이 허물어진 뒤 황량한 상태로 방치되다가 비로소 이때 중건을 보게 된 것이다. 창표당의 중건 시점을 이때로 보는 데는 다음과 같은 몇 가지 증거들이 있다.

첫째, 창표당 중건 상량문을 쓴 이정효는 '수백년이 흘러 초목이 무성하여 사당이 있던 자리도 전해지지 않고 있었다.'고 쓰고 있다.[26] 중건 시 창표당터는 흔적조차 찾기가 쉽지 않게 잡초만 가득 우거진 상태였

일교수는 2002년에 편찬된 『울산광역시사』 권1(역사편), 울산광역시사편찬위원회, 531쪽에서 '蒼表堂案'의 작성 연대에 의문을 제기한 바 있다. 이 점에 대해서는 이를 확증해줄 자료의 추가 발굴과 함께 좀더 면밀한 검토가 이루어져야 할 것이다.

26) 李廷孝,『後松集』3, 蒼表堂重建上梁文.

음을 알 수 있다. 그는 임난의병장 이석종의 8세손으로 1832년에 출생하여 1917년에 사망하였으며, 문집인『후송집』이 1921년에 출간되었다.

둘째, 1872년에 작성된 상세한 울산서생진 지도에 창표당은 표기되어 있지 않다는 점이다. 이는 이 지도가 작성될 당시에 이미 창표당은 허물어져 존재하지 않았음을 말해준다. 따라서 창표당의 중건은 그 이후의 일인 것이다.

셋째, 1902년에 편찬된 울산읍지를 위시하여 그 이전에 나온 울산의 읍지에 창표당이 나오지 않을 뿐아니라 고적조에도 실려있지 않다는 점이다. 그러다가 창표당이 읍지에 등장하는 것은 1934년에 편찬된 울산읍지 고적조이며, 이어 나온 1937년 읍지인『홍려승람』에도 나오고 있다. 그리고 비슷한 시기에 편찬된『조선환려승람』에도 역시 등재되기 시작하였다.

넷째, 결정적인 것은 1906년에 서생면에 거주한 정순조가 마두원에게 보낸 편지로 창표당 중건이 거의 임박하였음을 알리면서 12월 22일에 준공식을 할 예정이라고 쓰고 있는 것이다. 정순조는 1911년~1924년까지 서생면의 초대 면장을 지낸 인물이다.[27] 문화재관리국에서 펴낸『문화유적총람』의 창표당지(蒼表堂址)에 대한 설명에는 정순조가 관리자·소유자로 되어있다.[28]

이상을 종합해볼 때 창표당과 창표사는 1906년경에 중건되었음을 알 수 있다. 마을의 고로들이 기억하고 있는 것은 바로 1906년에 중건된 건물인 것이다.

그러면 이 때 중건된 창표당의 배치 구조와 규모는 어떠하였는가를 살펴보자. 문화재관리국에서 편찬한『문화유적총람』의 창표당지 부

---

[27] 서생면지편찬위원회,『서생면지』, 2001, 82~83쪽.
[28] 문화공보부 문화재관리국,『문화유적총람』(중), 양산군조, 1977.

분에는 다음과 같이 설명되어 있다.29)

> 임진왜란 후 선조 32년(1599) 왜적과 싸우다 사절한 10명과 생절 28명, 의용 15명 등의 애국충절을 추모하기 위해 서생포성안에 와가 4간, 사당 2평, 숙소 3간으로 건립하였다고 하나 지금은 모두 없어지고 비문을 알 수 없는 비석 1기가 남아 있다. 1974년에 주민들이 조그만 사당을 짓고 매년 향사를 올리며 추모하고 있다.

여기에서 와가 4간은 창표당을 가리키고, 사당 2평은 창표사를 가리키는 것이다. 비석이 무엇을 가리키는 것인지 지금으로서는 정확하게 알 수 없다. 주민들이 1974년에 지었다는 사당은 마귀제독과 편장군을 모시는 사당을 가리킨다.

위 창표당에 대한 설명은 마을의 고로들이 전하는 것과 거의 일치한다. 그리고 위의 기록만으로는 알 수 없는 창표당의 구조는 마을의 고로들의 증언을 통해 윤곽을 잡을 수 있다. 물론 발굴을 통하여 다시 확인하면 더 정확할 것이다. 서생리에 거주하는 이차찬씨는 어렸을 때 그곳에서 친구들과 놀았고, 마을의 청년들이 창표당에서 훈장에게 글 배우는 것을 목격한 바 있고, 위패를 모신 창표사 건물에는 어린 마음에 무서워 잘 가지 않았다는 등의 증언을 하였으며, 건물의 규모나 배치 등을 상세히 기억하고 있었다.30) 그러나 창표당과 창표사 건물은 1938년에서 1945년 사이에 일제에 의해 훼철된 것으로 짐작된다.

---

29) 위와 같음.
30) 2002년 7월 30일 이차찬(당시 84세, 여)씨를 1차 면담 조사하였고, 11월 30일 2차 면담 조사하였다. 이 때 현장 곳곳을 함께 답사하면서 자세한 설명을 들었다. 몸이 불편하심에도 불구하고 조사에 성실하고도 열성적으로 응해주신 할머니께 지면을 통해 감사드린다.

〈사진 2〉 서생포왜성내 창표당 터에서 이차찬씨로부터 설명을 듣고 있는 저자

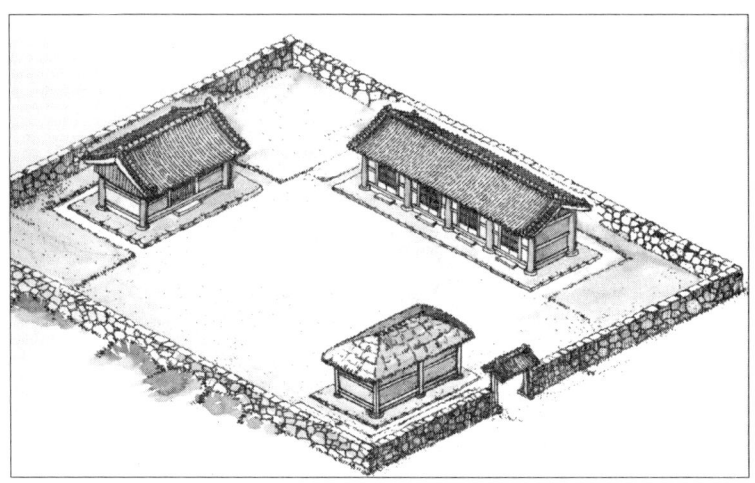

〈그림 1〉 창표당의 추정 복원도

6. 수군 동첨절제사영의 설치

　조선왕조의 수군은 조선왕조 개창과 함께 각도별로 수군도절제사가 설치되면서 독립된 지휘편제를 갖게되었다. 수군의 분포는 경상도와 전라도에 집중적으로 배치되어 있었고, 그 다음으로 충청, 경기, 황해도에 배치되어 있었다. 남부의 해안 지역이 해로를 통한 왜적의 침입에 대처하여야 하는 현실을 반영한 것이라고 하겠다. 각도별로 1인 또는 2인의 수군도절제사가 머무는 수영이 설치되었고, 다시 각 바닷가 요새지에는 도만호, 만호[31] 등을 지휘관으로 하는 포진(浦鎭)이 설치되었다.

　서생포에 만호가 배치된 것은 정확한 연대는 모르나 조선이 개창된 직후라고 짐작되며, 적어도 1407년(태종 7년) 이전에 설치된 것은 확실하다.[32] 그만큼 일찍부터 서생포진은 군항으로서의 중요성을 인정받았던 것이다. 군항으로서의 포진은 반드시 해상 방어에 적합한 입지조건을 갖춘 곳에 설치되었다. 군항은 바람이 없고 광활하며 선박이 자유롭게 왕래 정박할 수 있는 자연의 요새로서 U자형의 지형이 적합하였다. 바다 밑에 암석이 없고 사토(沙土)가 좋아야 하며, 썰물 때도 정박시킬 수 있고, 포진 밖에 병선을 정박시킬 수 있어야 하였다. 또한 군항은 주변의 백성과 토지를 보호할 수 있는 조건을 갖추고 있어야 했다. 그 위에 주변 영진(營鎭)과의 관계나 왜구의 침입로인 요해처(要害處) 및 포간(浦間) 거리가 고려되었다.[33]

　울산에는 서생포 외에도 개운포와 염포가 군항으로서 중요한 위치

---

31) 만호 등의 階位는 품계에 따라 정하여졌는데, 만호는 3품, 부만호는 4품, 천호는 5품, 부천호는 6품관이었다.
32) 『태종실록』14, 7년 7월 무인.
33) 방상현, 『조선초기 수군제도』, 민족문화사, 1991, 39~41쪽.

에 있었다. 1425년(세종 7) 경에는 서생포에 도만호가 배치되어 있기도 하였는데,34) 1426년에는 병조의 건의로 다시 만호가 두어졌다.35)

그 후 1457년(세조 3)에는 전국 군사방어체제를 진관체제로 재편하는 획기적인 조치가 있었다. 이 때 수군의 경우도 여기에 맞추어 재편되었다. 즉 주진(수영), 거진, 제진의 진관 편성에 따라 각각 수군절도사, 첨절제사, 만호가 배치되게 되었다. 당시 각도의 수군 최고지휘관은 정3품 수군절도사였는데, 경상좌도의 수군절도사는 주진인 울산 개운포에 있었고, 경상우도의 수군절도사는 주진인 거제 오아포에 있었다. 그런 가운데 여러 포진들은 좌도의 거진인 부산포와 우도의 거진인 제포 등 두 진관하에 각기 편성되어 있었다. 이 때 서생포는 부산포진관에 편제되어 만호가 설치되어 있었다.

세조대에 확립되어 『경국대전』에 실린 경상도 수군의 편제를 보면 다음 <표 2>와 같다.36)

표에서 보는 바와 같이 서생포에는 6척의 크고 작은 병선이 배치되어 수군을 태우고 항시 바다 위에 떠서 경계를 하고 있었고, 비상시를 대비하여 마련해 둔 작은 병선 1척이 더 배치되어 있었다.

성종대에는 여러 포진의 방비를 위한 성보를 축조하는 등의 강화조치가 취하여졌다. 지금까지 서생포를 위시한 여러 포진의 수군은 만호의 지휘하에 병기와 식량을 병선에 싣고 선상에서 대기 근무하는 것이

---

34) 『경상도지리지』, 울산군, 燔鹽盆.
35) 『세종실록』32, 8년 4월 무진.
36) 『경국대전』, 병전, 諸道兵船, 경상도조. 당시 경상좌도 수군절도사가 머문 水營은 울산 개운포에 있었다. 1459년(세조 5)에 동래 富山浦(釜山浦)에 있던 수영을 개운포로 옮겼던 것이다.(『세조실록』15, 5년 1월 계묘, 『慶尙道續撰地理誌』蔚山郡, 關防) 이후 개운포의 수영은 1544년(중종 39)에 동래의 해운포로 이전되기까지(『중종실록』104, 39년 9월 갑인·임술) 약 80여년 동안 유지되었다.

원칙이어서 포에 성보와 같은 방벽은 마련되어 있지 않았다. 수군의 선상 근무는 수군이 수상에서 제 일선이 되어 방어를 담당한다는 원칙에 입각한 것이었다.

〈표 2〉 조선전기 경상도 수군 편제

將官名		浦鎭 所在地	將官名		浦鎭 所在地
左道水軍節度使		蔚山 開雲浦	右道水軍節度使		巨濟 吾兒浦
釜山浦鎭管	僉節制使	東萊 釜山浦	薺浦鎭管	僉節制使	熊川 薺浦
	萬戶	寧海 丑山浦		萬戶	熊川 安骨浦
	萬戶	盈德 烏浦		萬戶	巨濟 知世浦
	萬戶	興海 漆浦		萬戶	巨濟 助羅浦
	萬戶	長鬐 包伊浦		萬戶	巨濟 玉浦
	萬戶	慶州 甘浦		萬戶	巨濟 永登浦
	萬戶	蔚山 鹽浦		萬戶	固城 蛇梁
	萬戶	蔚山 西生浦		萬戶	固城 唐浦
	萬戶	機張 豆毛浦		萬戶	晉州 赤梁
	萬戶	東萊 海雲浦		萬戶	南海 平山浦
	萬戶	東萊 多大浦			

그러나 선상근무는 실제 여러 가지 어려운 점이 많았다. 오랫동안 병기를 선상에 두면 손상되기 쉬웠기 때문에 적의 침입이 잠시 그쳐 평화가 계속된 성종 초년이래로 만호들은 선상에 머물지 않고 해안가에 임시 머물 집을 마련하여 병기도 갈무리하고 휴식처로도 삼는 경향이 뚜렷해졌다.37) 이러한 상황들이 방비의 허점으로 지적되었고 또한 병기의 손상이 특히 강조되어 성종대이후 포진에 성보(城堡)를 축조할 것이 결정되었다. 해안 요소에 성곽이 축조된 것은 수군의 병력이 부족할 경우 육군의 투입이 가능하게 되는 의미도 있었다.

서생포의 성곽이 언제 완성되었는지를 확실하게 알려주는 자료는

---
37) 『성종실록』171, 15년 10월 계미.

없지만, 인근에 있는 염포의 성곽이 1490년(성종 21)에 완성된 것으로38) 미루어 비슷한 시기에 이루어졌으리라 짐작된다. 현재 서생면 화정리 구진마을에 남아 있는 서생포진성의 흔적으로 미루어 그리 크지 않은 사각형의 석성으로 이루어졌음을 알 수 있다. 우리나라 다른 해안가의 성곽과 마찬가지로 바다 쪽에서 볼 때 바로 노출되지 않도록 회야강 포구 안쪽으로 돌려서 축성하였다.

　인근의 염포가 1544년(중종 39)에는 군사적인 포진으로서의 기능이 폐지되어 만호도 두지 않게 됨으로써39) 이후 울산지역의 포진으로는 서생포진과 개운포진이 수군 요새로서의 구실을 임진왜란 때까지 계속하였다.

　임진왜란이 일어났을 때 서생포진은 즉각 일본군으로부터 공격을 받아 함락되었다.40) 이듬해인 1593년(선조 26)부터 일본군에 의해 서생포왜성이 축조되기 시작하였고, 이 때 서생포진성은 파괴되면서 그 돌은 서생포왜성 축성에 이용되었다.41) 앞에서 이미 살핀 바와 같이 임진왜란 7년 동안 서생포왜성은 일부 기간을 제외하고 일본군의 중요한 전진기지이자 후방기지로서의 구실을 하였다.

　임진왜란이 끝난 후 파괴된 서생포진성을 대신하여 서생포왜성을 활용하기로 결정되어 경상좌도 수군 동첨절제사영(同僉節制使營)을 두게 되었다. 그렇게 결정된 데는 서생포왜성이 워낙 견고하게 축성되어 이용 가치가 있었기 때문일 것이다.

---

38) 『성종실록』240, 21년 5월 신사.
39) 『중종실록』104, 39년 9월 갑인.
40) 『선조수정실록』26, 25년 4월 경인.
41) 서생포진성은 지금은 거의 방치된 상태로 있는데, 발굴과 조사가 이루어져야 할 것으로 판단된다. 그리하여 인근의 서생포왜성과 함께 역사 교육의 장이나 관광 자원으로 활용한다면 그 효과는 더욱 커질 것으로 생각한다.

임진왜란이 끝난 직후 호조판서 이광정은 선조에게 왜성의 모습을 전하기를 "성을 쌓은 돌이 아주 무거워 운반하기 어려울 정도였고, 성의 토대는 대단히 넓었으니 윗부분은 차츰 뾰족한 모양이었으며, 성문의 길은 구부러져 곧장 달려 들어가기가 어렵게 되어 있었습니다. 석성의 높이는 2장(丈)이고 석성의 위에 또 토벽을 1장 높이로 쌓았습니다."고 왜성의 특징을 잘 지적하였으며, 그 함락시키기의 어려움을 전하면서 "성이 견고한 데다 철환을 비오듯 쏘아대므로 함락시키기가 어려운데 부산과 서생포에 있는 성이 모두 그렇습니다"고 보고하고 있는 것이다.[42]

제독 마귀도 임진왜란 막바지에 부산을 점령한 후 일본군이 철수하고 없는 왜성에 올라 그 함락시키기 어려운 견고함을 자신의 울산왜성 전투의 경험에 비추어 술회한 바 있다.[43]

서생포왜성에 동첨절제사영이 두어지게 된 정확한 연대는 알 수 없지만 1600년(선조 33년)에는 서생포에 만호가 있었던 것으로 나타나고,[44] 1604년(선조 37년)에는 서생포에 첨사가 있었던 것으로 나타나기[45] 때문에, 임진왜란 직후인 1600년과 1604년 사이에 설치되었다고 생각한다. 이후 1895년까지 약 300년 동안 서생포왜성은 조선의 수군 동첨절제사영으로 활용되었다.

일관성을 기하기 위해 1785년(정조 9)에 편찬된 『대전통편』에 수록된 조선후기 경상도지역의 수군 편제 상황을 보면 다음 <표 3>과 같다.[46]

---

42) 『선조실록』109, 32년 2월 임자.
43) 『선조실록』107, 31년 12월 경진.
44) 『선조실록』132, 33년 12월 정축.
45) 『선조실록』172, 37년 3월 기묘.
46) 『대전통편』권 4, 병전, 외관직, 경상도.

<표 3> 조선후기 경상도 수군 편제

將官名			浦鎭 所在地
統制使 (右道水軍 節度使 兼) 統營 統制營	左道水軍節度使		東萊 左水營
	釜山浦鎭管	僉節制使	東萊 釜山浦
		同僉節制使	蔚山 西生浦
		萬戶	機張 豆毛浦
		萬戶	蔚山 開雲浦
		萬戶	長鬐 包伊浦
		萬戶	東萊 西平浦
	多大浦鎭管	僉節制使	東萊 多大浦
	右道水軍節度使		統營 右水營
	加德鎭管	僉節制使	熊川 加德鎭
		同僉節制使	漆源 龜山浦
		萬戶	熊川 天城浦
		萬戶	熊川 安骨浦
		萬戶	巨濟 助羅浦
		萬戶	巨濟 玉浦
		萬戶	巨濟 知世浦
		萬戶	固城 加背梁
	彌助項鎭管	僉節制使	南海 彌助項
		同僉節制使	晉州 赤梁
		萬戶	熊川 薺浦
		萬戶	南海 平山浦
		萬戶	固城 蛇梁
		萬戶	固城 唐浦
		萬戶	巨濟 永登浦

위 표에 나타나듯이 임진왜란을 거치면서 울산의 북쪽에 있던 군항들은 모두 폐지되고 수군 기지가 거의 동래 근처로 집중된 것을 알 수 있다.

따라서 서생포첨절제사영은 개운포와 함께 부산포진관에 속하여 동남해안의 가장 북쪽에서 해상을 방어하는 역할을 담당한 중요한 기지였음을 알 수 있다. 전함은 영조조에 3척이 있는 것으로 나타난다.[47]

서생포왜성의 내부 모습과 상황은 다음의 1872년의 울산서생진지

---

47) 『영조실록』73, 27년 정월 신축.

도(蔚山西生鎭地圖)에 잘 나타나 있다. 이 지도는 1872년(고종 9)에 만들어진 지도로 총 9첩(104장)으로 구성된 『경상도지도』에 포함되어 있다. 크기는 108×81cm로 채색필사본이다.[48]

아래의 지도를 통해 그 내부를 살펴보면 다음과 같다.

〈지도 1〉 울산 서생진 지도

먼저 산 위쪽의 아성 부분과 산 아래쪽의 외성 부분으로 크게 구획하여 성벽이 쭉 둘러싸고 있다. 전자는 왜성이라 명기하고 있고 별 다른 시설물들은 없는 상태인데, 우물 표시가 하나 되어 있다. 우리측에서 평상시에 주로 사용한 공간은 외성 부분으로 여기에는 여러 가지

---

48) 『경상도지도』(1872년) 서울대 규장각 소장. 최근에 편찬된 『울산광역시사』권6, 자료편 60쪽에 축소 영인되어 있다.

시설물과 민가가 들어서 있다. 당시에는 북문, 남문, 서문이라 불리는 세 개의 문을 사용한 것으로 나타나있다. 외성안 서쪽에 동헌과 객사를 비롯하여 이청(吏廳), 창고, 군뢰청 등의 관청 시설물이 들어서 있다. 북문 주변에는 민가가 19호, 남문 주변에는 민가가 17호로 도합 36호가 외성 안에 있은 것으로 표기되어 있다. 남문 안쪽에 시장이 있은 것으로 표기되어 있고, 망해대(望海坮)도 표기되어 있다.

한편 성 밖에도 민가가 표기되어 있는데, 남문 바로 밖에 19호가 표기되어 있고, 5리 떨어진 동쪽 바닷가에 40호가 모여있는 것으로 나타나 있다. 그 외 5리 떨어진 구진(舊鎭) 즉 임진왜란 전 서생포만호진이 있던 곳에도 민가가 27호가 있는 것으로 표기되어 있다. 10리 떨어진 곳에 남창도 표기되어 있다.

7. 맺음말

서생포왜성은 임진왜란 당시 조선침략의 교두보로서 가토오 기요마사의 본거지 구실을 하였던 곳이다. 일본군은 이를 거점으로 하여 주변 지역을 침공하는 침략의 교두보 구실을 하였다. 후일 울산왜성에서의 농성전이 벌어졌을 때는 이를 구원하기 위한 기지로 활용되기도 하였으며, 퇴각시에도 최후의 거점으로서의 역할을 하였다.

그런데 서생포왜성은 조선과도 전혀 무관하지는 않았다. 무엇보다 전란 중 조선과 일본의 교섭의 장소로 활용되었다는 점이다. 당시 조선은 명과 일본간에 이루어지는 외교적 회담에 소외되어 있었는데, 선조 27년(1594) 무렵부터 사명당 유정과 가토오 기요마사의 외교적 교섭이 명의 후원하에 이루어지게 되었다. 이후 두 사람을 대표로 내세운 4차에 걸친 회담이 서생포왜성을 중심으로 이루어졌다. 사명당은 이 교섭을 통해 유익한 많은 성과를 거둘 수 있었다. 특히 적장 가토오 기요마사와 고니시 유키나가 사이의 갈등을 증폭시켜 적진을 분열시켜 결과적으로 일본의 야욕을 좌절시킨 것을 비롯하여 적정을 탐지하여 조선군에 제공한 것 등을 들 수 있다.

전란의 말기에 이르기까지 울산지역은 격전지였다. 조명연합군과 일본군 사이에 치열한 공방전이 두 차례에 걸쳐 울산왜성을 무대로 벌어졌던 것이다. 결국 전세가 불리해진 일본군은 울산왜성과 서생포왜성을 버리고 부산으로 총퇴각하였다. 명의 제독 마귀를 앞세운 조명연합군은 울산왜성을 거쳐 마침내 서생포왜성도 접수하였다. 이로써 울산은 완전히 수복되었던 것이다.

그 후 서생포왜성 안에는 승전을 기념하고 창의한 의병들을 기리는 건물들이 건립되었다. 창표당은 승전을 기념하는 축하연을 열기 위해 지워진 건물로 초가 4칸의 건물이었으며, 창표사는 의병장들을 모시는 사당으로 건립되었다. 또한 조선 수군은 왜란 중에 파괴된 서생포 진성을 대신하여 서생포왜성을 활용하기로 결정하였다. 서생포왜성이 워낙 견고하게 축성되어 이용 가치가 있었기 때문일 것이다. 그리하여 서생포왜성에 경상좌도 수군 동첨절제사영을 두게 되었다. 이후 서생포왜성은 동남해안을 지키는 조선의 요새 역할을 300년이라는 긴 세월동안 수행하였던 것이다.

이와 같이 서생포왜성에는 우리 조상들의 흔적도 많이 남아있는 곳이다. 따라서 서생포왜성은 보존 관리할 가치가 있는 곳인 것이다. 일제강점기인 1938년 서생포왜성은 사적 제 54호로 지정된 후, 1963년에 대한민국 국가 사적 제 54호로 승계되었다. 그러나 우리가 쌓은 성곽이 아니라 일본군이 쌓은 왜성이라는 점에서 대한민국 국가 사적으로 지정한 것은 타당하지 않다는 의견에 따라 1996년 국가 사적에서 해제되었다. 지금은 울산광역시 문화재자료 제 8호로 지정되어 보호 관리되고 있다.

제5장

조선후기 사회신분제의 변화와 울산

1. 머리말
2. 울산지역의 호구 증감
3. 신분제의 변화와 울산
4. 맺음말

조선후기 사회신분제의 변화와 울산

1. 머리말

　조선후기는 격동의 사회였다. 근대사회로의 전환 기점으로 이해되기도 할 만큼 종래의 체제와 질서들이 여러 부분에서 이완되거나 해체되고 있었으며, 동시에 새로운 질서와 사상들이 태동하고 있었다. 사회사적인 측면에서는 인구의 자연적인 증가가 이루어지는 가운데, 조선전기 사회의 기반을 이루었던 신분제가 이완되고 있었고, 친족체계가 변화하고 있었으며, 촌락의 구조와 향촌의 운영체계 또한 변모하고 있었다. 이러한 변화 속에서 사회 신분의 분화와 신분간의 갈등이 격렬하게 전개되기도 하였다.[1]

　울산지역의 사회 신분에 대한 연구자들의 관심은 호적연구에서 출발하였다. 현재 조선조의 장적이 남아있는 지역은 대구, 상주, 단성, 산음 등 몇 곳에 불과한데, 울산지역은 다행히 울산부와 언양현 양지역의 호구장적이 완전한 형태는 아니지만 모두 남아 있어 다른 지역보다 당시 상황을 파악하는 데 유리한 입장에 있다.

---
1) 한영국, 「개요; 조선후기의 사회」, 『한국사』34, 국사편찬위원회, 1995, 1쪽.

울산장적을 대상으로 연구한 정석종은 울산장적 가운데 시대별로 연계하여 분석이 가능한 농소면을 주 대상으로 하여 울산의 사회 변동을 파악하고 이를 일반화하려 하였다.[2] 그리고 한영국은 울산장적을 이용하여 노비들의 결혼 양태를 분석하는 소중한 성과를 얻었으며,[3] 서의필은 18세기 향반사회의 모습을 파악하고자 하였다.[4] 언양호적을 연구 대상으로 이용한 연구자로는 김석희, 박용숙, 채상식, 이영훈 등이 대표적인데,[5] 특히 박용숙은 언양 한 곳의 분석에 그치지 않고 단성, 울산, 대구의 모습과의 비교를 통하여 언양지역이 가진 특징을 살피고자 하였다.[6]

본 절에서는 위에서 논급한 여러 연구 성과를 토대로 하여 다음과 같은 점에 주목하고자 한다. 먼저 울산지역의 전체 인구의 증감 추세이다. 이를 위해서는 조선시대에 편찬된 호구 관련 기록과 각종 지리지에 기재된 인구 상황을 이용하겠다. 다음으로는 각 신분별로 울산지

---

2) 정석종, 「조선후기 사회신분제의 붕괴 - 울산부 호적대장을 중심으로-」, 『대동문화연구』9, 1972. 이 논문은 1883년 그의 저서 『조선후기 사회변동연구』(일조각)에 「조선후기 사회신분제의 변화 - 울산부 호적대장을 중심으로-」란 제목으로 재수록되었다. 여기서는 그의 논문과 저서를 모두 참고하였으되, 인용은 저서를 중심으로 하였다.
3) 한영국, 「조선중엽의 노비결혼양태 - 1609년의 울산호적에 나타난 사례를 중심으로-(상, 하)」, 『역사학보』75 · 76, 1977 · 1978.
4) 서의필, 「18세기 울산지방에 있어서 향반사회의 연구」, 『숭전어문학』3, 1974.
5) 김석희, 「조선후기 경상도언양현호적대장에 관하여」, 『부대사학』7, 1983. 김석희, 「18 · 19세기 호구의 실태와 신분변동 - 신예 언양현호적대장을 중심으로-」, 『부산대인문논총』26, 1984. 박용숙, 「조선후기의 협호 - 언양호적의 사례를 중심으로-」, 『부산사대논문집』14, 1987. 채상식, 「18 · 19세기 동족 · 특수부락의 실태 - 신예 언양현호적대장을 중심으로-」, 『부산대인문논총』26, 1984. 이영훈, 「언양호적을 통해 본 주호-협호관계와 호정의 운영상황」, 『조선후기 사회경제사』, 한길사, 1988.
6) 박용숙, 『조선후기 사회사연구』, 늘함께, 1994.

역 구성원의 증감 추세를 점검하고, 이에 따른 향촌 사회의 변화하는 모습을 음미해보고자 한다. 이를 위해 울산과 언양의 호구장적과 그를 통한 기존 성과를 주로 이용하겠다.

2. 울산지역의 호구 증감

호구(戶口)의 파악은 조선왕조의 매우 중요한 국정 운영의 과제였다. 그리하여 호구의 파악은 3년마다 하는 호적의 정비를 통해서 이루어졌다. 다만 당시의 호구파악이 전인구수의 파악보다는 각종 역을 부담하는 장정을 알아내려는 데 일차적인 목적을 두었다는 점에서 오늘날과 차이가 있었다.

호적은 관청에서 호주의 신고에 의거 작성하되, 서울의 경우는 호조와 한성부, 지방의 경우는 호조, 감영, 해당 군현에 각각 한 부씩 비치한 다음, 호주에게도 한 부를 지급하였다. 호적에 기재된 사항은 주소, 본인의 직역·성명·연령·사조(四祖), 처의 성씨·연령·사조, 솔거자녀(率居子女)의 성명·연령, 그리고 노비나 고공(雇工)의 성명·연령 등이었다. 호적 정리와 함께 오가작통법(五家作統法)이라는 공동책임제와 호패라는 신분증명의 패용을 아울러 실시한 것도 호구의 파악을 위한 제도였다.

조선조의 호구 통계를 정확하게 이해하기 위해서는 먼저 편호(編戶) 방식과 호와 구의 개념에 대한 이해가 필요한데, 시기에 따라 호구파악 방식이 달랐고, 호구통계의 성질에 따라 호구의 개념이 달리 사용되었기 때문이다. 호가 실제 가구를 나타낸 경우도 있었지만, 역역(力役) 또는 조세의 부과 단위로서 인위적인 편성호 즉 몇 개의 자연호를 묶은 법제호를 나타낸 경우도 있었다. 법제호의 경우, 장정수나 재산, 또는 가옥의 크기에 따라 대・중・소의 3등급으로 나누는 것이 고려말 이래의 통례였는데, 조선초에 약간의 변화를 거쳐 대・중・소・잔・잔잔의 5등호제로 정착되었다. 자연호의 경우 신분과 빈부의 차이에 따라 수십 명에 이르는 대가족이 있었는가하면 불과 서너명의 소가족도 있었는데, 일반 서민들의 경우는 대체로 평균 4~5명의 소가족이었다. 그리고 구는 남자 장정만을 가리킬 때도 있었고, 남녀 장정을 의미할 때도 있었으며, 남녀노장약을 합계한 인구 전체를 가리킬 때도 있었던 것이다.[7]

조선초기 전국의 호구수는 자연호가 대략 100만호~150만호 내외였고, 인구는 600만명~700만명 내외였으며, 국역을 지는 남자 장정의 수는 100만명 내외였다고 추정된다.[8] 그러면 당시 울산지역의 호구는 구체적으로 어느 정도 였을까? 군현별 호구수의 통계가 처음 나타난 것은 세종 7년(1425)에 편찬된 『경상도지리지』였다. 여기에는 도내 각 군현별 호수와 남녀 구수가 기재되었는데, 7년후 편찬된 『세종실록지리지』의 호구통계의 모태가 되었다. 다만 기재 방식에 약간의 차이가 보이는데, 두 지리지에 나타난 울산군과 언양현의 호구수를 표로 나타내면 다음과 같다.[9]

---

[7] 이수건, 「개요; 조선초기의 사회와 신분구조」, 『한국사』25, 국사편찬위원회, 1994, 2쪽.

[8] 위와 같음.

[9] 『경상도지리지』, 울산군・언양현. 『세종실록지리지』, 울산군・언양현.

〈표 1〉 조선초기 울산지역의 호구수

구분 지역	경상도지리지				세종실록지리지	
	호수	구수			호수	구수
		남	여	합		
울산군	1,058	4,161	4,182	8,343	1,058	4,161
언양현	421	1,458	1,990	3,448	421	1,458
합	1,479	5,619	6,172	11,791	1,479	5,619

　이에 의하면 울산군과 언양현의 호수는 각각 1,058호, 421호였으며, 인구수는 각각 8,343명, 3,448명이었다. 물론 위의 호수는 자연호의 수가 아닌 편성호의 수이며, 구수는 남녀 장정의 수였다. 다만 『경상도지리지』 호구통계의 구수는 남녀 및 합계의 셋으로 구분 기재되었는데, 『세종실록지리지』에서는 이를 그대로 전재하면서 여구수(女口數)를 삭제하고 남구수만 기재한 차이가 있었다. 이런 점에서 당시 호구의 수치에 대해서는 좀 더 신중히 접근하여야 하는 것이다. 더구나 위의 호구 통계가 철저한 호구 조사에 의하여 이룩된 결과가 아니었다는 점도 유의할 필요가 있다. 호적에 기재된 자는 겨우 십의 일이에 불과하였다는 당대의 지적이 있는 것으로[10] 미루어 그 수치는 액면 그대로 믿을 수 없는 수치인 것이다.

　근래의 조사에 의하면 조선초기 지리지에 제시된 호수에 약 3배를 곱한 액수가 당시의 실제 호수에 가깝다고 보고 있다.[11] 이에 의거하여 조선초기 울산지역의 실제 호수를 구해보면 울산군이 약 3,000호, 언양현이 약 1,200호 정도였을 것으로 추정된다. 그리고 호당 인구를

---

10) 『세종실록지리지』, 경기도, 총설.
11) 대구시사편찬위원회, 『대구시사』(제 1권 통사), 1995, 527쪽.

5인으로 잡아 인구수를 환산하면 울산군이 약 15,000여명, 언양현이 약 6,000여명으로 도합 21,000여명이었을 것으로 추정된다. 이후 임진왜란을 거치면서 많은 전적들이 소실됨으로써 호구 조사에 대한 기록이 거의 남아있지 않아 자세한 사정을 알 수가 없는 실정이지만, 울산의 인구는 전국의 인구가 늘어나는 추세에 맞추어 계속 늘어났을 것이다.

전국의 호구 조사 상황을 다시 알 수 있는 것은 17세기 이후부터인데, 울산지역의 호구수를 구체적으로 알 수 있는 것은 18세기이후 부터이다. 18세기 이후 울산지역의 호구 증감의 추이에 대해서는 당시에 편찬된 각종 읍지에 실려있는 호구의 총수를 통해 살펴볼 수 있다. 다만 다수의 호가 누락되었고, 각 호의 인구수도 일부 누락된 것으로 판단되기 때문에 여기에 기재된 호구의 총수도 당시의 실제 호구의 총수라고 볼 수 없다는 문제점이 있다.

따라서 조선후기 호구수에 관한 자료들을 가지고 당시의 실제 인구수를 추정하기 위해서는 약간의 보정작업을 거쳐야 한다. 인구통계에 관한 연구를 한 Tony Michell은 조선후기에 조사 보고된 호의 총수는 일반적으로 약 50%정도 축소된 수치였고, 기록된 호라고 하더라도 실제 가구원의 약 23%정도가 호적에 누락되었다고 보았다. 그는 이 같은 사정을 감안하여 정확한 인구통계를 산출하기 위해서는 기록에 나타난 총인구수는 무시하고, 제시된 호수에 7.95를 곱한 수치가 실제 인구총수에 가까운 수치가 될 것으로 보았다.[12]

조선후기 울산지역의 인구를 가늠하기 위해 약 100년 간격으로 간행된 읍지를 대상으로 울산지역의 호구 상황을 정리하면 다음 표와 같

---

12) Tony Michell, 「조선시대의 인구변동과 경제사 － 인구통계학적인 측면을 중심으로－」, 『부산사학』 17, 1999, 87쪽.

다. 그리고 Tony Michell의 연구 결과에 근거하여 울산의 총호수에 7.95를 곱하여 보정한 총인구수를 산출하여 옆에 첨기하였다.

〈표 2〉 조선후기 울산지역의 호구수

구분 전거 (간행연대)	울산도호부			언양현			합계	
	호수	인구수	보정후 인구수	호수	인구수	보정후 인구수	호수	보정후 인구수
학성지 (1749)	7,211	25,617	57,327	—	—	—	—	(65,500)
경상도읍지 (1832)	8,670	32,973	68,927	1,224	10,961	9,731	9,894	78,858
울산읍지 (1934)	—	—	—	—	—	—	27,358	144,140

18세기 중엽의 경우 울산부 읍지만 남아있고, 언양현의 읍지는 현전하지 않고 있어 울산지역 전체 인구총수를 파악하는데 어려움이 있다. 부득이 이를 위해 울산부의 인구의 전후 증감비율을 산출한 후 이를 근거로 전체 인구를 환산하는 방법을 택하였다. 즉 1749년 보정 작업을 거친 울산부의 인구수는 57,327명으로 1832년 68,927명의 83% 수준이었다. 이 비율을 전체 인구수에도 적용하면, 1749년의 울산지역 전체의 인구수는 1832년 78,858명의 83% 수준인 약 65,500여명에 달하였을 것으로 추정할 수 있다.

19세기 전반인 1832년 울산지역의 실제 인구는 약 78,858여명이었던 것으로 추정되었다. 단 언양현의 경우 표에는 제시되지 않았으나 1789년에 간행된 『호구총수』, 1832년과 1895년에 간행된 『언양읍지』 등 100여년의 편차가 나는 세가지 자료에 모두 총 호수가 1,224호로 나타나있어 신뢰성을 크게 떨어뜨리고 있다.[13] 더구나 1832년의 경우는 기재된 인구수보다 보정작업을 거친 인구수가 더 적은 것으로 나타나 더욱 그 신뢰도를 떨어뜨리고 있다는 점이 문제점이자 한계로 지적될 수 있다.

1934년에 편찬된 울산읍지는 언양이 울산에 통합된 이후 편찬됨으로써 종래의 울산부와 언양현을 아우르고 있을 뿐아니라 현대적인 호구조사를 통하여 파악된 호수를 기재하고 있다고 판단된다. 이에 의하면 울산지역의 총 인구는 144,140명이었던 것으로 나타나있다.

이상에서 살펴본 것을 다시 종합하여 요약하면 다음과 같다. 조선시대 울산지역의 인구수는 크게 보아 꾸준히 증가하는 추세였는데, 15세기 전반(1425년)에 21,000여명에 달하였고, 300년 정도가 흐른 뒤인 18세기 전반(1749년)에는 65,000여명에 달하였으며, 다시 100여년 뒤인 19세기 전반(1832년)에는 78,000여명에 이르렀던 것으로 추정되었다. 그 후 100여년이 흐른 뒤 현대적 호구조사방법에 의해 조사된 20세기 전반(1934년)에는 울산지역의 전체 인구가 144,000여명에 달하게 되었다.

3. 신분제의 변화와 울산

1) 양반층의 증가와 분화

양반은 원래 문반과 무반을 아울러 부르는 명칭이어서, 사회신분으로도 당초에는 문·무관으로 복무하거나 복무했던 사람과 그 가족들, 그리고 예비관인인 과거합격자와 같은 소수의 사람들로 형성된 계층이었다. 그러나 세월이 흐르면서 그 가족의 수대에 걸치는 후손들로까

---

13) 『호구총수』제8책, 경상도, 언양현. 『언양현읍지』(1832년, 1895년 간행), 호구.

지 점차 확대되었고, 또 16세기 말엽에 이르러서는 관직이나 과거를 불문하고 독서하는 모든 사람을 포괄하게 되었다.[14]

양반은 과거(科擧)·음서(蔭敍)·군공(軍功) 등을 통하여 국가의 고급관직을 독점하였으며, 국가권력을 이용하여 그들의 특권을 보장받고 있었다. 그들은 유학을 업으로 하고 아무런 제한이 없이 관료로 승진할 수 있는 신분으로서, 실제로 중요한 관직과 제반 특권은 모두 이들이 독점하였다. 이른바 사농공상 가운데 사족에 해당되는 최상급의 사회신분이었던 것이다. 다만 명교(名敎)와 예법을 준수하는 사회의 지도층으로서의 정신적 의무만을 지녔던 것이다. 그들은 조선사회에서 경제적으로도 가장 유족한 계층이었다. 그들은 대부분이 토지와 노비를 소유한 지주였던 것이다. 따라서 여타 하위신분보다는 인구의 자연증가율에 있어서도 우세한 위치에 있었다.

조선후기 사회에서는 사회 신분의 변동·분화와 신분간의 갈등이 격렬하게 전개되었다. 이는 여러 요인에서 비롯되었지만, 그 주된 단초가 된 것은 양반인구의 증가였다. 양반서얼의 통청(通淸)이나 중간신분층과 서민층의 신분상승은 양반인구의 증가를 유발하였고, 그것이 다시 양반인구의 자연적·사회적 증가를 가중시켜서 사회신분의 변동·변화와 함께 본격적으로 신분제의 이완을 전개시킨 것이다.

울산지역 양반층의 증가 현상을 울산지역 장적에 대한 분석을 통해 살펴보도록 하겠다. 우선 장적상에서 양반으로 인정될 수 있는 조건은 일반적으로 군역을 면제받아야하고, 선후세대간에 양반신분을 세습 이동해야 하며, 양반 상호간에 혼인이 이루어져야 하는 것 등이었다. 대개 이러한 조건을 갖춘 이는 호적의 직역상에 전현직 관료, 진사, 생

---

[14] 한영국, 「개요; 조선후기의 사회」, 『한국사』34, 국사편찬위원회, 1995, 1~2쪽.

원, 급제, (사족)출신, 유학(幼學), 충의위(忠義衛; 18세기 중반까지), 업유·업무(業儒·業武; 숙종 22년 이전) 등으로 나타났다. 부녀자의 경우 성에 '씨(氏)'가 붙여진 이들은 양반의 부녀자로 간주될 수 있다.[15]

이러한 분류에 근거하여 먼저 울산과 언양의 장적에 나타나는 양반호의 구성비를 시기적으로 파악하면 다음 표와 같다.[16]

〈표 3〉 울산부와 언양현의 각 시기별 양반호의 구성비

	1711년	1729년	1765년	1798년	1804년	1861년	1867년
울산부		26.3%	41.0%		53.5%		65.5%
언양현	19.5%			57.6%		80.4%	

위 표에서 보듯이 울산부의 경우 1729년(영조 5) 양반호가 장적에 기재된 전체 호수에서 차지하는 비중이 26.3%였는데, 점차 그 비중이 증가하여 138년이 지난 1867년(고종 4)에는 그 비중이 65.5%에 달하게 되었다. 언양현의 경우도 1711년(숙종 37) 양반호가 전체 호수에서 차지하는 비중이 19.5%였다가 역시 그 비중이 격증하여 150년이 지난 1861년(철종 12)에는 80.4%에 달하게 되었던 것이다. 이처럼 양반호는 후대로 올수록 엄청나게 늘어났던 것이다.

위의 분석은 양반호의 비중을 살핀 것이고, 양반인구의 비중은 어떠하였는가를 울산부 장적을 통하여 살펴보도록 하자. 이를 표로 나타내면 다음과 같다.[17]

---

15) 이준구, 「조선후기 신분구조 이해의 제문제」, 『조선후기 양반직역변동연구』, 일조각, 1993, 32쪽.
16) 정석종, 앞의 책, 250쪽. 박용숙, 앞의 책, 34쪽.

〈표 4〉 울산부의 각 시기별 양반인구의 구성비

연대	1729년	1765년	1804년	1867년
양반인구의 구성비	19.4%	32.1%	43.7%	67.1%

위 표에서 보듯이 양반인구의 구성비도 1729년에는 전체 인구의 19.4% 정도였다가 점차적으로 늘어나서 138년이 지난 1867년에는 전체 인구의 67.1%에 달하게 되었다. 그리하여 양반 인구의 구성비도 양반호의 구성비와 거의 비슷한 증가를 보이고 있음을 알 수 있다.

위의 사실을 통해 울산지역의 양반호나 양반인구는 시간이 지나면서 계속 증가하였음을 확인할 수 있었다. 다만 위 표의 수치는 호적에 기재된 호수와 인구수를 대상으로 한 것이어서 호적에 등재되지 않은 호수와 인구수까지를 포함하고 있지는 않다. 때문에 그 수치가 실제의 경우와 반드시 일치하지 않을 수도 있음을 감안하여야 하는데, 제시된 비율만큼은 아니라고 하더라도 양반호와 양반인구의 증가는 당시의 일반적인 추세로 인정할 수 있을 듯하다.

이렇게 호적의 분석에서 양반층이 급증한 것으로 나타나는 것은 대개 유학(幼學)의 수적 급증에서 기인하였다. 한 예로 언양현의 장적 분석을 통해 전체 양반호에서 유학호가 차지하는 비율을 나타내면 다음 표와 같다.[18]

〈표 5〉 언양현 전체 양반호 가운데 유학호의 점유율

연대	1711년	1798년	1861년
유학호의 점유율	54.6%	86.4%	98.4%

---

17) 정석종, 앞의 책, 250쪽.
18) 박용숙, 앞의 책, 34쪽.

위 표에서 보듯이 1711년 언양현의 전체 양반호의 54.6%가 유학호였으나, 1861년에는 98.4%를 점유할 정도로 유학호가 급증하였음을 알 수 있다. 그러한 현상은 약간의 차이는 있으나 다른 지역도 거의 마찬가지였을 것이다.

조선후기에 유학이 수적으로 급증하게 된 것은 여러 원인에서 비롯된 것이었다. 양반층의 자녀 생산에 의한 자연스런 인구 증가 현상 외에 충의위에서 유학으로의 직역 이동, 중인층의 유학 호칭, 그리고 하층민의 유학 모칭(冒稱) 등 인위적인 행위가 가미된 결과였다. 특히 서얼 후손의 합법적인 유학 호칭이 주요한 변수로 작용하였다. 17세기 말이래 서얼은 업유·업무의 직역을 가지게 되었는데, 18세기초인 숙종 34년(1708) 왕명에 의해 서얼 당대만 업유·업무로 칭하고, 그들의 아들이나 손자들은 유학을 칭하는 것이 허용되었다. 이로 인해 엄청난 숫자를 점하였던 서얼의 후손들이 유학을 합법적으로 칭할 수 있게 되었고, 이는 유학의 급증을 가져왔던 것이다.[19]

양반인구의 이같은 증가는 지배계층으로서의 권위와 희소가치를 점차 하락시켜갔을 뿐 아니라, 군적수포제(軍籍收布制)가 일반화되었던 16세기 후반에 이르러서는 국역체계를 파탄시키는 하나의 요인이 되었다. 군역의 수포화에 따른 양반층의 군역기피 현상이 끝내 양반인구의 면역으로 귀착되자, 이미 통청에 노력하고 있던 양반서얼들은 물론, 이들의 국역까지 떠맡게 된 평민들도 국역에서 벗어나기 위한 신분상승을 기도하게 되었던 것이다.

양반층의 급증은 같은 양반간에 상호 차별화를 촉진시켰다. 당시 양반층의 내부를 들여다보면 크게 세 부류로 구성되어 있었음을 알 수

---

19) 이준구, 앞의 책, 157쪽.

있다. 16세기말까지 형성된 원래의 양반에 준하는 양반과, 주로 17·18세기에 이들에 편입된 중간신분층 출신의 양반, 그리고 주로 18·19세기에 편입된 평민 또는 천민 출신의 양반이 그들이었다. 따라서 이들 양반은 직역상 같은 양반이기는 했어도 역사적으로나 사회통념상으로 같은 양반일 수가 없었다. 주로 품관·사족들로 구성된 원래 의미의 양반과 여타의 양반간에, 또 여타의 양반 중에서도 양반서얼을 비롯한 중간신분층 출신의 양반과 기타 평민출신의 양반간에 일정한 차별화가 이루어져 간 것은 자연스러운 현상이었을 것이다.

이러한 양반간의 차별화는 새로운 갈등을 배태하고 있었다. 특히 향촌에 등장한 다수의 새 양반들은 기존의 사족양반들의 심한 차대 속에 갈등을 빚어내며 양반계층을 분화시켰다. 이른바 '유(儒)'와 '향(鄕)'의 분화가 그것이다. 구향(舊鄕)과 신향(新鄕), 원유(元儒)와 별유(別儒), 사족과 향족(鄕族) 등은 모두 두 부류의 또 다른 표현이었다. 이들 두 부류는 그 출신에서부터 갈등을 빚고도 있었지만, 현실적 기능에서도 서로 대립하고 있었다. 구향이 계속 서원과 향약 등을 바탕으로 향론을 주도하고 교화를 담당하면서 향촌사회의 운영권을 상실하지 않으려고 노력한 데 대하여, 신향은 유향소를 근거로 부세를 관장하고 수령을 보좌하면서 자신들의 권익과 지위를 한층 증대하고 상승시키려고 부심하였던 것이다. 따라서 이들간의 충돌은 불가피하였고, 그것은 이른바 향전(鄕戰)의 이름으로 나타났다.[20]

2) 중인층의 동향

중인은 기술관, 향리·서리(胥吏)·토관(土官)·군교·역리 등 경

---

20) 한영국, 「개요; 조선후기의 사회」, 『한국사』34, 국사편찬위원회, 1995, 4~5쪽.

향의 아전직, 양반에서 격하된 서얼 등을 가리켰다. 중인은 조선초기부터 형성되기 시작하여 조선후기에 이르러 하나의 독립된 신분층을 이루었다.21)

그 중 서리, 향리 그리고 기술관은 직역을 세습하고 신분내에서 혼인하였으며, 관청과 근접한 곳에 거주하였다. 그들은 대체로 기회주의적이고 이해타산적이었지만 모나지 않고 처세에 능한 성향을 지녔다. 군교는 중앙의 경우 궁중의 사역을 맡은 액예(掖隸)와 각 군영에 소속된 이가 있었다. 지방의 경우에는 군관이라는 직역이 있었다. 그들은 향리와 함께 이교(吏校)라고 합칭되기도 하였지만, 향리보다 그 지체가 조금 낮은 것으로 여겨졌다. 그리고 서얼은 중인과 같은 신분적 처우를 받았으므로 중서(中庶)라고 합칭되었다. 그들은 문과에 응시하지 못하여 동반직(東班職) 등용이 금지되었고, 간혹 서반직에 등용되었다.

이러한 중인층은 양반지배 체제 하에서 양반들로부터 멸시와 하대를 받았으나 대개 전문적인 기술이나 행정의 실무를 세습적으로 담당하였으므로 실속이 있었고 나름대로 행세할 수도 있었다. 예컨대 역관이 사신을 수행하여 무역의 이득을 본다든지, 향리가 토착적 세력으로 수령을 조종하여 세도를 부린다든지 하는 따위였다. 한편 중인층은 시대적·사회적 변화에 따라 신분 상승의 기회가 왔을 때는 그 기회를 잘 포착하기도 하였다.

여기서는 울산지역의 향리층에 대해 좀 더 살펴보자. 다른 지역과 마찬가지로 울산지역의 향리들도 양반 가문 못지않은 사회경제적 기반을 가지고 있으면서 이 지역에서 행세하였다. 시대가 내려올수록 향

---

21) 이수건, 「개요; 조선초기의 사회와 신분구조」, 『한국사』25, 국사편찬위원회, 1994, 5~6쪽.

리들의 수는 조금씩 늘어났는데, 울산부의 중심에 거주한 향리를 대상으로 보면, 18세기 초에 59명이던 것이 18세기 말에는 79명, 19세기 중엽에는 93명으로 증가하고 있었다.22) 이와 함께 일부 성씨가 핵심이 되는 향리직을 세습하는 현상이 두드러졌는데, 울산박씨 박계수(朴桂壽) 가문과 박여해(朴麗海) 가문이 전통적이고 전형적인 가문으로써 그 대표적인 예였다. 또한 일부 가문은 향리층에서 탈락하기도 하였고, 일부 가문은 새롭게 진입하는 등 변화가 일어나고 있었다. 이로 미루어 몇몇 특정가문을 제외하고는 향리층의 신분적 안정은 유지되지 못하고 있었음을 알 수 있는데, 이는 당시 울산지역의 신분변동이 역동적으로 일어나고 있었음을 보여준다고 하겠다.

언양현의 향리들의 동향도 울산부의 경우와 비슷하였다. 언양지역에서도 다른 지역과 마찬가지로 후대로 올수록 일부 특정가문의 향리직 과점현상이 두드러졌다. 해주오씨 오윤찰(吳胤札) 가문, 경주김씨 김한징(金漢徵) 가문, 경산 전씨 전예봉(全禮奉) 가문, 경주이씨 이세백(李世伯) 가문이 그 대표적인 가문이었다.23) 그런 가운데서도 다른 많은 가문들이 향리층의 상층부분을 나누어 가짐으로써 요직의 독점현상은 그다지 심각한 편은 아니었던 것 같다. 그리고 또 하나 지적할 수 있는 것은 일반 평민층에서 향리로 상승한 가문이 많아졌다는 점이다. 이는 그만큼 언양현의 신분변화도 울산부와 마찬가지 수준으로 일어나고 있었음을 말해준다.

언양호적에 토대한 언양지역의 중인호의 변동 상황을 보면 다음 표와 같다.24)

---

22) 김준형, 「조선후기 울산지역의 향리층 변동」, 『한국사연구』 56, 1987, 41쪽.
23) 김준형, 「조선후기 향리층의 변동 - 언양지역의 예를 통한 접근 -」, 『경상사학』 6, 1990.

<표 6> 언양현의 시기별 중인호의 구성비

연대	1711년	1798년	1861년
중인호의 구성비	10.9%	12.9%	6.8%

위 표에서 보듯이 중인호수는 1711년에 10.9%이던 것이 1798년에 12.9%로 늘었다가 1861년에는 6.8%로 약 반으로 줄어든 양상이었다. 다른 신분과 마찬가지로 변화하던 당시 중인층의 모습을 잘 보여주고 있다고 하겠다.

3) 상민층의 신분 상승

상민(常民)은 평민・양인(良人)이라고도 부르며, 백성의 대부분을 차지하는 농민・공장・상인을 가리켰다. 이들은 의복・가옥・일상 거동 등에서 관직이 없는 양반과 비슷한 생활을 하였으며, 법제적으로 과거에 응시할 수도 있었다. 그러나 교육을 받을 기회가 거의 없었기 때문에 관료로서의 진출은 거의 불가능하였다. 또한 이들은 조세・역・공납 등의 무거운 의무를 지고 있었다. 농민은 농업을 중시하고 상업을 억제하는 정책의 영향으로 공장이나 상인보다는 우대되었다. 공장은 관영이나 민영의 수공업에 종사하였다. 상인에는 시전상인과 보부상이 있었는데, 초기에는 국가의 통제 아래 상거래에 종사하였다.

상민들은 신분상 제약과 차별, 특히 과중한 부담으로 말미암아 가능한 모든 방법을 이용하여 신분의 상승을 꾀하였다. 당시 정부 차원에서 정책적으로 실시한 납속책은 신분상승의 합법적인 길이었다. 임진

---

24) 박용숙, 앞의 책, 34쪽. 다만 박용숙이 신분을 구분함에 있어 준양반과 중인으로 나누어 구분하였는데, 여기서는 이 둘을 합쳐서 중인으로 파악하였다.

왜란과 병자호란 이후 복구사업에 필요한 재정과 흉년·재해 등으로 인한 진휼사업에 필요한 재정을 확보하기 위하여 국가는 일정한 곡물을 받는 대가로 공명첩을 발행함으로써 신분 상승의 길을 열어두었던 것이다. 그런가하면 호적을 담당한 향리와 결탁하여 부과된 역을 면한다든지 신분을 위조하는 비합법적인 방법을 동원하기도 하였다.

상민들의 신분상승의 양상을 몇가지로 나누어 살펴보면 다음과 같다.25)

첫째, 향교의 교생으로 등록하여 역을 면할 뿐아니라 신분상승의 방편으로 활용하였다. 상민의 자제가 향교에 입학할 수 없었던 조선전기와는 달리 16세기 이후가 되면 군역을 피하는 수단으로, 또는 신분상승을 위한 방편으로 향교에 입학하는 것이 보편화되었다. 일정한 자격시험에 낙제한 교생은 군역에 충당한다는 법이 인조조에 시행되면서 양반들은 점차 향교의 입학을 회피하게 되었으며, 그 대신 서얼이나 상민의 자손들이 대거 입학하게 되었다. 특히 향교의 서재생(西齋生)은 거의 군역을 피하기 위한 상민들로 채워졌다. 그리하여 교생이라는 용어가 서재생만을 지칭하는 말로 고착될 정도였다. 또한 일정한 돈이나 곡물을 납부하고 이름을 교안(校案)에 올려 교생이란 이름을 획득하기도 하였다. 그리하여 인조조 이후에는 경제력이 있는 상민이 교생 신분을 가지게 되었으며, 18세기에 이르러서는 이들이 교생의 대다수를 차지하게 되었다. 상민들은 교생이 됨으로써 그 자신의 군역과 잡역에서 벗어날 수 있었을 뿐아니라, 그 후손 또한 면역을 도모할 수 있는 빌미를 가질 수 있었다. 이들이 교생 신분을 계제로 하여 향족이 되었을 경우 다시 장의(掌議)나 색장(色掌) 같은 향교의 직책을 맡아 신

---

25) 최진옥, 「서민층의 성장」, 『한국사』34, 국사편찬위원회, 1995, 118~121쪽.

분의 상승을 끊임없이 도모하였던 것이다.

둘째, 납속제도를 이용하여 신분이나 지위의 상승을 도모하였다. 정부는 임진왜란과 병자호란으로 인한 재정의 궁핍 타개, 잦은 흉년으로 발생한 기민의 진휼, 그리고 산성의 축조와 보수, 관청의 부족한 재정 확보 등을 위해 관작을 파는 납속책을 실시하였다. 납속책은 조선후기 전시기에 걸쳐 광범위하게 시행되었지만, 특히 현종과 숙종대에 공명첩이 남발되었고, 영조대에는 법제화되기에 이르렀다. 공명첩(空名帖)은 비록 수직자의 성명이 기록되지 않은 상태에서 발행된 것이기는 하지만 정부로부터 공명첩에 명시된 직위를 합법적으로 취득하는 것이었다. 물론 납속에 의해 직위를 받더라도 그것이 바로 양반신분을 획득하는 것은 아니었다. 납속을 통한 면역 또한 납속자 당대에 한하거나 또는 10년 내지 3년이라는 한시적인 것이었다.

셋째, 호적의 기록을 바꾸는 방법이었다. 다소 경제적으로 여유가 있는 자들은 호적을 담당한 관리와 결탁하여 신분 직역을 거짓으로 기재함으로써 호적상의 신분 상승을 도모하였다. 공명첩의 구득으로 인한 면역은 일시적이었지만 호적에 납속으로 받은 품계를 기입하여 몇 대가 지나면 영구히 면역하는 방법이 있었던 것이다. 그 외 군관직이나 다른 관작을 거짓 기재한다든지 또는 유학이나 업유를 모칭하여 호적상 신분 상승을 꾀하였다.

위와 같은 다양한 방법으로 신분이나 지위를 상승한 상민이 울산지역의 구체적으로 얼마였는지 정확하게 알 수는 없다. 다만 울산과 언양에 남아있는 호적대장의 분석을 통해 시기에 따른 상민층 비율의 증감을 통해 짐작할 수 있다. 조선후기 울산과 언양의 상민호의 시기별 변화를 보면 다음 표와 같다.26)

〈표 7〉 울산부와 언양현의 각 시기별 상민호의 구성비

	1711년	1729년	1765년	1798년	1804년	1861년	1867년
울산부		59.8%	57.0%		45.6%		34.0%
언양현	72.3%			41.0%		19.3%	

위 표에서 보듯이 울산부의 경우, 1729년(영조 5) 상민호의 비율이 전체 호의 59.8%에 달하였던 것이 138년이 지난 1867년(고종 4)에는 34.0%로 감소하였던 것이다. 언양현의 경우는 그 정도가 더욱 심하였는데, 1711년의 상민호의 비율이 72.3%에 달하였던 것이 150년이 지난 1861년에는 불과 19.3%로 급감한 것으로 드러난다.

한편 상민인구의 비중은 어떻게 변화되어 갔는가를 울산부의 경우를 통해 살펴보면 다음 표와 같다.27)

〈표 8〉 울산부의 각 시기별 상민 인구의 구성비

연대	1729년	1765년	1804년	1867년
상민인구의 구성비	49.6%	50.8%	33.9%	18.3%

위 표에서 보듯이 전체인구에 대한 상민 인구의 구성비도 1729년에 49.6%에서 138년이 지난 1867년에는 18.3%로 급감하였음을 알 수 있다. 이는 상민호의 구성비와 거의 비슷한 감소율을 보여주고 있다. 물론 호적이 가지는 한계가 있기 때문에 수치만큼은 아니라고 하더라도 상민호나 상민 인구가 시간이 지날수록 빠르게 감소한 것으로 이해해

---
26) 정석종, 앞의 책, 250쪽. 박용숙, 앞의 책, 37쪽.
27) 정석종, 앞의 책, 249쪽.

도 큰 무리가 없을 듯하다. 이는 상민들의 신분이나 지위의 변화가 적어도 호적상에서는 활발하게 일어났음을 보여주고 있다고 하겠다.

4) 노비층의 감소

조선시대 천인에는 노비와 함께 백정·광대·사당·무격·창기·악공 등이 포함되는 것으로 이해되고 있으나, 엄밀한 의미에서 이들 모두가 조선초기부터 천인은 아니었다. 노비와 그 노비에서 파생된 창기·의녀·악공 등은 명실상부한 천인이었다. 그러나 백정·광대·사당·무격은 원래 천인은 아니었고, 이들의 직업이 사회적으로 천시되면서 그 직업에 종사하는 사람까지 천시되어 조선중기 이후에는 천인화된 것으로 보인다.

천인 중에서 대부분을 차지한 것은 노비였다. 당시 양반사회는 노비제도를 기반으로 운영되었다고 해도 과언이 아니다. 국가기관에 있어서나 개인집에 있어서나 노비는 필수불가결한 존재였다. 노비에는 국가에 속해있는 공노비와 개인에게 속해있는 사노비가 있었다. 이러한 공·사노비는 입역노비(立役奴婢)와 납공노비(納貢奴婢)로 구분되기도 하였고, 솔거노비(率居奴婢)와 외거노비(外居奴婢)로 불리기도 하였다. 전자는 관부의 노역이나 주인집의 잡역에 종사해야 하였으며, 후자는 관부나 주인으로부터 독립적으로 생활을 영위하면서 일정한 신공을 바쳐야 하였다. 특히 사노비는 주인에 의하여 세전됨으로써 재물처럼 취급되어 매매·상속·증여되기도 하였다.

이러한 조선조의 노비는 존재형태로 볼 때 크게 세가지 형태가 있었다. 상전의 집에 솔거되거나 국가기관에 선상(選上)·입역되어 노동력을 직접 제공하는 노비, 외거하면서 상전이나 소속 관청의 토지를 경작하여 신분적·경제적으로 예속되어 있는 노비, 그리고 상전이나 소속관청의 경제적 기반과는 관계없이 외거하면서 신공만을 납부하는 신분적으로만 예속되어 있는 노비 등이었다. 그 중 조선전기에는 첫째와 둘째 유형의 노비가 대부분을 이루고 있었지만, 조선후기에는 셋째의 유형이 우세해져갔다. 이는 당시의 사회경제적 변화상과 맞물려서 나타난 현상이었다. 조선후기 사회의 변동은 노비신분층에서도 일어나고 있었던 것이다.[28]

위와 같은 노비존재양태의 변화는 노비들의 경제력 향상과 신분상승운동을 촉진하는 계기가 되었다. 그들은 납속이나 군공을 세워 합법적인 면천의 길을 걸었고, 나아가 중인·양반으로까지 신분을 상승하여 갔다. 조선후기의 노비속량가는 쌀 160섬에 이른 경우도 있었으나, 후기로 올수록 낮아져 숙종대에는 연령에 따라 10~50섬으로 낮아졌다. 노비의 납속속량가가 현실화되자 많은 노비들이 면천속량되어 상민으로 상승하기가 쉬워졌다.

원래 조선왕조에서는 노비도 다른 신분층과 마찬가지로 재산을 소유할 수 있어서 전답과 같은 토지뿐만 아니라 노비까지 소유한 자들도 있었다. 재산을 소유한 노비는 신분적으로는 소유주에게 예속되어 있었으나, 경제적으로는 소유주나 소속관사의 예속에서 벗어나 보다 자유로운 위치에서 경제활동을 영위할 수 있었던 것이다. 조선후기에 들어와 일부이기는 하지만 노비신분층의 경제적 성장은 조선후기 노비신분 변동의 주요한 배경이 되었다. 점차 노비들은 신분상으로만 노비일 뿐, 현실적으로는 상민과 다름없는 위치에 놓이게 되었던 것이다.

군공을 통한 면천은 원래 상민들의 역이었던 군역에 공사천을 입속시키면서 군역의 의무가 없던 이들의 입속을 권장하기 위하여 실시되

---

28) 전형택, 「노비신분층의 동향과 변화」, 『한국사』34, 국사편찬위원회, 1995, 144~151쪽.

었다. 조선후기에는 속오군(束伍軍)·아병(牙兵)·이노대(吏奴隊) 등 노비들이 입속하는 군대가 설치되어 많은 노비신분층이 이러한 병종에 입속하고 있었다. 그러나 노비신분층의 군역입속은 신공과 군역이라고 하는 이중의 부담으로 고역이 너무 심하여 노비신분층의 자발적인 입속을 기대하기가 힘들었다. 이에 위정자들이 노비들의 자발적인 입속을 유도하기 위해 마련한 것이 군공을 통한 면천이었다. 이 군공을 통한 면천은 임진왜란 때에 대대적으로 실시된 바 있었고, 영조대 이인좌난이 일어났을 때도 시행된 바 있다. 그 외에도 반란을 진압하거나, 역적을 포획하는데 이용하기도 하였다.

위와 같은 합법적인 방법 외에도 비합법적인 방법을 통하여 신분을 상승시켜갔다. 노비신분층의 비합법적인 신분상승의 방법으로는 도망과 신분 모칭이 주로 이용되었다. 도망의 경우 그 자체로는 신분상승이 바로 이루어지는 것이 아니겠지만, 도망하여 그들이 신분을 모칭하였을 것임은 더 말할 것도 없으므로 도망도 결국은 비합법적인 신분상승의 방편으로 기능하였던 셈이다. 더러는 상민을 모칭하는 데 그치지 않고 남의 족보에 모록하여 신분을 속이거나 유학이나 양반의 후예를 모칭하기까지 하였다.

이러한 사회 분위기와 병행하여 노비신분층은 그들의 상전이나 지배층에 항거하여 신분상승을 도모하기도 하였다. 노비 중에서는 상전에게 적극적으로 저항하는 자들이 늘어나고 있어서 일부 가난하고 세력이 없는 노비소유주들은 노비들의 저항으로 도망 노비에 대한 추쇄나 노비들로부터 신공을 받는 일을 제대로 수행하지 못하고 있기도 하였다. 노비신분층의 반항은 심한 경우 상전이나 그 가족에 대한 살해로 나타나기까지 하였다. 그리하여 조선후기 사회는 노비인구가 급격히 감소하면서 노비제의 붕괴·해체가 이루어져갔다. 이는 조선후기

사회변동 변화에서 신분제의 해체를 뜻하는 가장 극명한 현상이었다.[29]

위와 같은 다양한 방법으로 신분이나 지위를 상승한 노비들이 울산지역에 구체적으로 얼마였는지 정확한 수치는 알 수가 없다. 다만 울산과 언양에 남아있는 호적대장의 분석을 통해 시기에 따른 노비층 비율의 변화상을 통해 짐작할 수 있을 뿐이다. 조선후기 울산과 언양의 노비호의 시기별 변화를 보면 다음 표와 같다.[30]

〈표 9〉 울산부와 언양현의 각 시기별 노비호의 구성비

	1711년	1729년	1765년	1798년	1804년	1861년	1867년
울산부		13.9%	2.0%		0.9%		0.6%
언양현	8.2%			1.4%		0.3%	

위 표에서 보듯이 울산부의 경우, 1729년(영조 5) 노비호의 비율이 전체 호의 13.9%에 달하였던 것이 70여년이 지난 1804년에는 0.9%로 급감하였고, 이후 계속 감소세를 보였던 것이다. 언양현의 경우에서도 그러한 현상을 확인할 수 있는데, 1711년의 노비호의 비율이 8.2%이던 것이 150년이 지난 1861년에는 불과 0.3%로 급감한 것으로 드러난다.

한편 울산부의 노비인구가 전체인구에서 차지하는 비율의 변화를 호적대장에서 정리해보면 다음 표와 같다.[31]

---

29) 한영국, 「개요; 조선후기의 사회」, 『한국사』34, 국사편찬위원회, 1995, 7~8쪽.
30) 정석종, 앞의 책, 249쪽. 박용숙, 앞의 책, 34쪽.
31) 정석종, 앞의 책, 250쪽.

<표 10> 울산부의 각 시기별 노비 인구의 구성비

연대	1729년	1765년	1804년	1867년
노비인구의 구성비	31.0%	17.1%	23.0%	14.7%

위 표에서 알 수 있듯이 울산부의 노비 인구수도 1729년 31.0%를 차지하였다가 시간이 지나면서 감소하여 1867년에는 14.7%로 반 정도의 비율로 현저히 줄어들었던 것이다. 호적이 가지는 한계를 감안하더라도 노비호와 노비인구가 시기가 지날수록 빠르게 감소한 것으로 이해할 수 있겠다.

4. 맺음말

조선초기 전국의 호구수는 자연호가 대략 100만호~150만호 내외였고, 인구는 600만명~700만명 내외였다. 당시 울산지역의 실제 호구수는 울산군이 약 3,000호, 언양현이 약 1,200호 정도였고, 인구는 울산군이 약 15,000여명, 언양현이 약 6,000여명으로 도합 21,000여명 정도였다. 이후 전국의 인구가 늘어나는 추세에 맞추어 울산지역의 인구도 늘어났는데, 300년 정도가 흐른 18세기 중엽(1749년)에는 약 65,000여명에 이르렀다. 다시 100여년이 지난 19세기 전반(1832년)에는 약 78,000여명 정도였고, 현대적인 호구조사를 통해 파악된 20세기 전반(1934년)의 울산지역의 인구는 144,140명에 달하였다.

그리고 신분별로 나누어 울산과 언양 사회의 변화하는 모습을 호적을 통하여 분석하였는데, 이를 종합하여 그 모습을 제시하는 것으로 마무리를 짓고자 한다. 두 지역의 신분별 호수비(戶數比)를 표로 나타내면 각각 <표 11>과 <표 12>와 같다.

〈표 11〉 조선후기 울산부의 신분별 호수 비율[32]

연대	양반호	상민호	노비호
1729	26.3	59.8	13.9
1804	53.5	45.6	0.9
1867	65.5	34.0	0.6

〈표 12〉 조선후기 언양현의 신분별 호수 비율[33]

연대	양반호	상민호	노비호
1711	19.5	72.3	8.2
1798	57.6	41.0	1.4
1861	80.4	19.3	0.3

위의 표에서 보듯이 울산부의 경우, 18세기 초에는 신분별 호수의 비율이 상민호, 양반호, 노비호의 순이었는데, 19세기 초가 되면서 양반호가 늘어나고 노비호가 격감하면서 양반호, 상민호, 노비호의 순으로 되었다. 이는 그 동안의 하층에서 상층으로의 신분상승 현상이 크게 촉진되고 있었음을 보여준다. 그러다가 19세기 중엽에는 양반호가 65%, 상민호가 34%로 되면서 두 계층으로 이루어진 고을로 점차 변모되어 갔다.

언양현의 경우도 울산과 거의 비슷한 현상을 보였는데, 그 변모하는 양상은 더 급격하였다. 18세기 초에는 신분별 호수의 비율이 역시 상민호, 양반호, 노비호의 순이던 것이 18세기 말엽이 되면 양반호가 크

---

[32] 정석종, 앞의 책, 248쪽.
[33] 박용숙, 앞의 책, 37쪽.

게 늘어나면서 양반호, 상민호, 노비호 순으로 바뀌었다. 그러다가 19세기 중엽에는 양반호가 전체호수의 80%, 평민호가 19%를 차지함으로써 결국 언양은 절대다수의 양반호와 소수의 상민호의 두 계층으로 이루어진 고을로 바뀌었다.

  호적을 통해 본 위와 같은 울산과 언양의 역동적인 모습은 일반 사료에 나타나는 경향과도 대체로 일치하고 있다. 그리고 비슷한 시기의 호적이 남아있어 비교가 가능한 대구의 모습과도 거의 일치하고 있다. 다만 이러한 분석이 겉으로 드러난 호적 자료에 입각한 것이기 때문에 당시 실제의 사회 모습과는 일정한 차이가 있을 수 있다는 점은 여전히 한계점으로 남는다.

제6장

울산지역 출신군관의 부방생활

1. 머리말
2. 『부북일기』와 그 저자들
3. 부북 노정과 행로시의 모습
4. 출신군관의 병영생활
5. 출신군관의 일상생활
6. 맺음말

울산지역 출신군관의 부방생활

1. 머리말

역사를 만들어 온 사람들의 일상생활에 주된 관심을 두는 생활사는 한국사학계가 관심을 베풀어야 하는 중요한 분야이다. 생활사는 해당 시대의 이해를 좀 더 구체화시켜 준다는 점 뿐만아니라 그 시대를 더욱 사실적이고도 객관적으로 인식할 수 있도록 해준다는 데에 그 효용 가치가 있다. 나아가 일반 대중들에게 역사에 대한 흥미를 제공함으로써 역사와 쉽게 친숙해질 수 있는 계기를 만들어 준다는 점은 생활사의 또 하나의 큰 장점이다.

그러나 지금까지 한국사학계에서 생활사에 대한 관심은 그다지 크지 못하였다. 따라서 당시인들의 일상생활과 관련한 구체적 양상이 체계적으로 정리되어 있지 못한 실정이며, 관심이 베풀어진 부분도 분야별로 고르지 못한 실정이다. 이는 자료의 부족에도 그 원인이 있었겠지만 근본적으로는 생활사에 대한 인식의 부족에서 말미암은 것이었다고 할 수 있다.

그나마 다른 시기에 비해 자료가 비교적 풍부하다는 조선시대의 경우에도 생활상에 대한 구체적인 모습은 잘 파악되어 있지 못하다. 지배신분인 양반들의 경우는 기층민들의 경우보다는 조금 나은 편인데, 같은 양반이라도 무신들의 생활상에 대한 이해는 문신들의 그것보다 더욱 부족한 실정이다. 그런 상황에서 무인들의 부방(赴防)생활의 일기인『부북일기(赴北日記)』[1])는 무신이 남긴 일기라는 점에서 주목을 끌기 충분하다. 더구나 부방생활 기간 동안 하루도 빠짐없이 비교적 자세하게 그날그날에 있었던 자기 주변의 일들을 서술해 놓고 있어 당시 생활상 파악에 큰 도움이 된다.

본고에서는 『부북일기』라는 한국사학계에 알려지지 않은 자료의 분석을 통하여 무과에 급제한 출신군관(出身軍官)[2])들이 함경도 최변방에서 겪은 부방생활의 전모를 살펴보고자 하였다.[3]) 부북일기는 각각 선조조와 인조조에 경상도 울산에서 함경도 회령에 군관으로 부방

---

1) 『赴北日記』 원본은 울산광역시 남구 신정동에 거주하는 朴寅又씨가 소장하고 있다. 원본을 열람할 수 있도록 협조해 준 데 대해 감사드린다.
2) 여기서 出身軍官이란 무과에 급제한 후 군관으로 선발된 자를 가리킨다. 부북일기에는 출신군관이란 용례가 여러 군데 나오고 있다. 특정인을 지칭할 때 출신군관이라 표현한 예가 보이는데,(박취문, 『赴北日記』인조 23년 11월 21일) 이는 특정인을 土着軍官이라 지칭한 예와 대비가 된다.(위 책, 인조 23년 2월 30일) 이러한 대비는 토착군관과 출신군관을 구분하여 병칭한 경우를 통하여 더욱 뚜렷해진다.(위 책, 인조 23년 3월 29일, 윤6월 8일)
3) 『赴北日記』에 대한 분석은 이미 국어학자인 李樹鳳에 의해 아래의 논고들로 시도된 바 있다. 그러나 그는 역사적 기초 지식의 부족과 원문의 오역으로 말미암은 수많은 오류를 범하였다. 그는 일기의 주인공인 박계숙과 취문의 당시 처지를 군관으로 파악하지 않고, 각각 관료인 선전관과 우후로 파악하고 분석에 임하여 기본에서부터 잘못된 판단을 하였을 정도이다. 따라서 그의 연구는 일기 중에 나오는 시와 시조에 대한 국문학적인 접근인 1970년의 첫 논고를 제외하고는 부북일기라는 책에 처음 주목하였다는 것 외에 별다른 의미를 부여하기 어려웠다. 李樹鳳, 「赴北日記攷(1)」, 『국어국문학연구』12, 영남대, 1970; 「赴北日記攷(2)」, 『宋順康敎授華甲紀念語文論叢』, 원광대, 1991(『蔚山文化』7에 재수록); 「赴北日記攷(3)」, 『蔚山文化』8, 울산문화원, 1992.

한 박계숙(朴繼叔)·취문(就文) 부자의 양대에 걸친 일기이다. 부북일기는 무인의 일기라는 점에서 희소가치가 있을 뿐 아니라 생활 주변의 자질구레한 것까지도 숨김없이 자세하게 서술해 놓은 것이 큰 장점이라고 할 수 있다. 박취문 일기의 경우 동침한 여인들의 이름까지 다 밝혀 놓았는데, 심지어 동료들의 동침녀까지도 적기해 놓았을 정도로 적나라하다. 이를 통해 우리는 당시 그들의 생활상을 생생하게 엿볼 수 있는 것이다.

그러나 개인의 일기가 거의 그렇듯이 그 내용이 자기 주변의 일에 국한되어 있는 것은 자료가 가지는 근본적인 한계이다. 따라서 이 자료를 통해 함경도 병영의 전체적이고도 전반적인 모습을 파악하고자 하는 것은 무리이고 또 적절치 못하다. 그러나 당시인들의 생활상 파악에 초점을 맞출 경우에는 대단히 적절한 자료라는 생각이 든다.

두 일기 간에는 시간적으로 약 40년 정도의 차이가 나며, 병자호란을 겪기 전과 겪은 후라는 차이가 있다. 그러나 그로 인한 병영생활에서의 심각한 차이점은 일기상에서는 거의 발견되지 않는다. 따라서 일기를 쓴 주인공이 부자간일 뿐 아니라 두 사람 일기의 주된 무대도 함경도 회령지방으로 같다는 점에 더 주목해야 할 것 같다. 이에 두 일기 사이의 차별성과 변화상의 파악에 초점을 맞추기보다는 두 일기를 상호 보완하는 편에 서서 분석하는 것이 더 바람직한 방향이라고 하겠다.

본고에서는 부북일기의 분석을 통하여 주로 다음과 같은 당시 변방 병영의 생활 모습들을 파악하는 데 주안점을 두었다. 먼저 2절에서는 부북일기가 가진 사료적 가치와 그 저자들인 박계숙·취문 부자에 대해서 간략하게 살펴보았다. 3절에서는 울산에서 회령까지 수천리 길을 갈 때의 여러 모습들, 즉 노정(路程) 및 소요된 기간, 배종한 식솔, 숙박처 등을 살펴보았다. 4절에서는 출신군관들의 병영생활 모습 파악에 초점을 맞추었다. 먼저 그들의 병영내에서의 역할과 위상을 살펴보고자 하였는데, 그들이 맡았던 역할은 어느 정도 장기간 지속된 정식 업무와 한시적인 임시 업무로 나누어 살펴보았고, 위상은 특히 토착군관(土着軍官)과의 차이에 대한 이해를 통해 밝혀보고자 하였다. 그리고 병영에서의 훈련 상황을 가능한 한 추출해보고자 하였는데, 주로 군관들의 궁사(弓射)를 둘러싼 여러 실태에 대해 자세하게 밝혀낼 수 있었다. 5절에서는 특기할 만한 변방에서의 일상생활에 대하여 살펴보고자 하였다. 출신군관들의 풍류 생활, 출신군관에게 배정된 방직기(房直妓)의 존재와 그 운영 실태, 평소 주고받던 선물의 종류와 규모 등이 그것이다.

이러한 일련의 작업을 통하여 출신군관들의 변방에서의 병영생활 모습이 구체적으로 밝혀질 수 있으리라고 생각한다. 그런데 부방생활에서 보여준 출신군관들의 제반 모습들은 굳이 부방생활 자체에만 국한된 것은 아니기에 무과 출신 양반들의 생활 실태나 생활양식 파악에도 일정한 도움이 될 것으로 기대한다.

2. 『부북일기』와 그 저자들

부북일기는 박계숙・취문 부자가 약 40년의 시차를 두고 각기 변방지역에 1년간 부방하였을 때를 당하여 써놓은 일기이다. 박계숙의 일기는 선조 38년(1605) 10월 15일 울산에서 출발한 때부터 1년간 함경도 회령(會寧) 보을하진(甫乙下鎭)에서의 부방생활을 마치고 집에 도착한 선조 40년 1월 1일까지의 일기이다. 그리고 박취문의 일기는 인조 22년(1644) 12월 9일 울산에서 출발한 때부터 1년간 함경도 회령와

경성(鏡城)의 병영에서 부방생활을 마치고 집에 도착한 인조 24년 4월 4일까지의 일기이다.[4]

박계숙은 무과에 급제한 후 10여년이 경과한 뒤 선발된 일당백장사(一當百壯士)로[5] 부방한 경우였는데, 복무 연한은 신출신 군관의 경우와 마찬가지로 1년 복무후 방환되는 조건이었다.[6] 이에 비해 박취문은 무과에 갓 급제한 신출신 군관의 경우였다. 신출신들의 부방은 대개 선조 16년 이탕개난(尼蕩介亂)을 겪으면서 모든 무과 급제자들에게 부과된 의무였다. 이 의무 사항은 『신보수교집록(新補受教輯錄)』(병전, 유방조)을 거쳐 『속대전(續大典)』(병전, 유방조)에 정식으로 수록되었다.

먼저 일기를 쓴 주인공인 박계숙과 취문 부자의 가계와 이력에 대해 간략하게 살펴보면 다음과 같다. 본관은 울산으로 라말여초 울산지역의 유력한 토호였던 박윤웅(朴允雄)의 후예였다. 그 후 별 뚜렷한 현조가 없이 내려오던 그의 가문이 향인의 주목을 받는 것은 아버지 홍춘(弘春)에 이르러서였다고 보이는데, 그는 무과에 급제한 후 임진왜란 때는 언

---

4) 편의상 이제부터는 박계숙의 부북일기는 『日記①』로, 아들인 박취문의 부북일기는 『日記②』로 나타내겠다. 아울러 해당 연월일에 대한 표기는 다음과 같은 방식으로 약하겠다. 『日記①』 선조 38년 12월 9일조 → 『日記①』 선조 38.12.9.

5) 남쪽 지역에서 선발되어 왔다는 의미로 南方壯士・南來壯士 등으로 표현되기도 하였다. 선조 16년의 이탕개난과 25년부터 시작된 임진왜란을 극복하기 위해 수년에 걸쳐 연차적으로 뽑은 무과 출신자 수가 총 만명에 이를 정도로 많았는데, 그 중 하삼도지역 출신자 2,900여명을 차출하여 순차적으로 부방에 응하도록 조처한 바 있었다.(『선조실록』86, 30년 3월 기유) 박계숙 일행의 경우가 바로 여기에 해당되었으리라 짐작된다.

6) 『日記①』 선조 38.12.9. 그런데 임진왜란을 전후한 시기에는 평시보다 출신군관들의 分防이 훨씬 더 고통스러웠다. 급제한 후에는 保率도 없어짐으로 인해 경제적으로 더 어려웠던 데다가 番次도 없이 빈번하게 동원되었기 때문이었다. 특히 임난 중에는 평안도지역 무과급제자들의 고통이 가장 컸었다.(『선조실록』77, 29년 7월 정해; 앞 책 132, 33년 12월 신미; 앞 책 135, 34년 3월 정사; 앞 책 141, 34년 9월 정유)

양·기장 현감으로 있으면서 공을 세워 선무원종공신에 책록되었던 것이다. 그리고 박계숙도 아버지와 더불어 선무원종공신에 책록되었다. 이 사실은 그의 가문이 울산지역에서 유력 가문으로 발돋음하는 주요한 계기가 되었다. 박계숙[1569년(선조 2)~1646년(인조 24)]이 무과에 급제한 것은 선조 27년으로 임진왜란 중이던 26세 때였고, 일당백 장사에 선발되어 부방길에 오른 것은 10여년 후인 선조 38년 37세 때의 일이었다. 그후 그는 선전관·훈련원 부정(副正)의 관직을 거쳤다. 한편 취문[1617년(광해군 9)~1690년(숙종 16)]은 인조 22년 그의 나이 28세에 무과에 급제한 후, 그 해 겨울 신출신(新出身) 자격으로 부방하였다. 그후 그는 선전관을 거쳐 경상좌도 병영과 수영의 우후(虞侯), 훈련원 부정을 지냈으며, 지방관으로 인동·갑산·김해 등지의 수령도 역임하였다. 결국 이들 가계는 홍춘, 계숙, 취문 3대에 걸쳐 내리 무과에 급제함으로써 무반으로서의 기반을 굳혔다고 하겠다.

  그들의 가계를 간략히 보면 다음과 같다.[7]

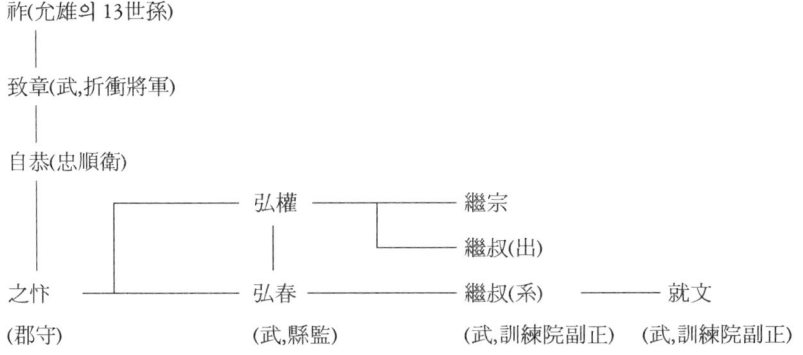

---

7) 『蔚山朴氏大同譜』 秣應副尉公派 참조.

그들이 부방한 사실을 일기로 쓴 동기는 분명하지 않다. 다만 1년여 변경지역의 부방이 평상시의 일상적인 일은 아니었고, 호기심을 유발할 만한 특별한 경험이었기 때문이었을 것으로 추측된다. 분명한 것은 박계숙과 취문이 일기를 남기겠다는 특별한 각오를 하고 부방에 임했다는 사실이다. 이는 지나간 곳의 정확한 지명과 잇수 뿐 아니라 만난 사람들의 성명, 숙박한 곳의 주인 이름까지를 상세히 적고 있는 데서 짐작할 수 있다. 아들인 취문은 아버지의 일기를 본 뒤 그 영향을 받아 쓴 것이 확실한데, 이는 그의 일기가 그의 아버지의 것과 유사한 형식으로 되어있는 사실을 통해서도 확인할 수 있다.

일기 원본의 보존 상태는 비교적 양호하다. 총 79장 1책으로 부자의 일기가 합본되어 있는데, 박계숙의 일기가 24장, 박취문의 일기가 55장으로 구성되어 있다. 책의 크기는 약 가로 19cm, 세로 27cm이다. 책 표지에는 '赴北日記'라 쓰여져 있다. 일기의 한 면은 11행으로 되어 있고, 1행당 21자씩 정서되어 있어 전체적으로 깔끔한 인상을 주고 있다. 또한 글씨는 또박 또박한 해서체여서 쉽게 판독할 수 있다.

박계숙 부방일기의 첫부분은 '家嚴甲午新及第赴防時日記卽無乙巳以一當百被抄赴北時日記'라고 되어 있는데, '가엄(家嚴)'이라 표현한 것으로 미루어 아들 취문의 처지에서 아버지 계숙의 일기를 수합하여 새로 정서한 것이 확실하다. 물론 글씨는 취문 자신이 썼을 수도 있고, 필사자를 구해서 정서시켰을 수도 있다. 그런데 이 책의 앞부분 세 장 즉 박계숙 일기의 앞부분 세 장은 그 필체가 뒷부분 전체의 필체와 다르다. 짐작컨대 후대에 일기의 앞부분의 파손이 심하여 탈루될 위기에 처하자 후손 중의 누군가가 파손이 심한 앞부분 세 장을 재정서하여 교체시켰을 가능성이 크다. 바로 뒤이은 다섯째 장과 여섯째 장 부분에는 더 이상의 파손을 막기 위한 조처로 뒷면에 종이를 덧대어 붙여 놓은 흔적이 있는 것이 더욱 그러한 가능성을 뒷받침해 주고 있다. 또 앞표지 바로 뒤에 첨부된 한 장의 여백지에는 일기에 나오는 선전공(宣傳公) 즉 박계숙의 시 3수와 그리고 영장공(營將公) 즉 박취문의 시와 시조 5수가 별도로 발췌되어 있다. 시의 저자들을 선전공·영장공이라 지칭한 점과 책의 원본 상태 등을 종합해 볼 때, 원본의 재정서 교체가 있은 후 누군가가 시를 따로 발췌하는 곳으로 이 여백지를 활용한 것으로 짐작된다. 또 박취문 일기 중 일부 쪽의 뒷 면은 누군가에 의해서 할장(割張)된 채로 이면지로 활용되면서 훼손되어 있는데,[8] 본문의 판독에는 다행히 별 지장이 없다.

부북일기는 다음과 같은 점에 사료적인 가치가 있다고 할 수 있겠다. 먼저 경상도 울산에서 함경도 회령에 이르는 역정(歷程)이 하루도 빠짐없이 기록되어 있어 당시의 교통 실태 등을 살펴볼 수 있다는 점이다. 다음으로 변경지역의 부방이라는 특수한 상황에서의 일기라는 점에서 변방지역의 군무(軍務) 실상과 변방에서의 출신군관들의 생활상을 잘 전해주고 있다는 점이다. 그리고 무신들이 남긴 자료가 많지 않은 상황임을 감안할 때 출신 내지 무관들의 생활상을 살펴보는 데 도움을 준다는 점이다.

3. 부북 노정과 행로시의 모습

출신군관들의 부방 행로의 공식적인 출발은 거주지 도의 병사로부

---

8) '八道院記'라는 제목하에 영남지역 서원의 상황을 지역별로 나누어 십수쪽에 걸쳐 조악하게 필사해 두었다. 서원들 중에는 정조대에 건립된 것도 있어, 적어도 그 이후의 후손중 누군가에 의해 훼손되었음을 알 수 있다.

터 받는 점고에서 시작되었다. 군관들은 거주지 도에서 정한 특정 장소에 모여 점고한 후 목적지 병영을 향해 출발하였고, 목적지 병영에 도착해서는 최종 점고를 받고 근무지를 배정받게 되어 있었다. 물론 출발지와 도착지에서 점고 받을 날짜는 대략 정해져 있어서 그 기일에 맞추어야 하였다.

박계숙의 경우는 영천에서 경상도 병사로부터 점고를 받은 후 조령을 거쳐 서울로 올라가서 10여일 머문 뒤 함흥과 경성(鏡城)을 거쳐 동절기에 북병사가 머물던 행영(行營; 회령과 종성 사이)까지 가서 최종 점고를 받았고, 여기서 북병사로부터 회령 보을하진의 근무를 명받았다. 울산에서 출발한 날이 선조 38년(1605) 10월 17일이었고, 영천에서 점고한 날이 10월 21일, 함경도 행영에서 최종 점고한 것이 이듬해 1월 9일, 근무지인 회령의 보을하진에 도착한 것이 1월 12일이었으니 목적지까지 도달하는 데 총 80여일 이상이 소요되었다. 물론 서울에서 10여일이상 머물었기 때문에 실제 이동하는 데 걸린 기간은 70여일 걸린 셈이다. 부방을 끝내고 집으로 돌아올 때는 동해안을 따라 남으로 내려오는 길을 택하였는데, 11월 24일 출발하여 이듬해 1월 1일에 도착하였으니 40일이 채 걸리지 않았음을 알 수 있다.

박취문의 경우는 인조 22년(1644) 12월 10일에 울산에서 출발하여 15일에 의성에서 우후로부터 점고를 받은 다음, 청송·진보 등을 거쳐 동해안에 다다른 후부터는 해안의 육로를 따라 북상하였다. 다음해 1월 22일 함흥에 도착하여 관찰사로부터 점고를 받았고, 2월 18일 행영에 도착하여 북병사로부터 최종 점고를 받았다. 북병사로부터 분방처로 회령을 지정받고, 2월 20일에 회령에 도착하여 근무를 시작하였다.9) 결국 12월 10일 울산에서 출발하여 이듬해 2월 20일에 근무지 회령에 도착하였으니, 총 70여일이 소요된 셈이었다. 이듬해 1월 22일

방환문서를 받았고, 25일 울산을 향해 출발하였다. 돌아오는 길은 대개 간 길의 역순으로 집에 도착한 것이 4월 4일이었으니, 역시 약 70여일이 소요된 셈이다.

위의 두 경우를 통해서 볼 때 울산에서 함경도 회령까지 가는 데는 대개 70여일이 소요되었음을 알 수 있겠다. 다만 박계숙의 경우 울산으로 돌아올 때 40여일이 소요되어 상당히 빨리 도착하였음을 알 수 있는데, 이는 고향으로 돌아간다는 기대 속에 다소 무리를 하면서 강행군을 한 때문이었다.

그들이 울산에서 출발하여 목적지인 회령에 도착한 노정과 복무를 마치고 울산으로 돌아올 때의 노정을 간략히 나타내면 다음과 같다.

1) 박계숙의 북행 노정(1605.10.17.~1606.1.7.)

울산 → 모화 → 경주 → 아화 → 영천 → 군위 → 비안 → 함창 → 문경 → 조령 → 충주 → 죽산 → 용인 → 판교 → 서울 → 영평 → 김화 → 금성 → 회양 → 철령 → 안변 → 문천 → 고원 → 영흥 → 함흥 → 북청 → 단천 → 길주 → 명천 → 경성 → 부령 → 회령 → 행영

2) 박취문의 북행 노정(1644.12.10.~1645.2.17.)

울산 → 농소 → 경주 → 아화 → 영천 → 신녕 → 의흥 → 의성 → 안동 → 청송 → 진보 → 영해 → 평해 → 울진 → 삼척 → 강릉 → 양양 → 고성 → 통천 → 안변 → 문천 → 고원 → 영흥 → 함흥 → 북청

---

9) 박취문은 일년 동안 한 곳에서 계속 근무한 것이 아니라 병사의 명에 의해 중간에 근무지가 이동되었다. 즉 회령에서 몇 개월 근무하다가 그 해 윤6월 말에 경성 병영에서 근무하도록 근무지 이동 조처가 있었다. 7월 초에 경성 병영에 도착하여 근무하였고, 10월 병사의 북순을 배종하였다가 행영에 도착한 후에는 그 곳에 머물었다.

→ 단천 → 길주 → 명천 → 경성 → 부령 → 회령 → 행영

3) 박계숙·취문의 귀향 노정10)(1606.11.25.~1607.1.1. ; 1646.1.25.~4.4.)

(행영) → 회령 → 부령 → 경성 → 명천 → 길주 → 북청 → 함흥 → 안변 → 고성 → 양양 → 강릉 → 삼척 → 울진 → 영해 → 영덕 → 청하 송라역 → 류역 → 안강역 → 사리역 → 조역 → 구어역 → 울산

그들은 행로시에 대개 무리를 지어 단체로 이동하였다. 즉 경상도 각지의 출신군관들이 정해진 시간에 정해진 장소에 모여 경상병사의 점고를 받은 후 정해진 목적지까지 삼삼오오 무리지어 동행하는 것이 상례였다. 경상도 출신군관으로서 박계숙과 함께 함경도에 부방하도록 된 군관은 총 17인이었다. 영천에서 서울까지는 9인이 동행하였고, 서울에서 함경도까지는 17인 모두 동행하게 되었다. 박계숙 일행이 원래는 안동까지 가서 점고를 받아야 했으나 영천에서 미리 점고를 받고 조령을 넘어 서울로 상경하는 편의를 제공받았기 때문에 이런 현상이 일어났던 것이다.11) 박취문의 경우 울산에서부터 동행한 출신군관은 이확·박이명·박이돈 3명이었고, 언양 출신인 장두민·이득영·김사룡 3명은 의성에서 점고할 때 만나서 끝까지 동행하였다. 결국 일행은 박취문 본인을 포함하여 출신군관 7명이었다.12)

---

10) 박계숙은 회령에서, 취문은 행영에서 출발한 점 만이 다를 뿐 귀향의 전 노정이 거의 비슷하다. 다만 걸린 기한은 박계숙이 40여일, 취문이 70여일로 큰 차이가 난다.
11) 『日記①』 선조 38.10.21.
12) 2월 18일 행영에 도착하여 근무지를 배정받은 결과 박취문·박이돈·김사룡은 회령, 이확·박이명·장두민·이득영은 鏡城의 魚遊澗에 각각 배정받았다.

그런데 군관들은 대개 행로시에 말을 타고 노복을 거느리고 갔었다. 따라서 타고 갈 말 한필, 짐싣는 복마 한필, 노복 1명은 기본이었다. 박계숙의 경우 출발시의 모습을 보면 타고 갈 말 한필, 짐싣는 복마 1필 이상, 그리고 노복이 여러 명 배종하였다. 노복들은 중도에서 차츰 돌려보내지다가 종착지에 도착해서는 1명만 남기고 돌려보내졌다.[13] 박취문의 경우도 동생을 비롯하여 최소한 6명 이상의 노복과 말이 동행하다가 적당한 곳에 이르러 점차로 돌아갔고,[14] 노복 한 두명은 끝까지 동행하면서 시중을 들었다. 이렇듯 군관 1명당 최소한 노복 1명에 말 두필이 따랐으니, 군관 10여명이 이동할 경우 그 전체 규모는 엄청난 것이었다.

이동하는 동안의 군관들을 위시하여 그들이 거느린 노마(奴馬)들의 숙식처로 주로 이용되었던 것은 관아의 객사(客舍)나 역사(驛舍) 등 공용 장소이기도 하였고, 사가(私家)나 주막(酒幕) 등 일반 개인집이기도 하였다. 그 상황을 박계숙의 경우를 통해 좀 더 자세하게 살펴보도록 하자. 그가 영천에서 정식 점고한 후 출발한 선조 38년 10월 21일부터 함경도 행영에 도착한 이듬 해 1월 8일까지 숙박한 날짜는 총 75일이었다. 그 중 객사에서 숙박한 것이 11일, 역사의 경우가 15일, 원(院)의 경우가 2일 등으로 공공시설을 이용한 경우가 총 28일로 전체

(『日記②』 인조 23.2.18.)

13) 『日記①』 선조 39.1.30.

14) 인조 22년 12월 10일 울산에서 출발한 박취문은 13일 아화역에서 동생 취순과 노복 한 명을 돌려보낸 이래(『日記②』 인조 22.12.13.) 19일에는 청송에서, 23일에는 평해에서, 28일에는 삼척에서 각각 노복 한 명씩을 집으로 돌려보냈다. (위 책, 인조 22.12.19., 12.23., 12.28.) 이러한 면은 동행한 다른 출신군관들도 비슷하여 이확과 박이명의 노복들도 함흥 근처에서 돌려보내어진 사실에서 확인할 수 있다.(위 책, 인조 23.1.26.)

일정의 37%를 차지하였다. 이에 비해 사가의 경우가 37일, 주막이 2일 등으로 일반 개인집을 이용한 경우가 전체의 52%를 차지하였다. 나머지 8일(11%)은 미상이다. 이로써 볼 때 군관들이 부방의 행로에서 적어도 반 정도는 사가를 숙식처로 이용하였음을 알 수 있다.

행로시에 가장 문제가 된 것은 숙박처와 더불어 식사와 말먹이 등 보급이었다. 군관들이 출발지 병사로부터 정식 점고를 받은 후부터는 일정한 관곡이 지급되도록 되어 있어서 통과하는 해당 군현이나 역참에서 이를 제공토록 되어 있었다.[15] 『경국대전』의 규정에 의하면 군관에게는 초료(草料)를 지급한다고 되어 있는데, 군관과 같은 무직인(無職人)의 경우는 본인 외에 종인(從人) 1인, 말 한필에 한해 초료 즉 말먹이와 음식물을 지급하도록 되어 있었다.[16] 그런데 이를 지급받는 데 있어 해당 군현의 관리들과 종종 마찰이 빚어졌는데, 이러한 점은 일기의 곳곳에서 산견되고 있다. 각 군현의 처지에서는 군관들의 보급까지를 책임지기에는 그 부담이 너무 커서 그 시정이 자주 거론되던 것이 당시의 실상이었다.[17]

이에 곳에 따라서는 접대가 없는 곳도 있어서 곤란을 겪기도 하였다.[18] 초료의 지급과 접대를 둘러싸고 해당 수령·역장들과 군관들 사이에 심각한 신경전이 벌어지기도 하였다.[19] 박취문 일행의 영해 병

---

15) 『日記①』선조 38.11.1., 12.5. 박취문의 경우에도 의성에서 점고한 직후부터 초료를 지급받았다.(『日記②』인조 22.12.16.)
16) 『經國大典』4, 兵典, 驛馬 草料.
17) 초료의 支待가 각 역에게 큰 부담이 되었으므로 유형원은 환관과 군관에 대한 초료의 지급은 시정되어야 한다는 견해를 피력한 바 있다.(『磻溪隨錄』23, 兵制 後錄)
18) 『日記①』선조 38.11.28. 『日記②』인조 24.3.5., 3.6.
19) 『日記②』인조 22.12.20.; 앞의 책, 인조 23.1.17.

곡역 사건은 그 단적인 예인데, 접대 소홀을 무리하게 추궁하였던 것이 빌미가 되어 밤중에 출신군관 일행들이 병곡역 역졸들의 습격을 받아 상호간에 난투극이 벌어진 것이 그것이다.[20] 군관들은 때로는 실무를 담당한 색리(色吏)를 불러 윽박지르거나[21] 타이르기도 하였고,[22] 역장에게 비사후설(卑辭厚說)로 사정하기도 하면서[23] 식량 문제를 해결하여야 하였다. 그리고 어떤 때는 먼저 지나간 군관들이 나중에 올 군관들의 몫까지 미리 지급받아 가버려 뒤에 오는 군관들이 곤란을 겪은 경우도 있었다.[24] 쇄마를 둘러싼 갈등도 심심찮게 제기된 문제거리였다.[25] 그러나 가끔은 의외의 후대를 받은 때도 있었는데, 박취문 일행이 귀향길에 안변에 들렀을 때가 그러한 경우였다. 여기서는 주찬을 대접받은 것은 물론 며칠 머물 동안 노마(奴馬)의 양식까지 충분히 지급받은 한편 떠날 때도 충분한 양식을 얻는 후대를 받았던 것이다.[26]

위에서 보았듯이 부방길의 출신군관들은 대개 노복과 말을 거느렸기 때문에 터무니없는 고생을 하지는 않았다. 그러나 위험이 전혀 없었던 것은 아니어서 죽을 고비를 넘긴 경우도 있었다. 박취문은 귀향길에 문천 근처에서 물이 불은 하천을 건널 때 일행들과 뿔뿔이 흩어지게 되었다. 우여곡절 끝에 강을 건너기는 하였으나 날은 이미 저물었고, 쏟아지는 비를 맞으면서 무인지경의 산곡을 헤매었으며, 설상가

---

20) 『日記②』 인조 22.12.21.
21) 『日記①』 선조 38.10.25.
22) 『日記②』 인조 24.2.30., 3.18.
23) 『日記①』 선조 38.11.21.
24) 『日記②』 인조 23.1.17., 1.20.
25) 『日記①』 선조 38.10.24., 10.28., 11.3., 11.26.
26) 『日記②』 인조 24.3.13.

상으로 말마저 쓰러진 후에는 도보로 어둠 속을 헤매다가 추위와 허기에 지쳐 짚더미 속에 구멍을 만들고 들어가 있은 적도 있었던 것이다.27)

참고로 두 사람의 부방 일정을 각각 시기별로 구분하여 정리하면 다음과 같다.

<박계숙의 경우>
1) 선조 38년 10월 17일~39년 1월 12일 ; 북행 일정
2)   39년 1월 12일~39년 11월 24일 ; 회령 보을하진 복무
3)   39년 11월 24일~40년 1월 1일 ; 귀향 일정

<박취문의 경우>
1) 인조 22년 12월 10일~23년 2월 20일 ; 북행 일정
2)   23년 2월 20일~23년 윤6월 29일; 회령 복무
3)   23년 7월 1일~24년 1월 25일 ; 鏡城 병영 및 행영 복무
4)   24년 1월 25일~24년 4월 4일 ; 귀향 일정

4. 출신군관의 병영생활

1) 출신군관의 역할과 위상

박계숙과 취문 부자가 부방하였던 회령은 두만강 연안으로 북동으로는 종성, 서로는 무산, 남으로는 부령과 접해 있었다. 북도 병마절도사 본영이 있는 경성(鏡城)은 부령을 거쳐 남으로 약 230리 거리에 위치해 있었다. 동절기에 북병사가 두만강변에 전진 배치될 때 머무는 행영이 북동으로 45리에 위치해 있었으며, 이어 종성과 온성 등이 두

---
27) 『日記②』 인조 24.3.9., 3.10.

만강변을 따라 위치해 있었다.

회령에는 종 3품 도호부사가 읍성에 머물며 행정적인 책임을 맡고 있고, 예하에 종 5품의 판관이 배치되어 있었다. 그리고 회령 읍성에서 북쪽으로 21리 떨어진 곳에 고령진(高嶺鎭)이 있어 종 3품 병마첨절제사가 배치되어 있었고, 읍성의 서쪽으로는 25리 떨어진 두만강변에 중종 4년(1509)에 신축 설치된 보을하진이 있어 역시 종 3품 병마첨절제사가 배치되어 있었다. 그리고 남쪽으로 55리 떨어진 곳에 풍산보(豊山堡)가 위치해 있어 종 4품 병마만호가 파견되어 있었다.

회령지역에서의 군관들은 회령부의 정식 관원들인 회령도호부의 부사와 판관, 보을하진과 고령진의 병마첨절제사, 그리고 풍산보의 병마만호 등의 휘하에 소속되어 업무를 보좌하던 장교 집단이었다. 『경국대전』 군관조에 의하면

> 무과 급제자 및 하번중인 別侍衛·甲士를 鎭將이 각기 추천하고, 병조에서 이를 조사 확인하여 왕에게 아뢰어 임명하되, 일년이 지나면 갈린다. 양계는 비록 당번중인자라도 임명한다. 양계 절도사의 경우에는 內禁衛라도 임명하되, 그 수에 대하여는 그 때마다 王旨를 받는다.[28]

라 하여 군관들은 무과 급제자나 별시위·갑사 중에서 선발하되, 임기는 1년이라고 규정해 놓고 있다. 이어 군관들의 정원에 대해서도 규정해 놓았는데, 주진의 경우에는 5원을 두되, 영안도와 평안도에는 각각 5원을 더 두는 것으로 되어 있다. 그리고 거진의 경우에는 3원이 정원인데, 부령·경원·회령·종성·온성·경흥 등지에는 2원을 더 두되, 판관이 있는 곳에는 또 2인을 더 둔다고 하였다.[29] 결국 주진인

---

[28] 『經國大典』4, 兵典, 外衙前 軍官.

경성의 경우는 10명이 정원이고, 거진인 회령의 경우는 판관까지 있기 때문에 7명이 정원이 되겠다.

그러나 실제 군관수는 법전의 규정보다는 훨씬 많았다. 박계숙이 근무한 회령의 보을하진의 경우 법전의 규정에 의하면 군관의 정원은 5명이다. 그런데 박계숙을 포함하여 그와 함께 영천에서부터 동행한 출신군관 9명이 모두 보을하진에 배치되었을 뿐 아니라, 이 곳에는 이들보다 먼저 와서 부방중인 군관들이 적어도 7명은 더 있는 것으로 확인된다.30) 그 외 출신군관 뿐 아니라 그 인근 지역의 토착군관들이 또 다수 있었음을 감안한다면 법전 규정보다 훨씬 많은 군관들이 액외로 배치되어 있었음을 알 수 있다.

당시 변경지역에서 부방하던 군관들은 크게 두 부류가 있은 것으로 일기에는 나타난다. 하나는 박계숙과 같이 일당백장사에 선발되거나 또는 박취문과 같이 신출신의 자격으로 일정 기간 한시적으로 복무하는 출신군관 부류이다. 다른 하나는 그 지역에 토착한 자로 군관에 선발되어 복무하는 토착군관 부류이다. 이 두 부류의 군관들은 같이 군관청에 소속되어 비슷한 업무를 담당하기는 하였으나 몇가지 점에서 차이가 있었다. 우선 신분이 출신군관들은 대개 양반들이었음에 비해 토착군관들은 양반이 아니었던 듯하다. 그리고 출신군관들이 정해진 기한 즉 대체로 12개월 정도를 복무하고31) 돌아가는 사람들인 데 비

---

29) 위와 같음.
30) 『日記①』 선조 39.1.26.
31) 출신군관들은 대개 12개월 정도 복무하는 것이 상례였다.(『經國大典』4, 兵典, 外衙前 軍官.『日記②』인조 23.3.21.) 출신군관들이 10개월 복무를 마쳤다는 표현도 부북일기에 한 번 나오는데,(『日記②』인조 23.6.27., 10.18.) 이는 복무 기간에 출발지에서의 점고 후 목적지까지의 이동 시간을 포함하지 않은 데서 비롯된 착오인 듯하다.

해 토착군관은 문자 그대로 그 지역에 토착해서 사는 사람들이란 점에서 차이가 있었다. 실제 병영생활에서의 위상에 있어서도 토착군관들은 첨사가 들고 날 때 5리까지 나가서 영후(迎候)하는 것이 상례였으나, 출신군관들은 그것을 하지 않는 것이 상례화되어 있었을[32] 정도로 두 부류 사이에는 차이가 있었다. 이에 출신군관들 스스로도 토착군관들과는 차별화시켜 양반으로서의 체모를 지키려 노력하였다. 즉 군관들이 회령부사를 모시고 기생들과 함께 회령의 명승지인 운두성(雲頭城)을 관유(觀遊)할 때 홍이 고조된 토착군관들과 기생들은 함께 말을 타고 소리를 지르며 달려나갔으나, 출신군관들은 체면상 차마 말을 달리지 못하였다고 술회한 것으로 미루어 볼 때 스스로를 토착군관들과는 차별화시키고 있었음을 알 수 있다.[33]

이런 점에서 출신군관과 토착군관들 사이에는 마찰의 소지가 있었고, 실제 미묘한 갈등이 표면에 드러나기도 하였다. 박취문의 일기에 그 편린이 개시(開市)를 둘러싸고 제시되어 있다. 회령 근처의 토착군관들은 청나라와의 개시 때에 사무역으로 상당한 이득을 올렸던 모양이다. 이에 울산에서부터 박취문과 동행이었던 출신군관 박이돈은 토착군관들이 청나라 차사(差使)를 자신들의 부형을 대하듯 아부한다고 비난함으로써 서로 다툰 일이 있었다.[34] 토착군관들의 비굴한 행태들은 젊은 출신군관들의 비위를 상하게 하기에 충분하였던 모양이다. 이러한 분위기 속에서 박취문도 토착군관들을 '호반천자(胡飯賤者)'라

---

32) 『日記①』선조 39.10.15.
33) 『日記②』인조 23.4.13.
34) 『日記②』인조 23.6.4. 개시 때 그 지역의 유력 인사들이 무역에 개입하였던 것은 상례화되어 있었던 듯 '병영군관 김염이 병영 물화를 무역하기 위해 도착하였다'(위의 책, 인조 23.6.13.)는 기사에서 보듯이 병영도 그 예외가 아니었던 모양이다.

고 기롱하였고, 토착군관들은 군관청 차원에서 취문의 불손한 언사를 문제삼아 손도(損徒)하는 것으로 대응하였다.35) 그 전말을 우연히 전해 들은 회령부사는 웃으면서 취문의 말이 진실이라며 그를 두둔하였을 뿐만아니라, 마침 옆에 있던 고령진 첨사와 보을하진 첨사, 회령 판관, 풍산 만호 등도 모두 취문을 정직한 사람이라 두둔한 것으로 보아 토착군관들의 청과 유착된 행태를 짐작할 수 있다.36) 이에 회령부사는 손도를 주도한 군관청 장무(掌務)를 맡아보던 토착군관을 도리어 처벌하는 조처를 취하였다. 이러한 사실을 통해 볼 때 출신군관들은 토착군관과는 차별화되었음을 알 수 있으며, 양반들인 수령급들은 같은 양반들인 출신군관들의 처지를 두둔하였음을 알 수 있다.

출신군관들은 신분상으로 볼 때 변경지역 관부에서 몇 안되는 양반층이었다. 그런 의미에서 비록 부사나 첨사들의 지휘계통하에 놓여 있기는 하였으나 같은 양반이라는 동질성을 가지고 있었다. 이런 점에서 부사나 첨사들도 출신군관들을 함부로 대하지는 않은 듯하다. 비록 습진(習陣)에 불참하였다는 것으로 인해 박계숙이 첨사로부터 곤장 3대를 맞기도 하였고,37) 첨사가 들고 날 때 영후하지 않은 것에 대한 벌로 밤새도록 복병을 나갔고 심지어 곤장까지 맞는 곤욕을 치루기도 하였다.38) 그러나 첨사의 그러한 조처에 대해 너무 박대하지 말라는 항변을 면전에서 할 정도의 위상은 가지고 있었다. 더욱이 이 일로 인해 박계숙은 병을 칭하면서 맡고 있던 병방군관(兵房軍官)의 임무와 별장

---

35) 『日記②』 인조 23.윤6.25., 윤6.26. 이로 인해 취문은 마침 열리던 활쏘기 시합에도 참여하지 못하게 되었다.
36) 『日記②』 인조 23.윤6.25., 윤6.26.
37) 『日記①』 선조 39.2.2.
38) 『日記①』 선조 39.10.13., 10.15.

의 임무를 사임하고 두문불출하는 것으로 대응하기까지 하였다.[39] 이에 첨사가 번번이 문안인을 보내 병문안을 하였을 뿐아니라 술을 권하면서 '일시 망발로 후회가 가히 말로 할 수 없다'고 사과함으로써 서로 화해하였다는 것을[40] 통해서 볼 때 첨사도 출신군관을 토착군관과는 달리 대하였음을 알 수 있다.

한편 출신군관들은 일반 군사들 위에서 군림하는 위치에 있었는데, 여기에는 지휘계통에 따른 위계상의 우위 뿐아니라 양반이라는 신분상의 우월성, 무과 급제자로서의 명망 등이 복합적으로 작용하였다고 생각된다. 박취문의 경우 조총을 만드는 책임자로 있을 때 직속의 장인들 뿐아니라 색리, 고직(庫直) 등에 대해서도 잘못에 대한 연대 책임을 물어 곤장을 가할 정도로 강한 장악력을 행사하였음을 알 수 있다.[41] 그러나 군관이라고 해서 본연의 업무를 벗어나서 부당하게 군졸들을 다루는 것까지 허용된 것은 아니었다. 병방군관이 번상한 군인들을 마직(馬直)으로 부당하게 사역시켰다가 그들의 정소(呈訴)로 인해 병사로부터 곤장 10대를 맞는 벌을 받았던 것은 그 한 예이다.[42] 그러나 군인들이 병사에게까지 정소한 위의 경우가 오히려 예외적인 사례였던 것으로 이해하는 것이 순리일 것 같고, 병사에게 정소할 정도의 사안이 되지 않을 한도 내에서는 부당한 대접이나 행위가 관례적으로 묵인되었으리라 짐작된다.

다음으로는 출신 군관들이 병영에서 담당한 역할을 살펴보도록 하자. 그들은 병영에서 일어나는 다양한 일을 맡아서 수행하였다. 그들

---

39) 『日記①』선조 39.11.1.
40) 위와 같음.
41) 『日記②』인조 23.12.30.
42) 『日記①』선조 39.6.2.

이 수행한 업무는 형태상으로 볼 때 크게 두 종류로 구분될 수 있다. 첫째는 정식 직책을 맡아 일정기간 지속적으로 업무를 관장한 경우이다. 둘째는 한시적이고 일회적인 업무를 담당한 경우인데, 이는 다시 순찰이나 업무 수행시에 상관을 배종한 업무와 기타 다양한 업무로 편의상 나누어 볼 수 있겠다.

첫째의 경우는 병방군관으로 병방의 일을 맡아 수행한 사실이라든지,43) 공방감관(工房監官)으로 공방의 일을 책임지고 수행한 것이 그러한 예이다. 박취문이 회령에서 근무할 때 기와 만드는 일을 책임지고 2달 정도 걸려 마무리지은 것이나,44) 경성의 병영으로 전근되었을 때 공방 감관에 차임되어 수개월에 걸쳐 임무를 수행한 사실,45) 그리고 경성에서 조총 제조의 감독관까지 겸하여 맡아 전력을 쏟은 사실이46) 그러한 예이다.

둘째 경우의 사례를 부북일기를 통해서 보면 다음과 같다. 먼저 상관이 관할지역을 순찰하거나47) 업무 수행차 인근 지역에 갈 때48) 배종한 경우를 들 수 있다. 박취문의 경우 병영의 군관으로 있을 때는 북병사의 남순(南巡) 즉 경성을 기점으로 남쪽 지역의 순찰과49) 북순(北巡) 즉 경성을 기점으로 북쪽 지역의 순찰을 할 때 병사를 배종한 바

---

43) 『日記①』 선조 39.1.19., 5.17., 10.17.
44) 『日記②』 인조 23.3.21., 4.29., 5.5., 5.24.
45) 박취문은 인조 23년 7월에 공방감관에 임명된 후 3개월이 지난 10월에 다시 또 그 자리에 임명되었으며,(『日記②』 인조 23.7.25., 10.29.) 다음 해 1월에 면하였다.(위 책, 인조 24.1.7.)
46) 『日記②』 인조 23.10.30. 이 때 그는 조총 400자루를 만드는 일의 책임을 맡아 복무기일을 연장하면서까지 그 일을 담당하였다.
47) 『日記①』 선조 39.2.28., 3.21., 4.24., 5.25., 9.2.;『日記②』 인조 23.5.3.
48) 『日記②』 인조 23.3.6.
49) 남순은 인조 23년 8월 13일부터 25일에 걸쳐 행해졌다.

있다.50) 이 때 그는 간선도로에서 벗어나 있는 주변지역 요새에 대한 군기(軍器) 점검 등의 임무를 수행하였다.51) 예컨대 부령에서 회령으로 갈 때 간선도로에서 벗어나 있는 풍산·무산의 군기는 군관들이 각각 분담하여 점검하고 회령에서 만나 병사에게 복명한다거나,52) 또는 병사가 온성에 머물 때 가까운 유원진의 군기 검열을 다녀오는 것 등이 그러한 예이다.53) 그 외 활쏘기 시합에 상관을 배종한 경우도 있었고,54) 관유(觀遊)할 때라든지55) 천렵시에도56) 상관을 배종하였다.

다음으로 한시적이고 일회적으로 맡았던 다양한 업무들을 보면 다음과 같은 것이었다. 첨사 부재시 유진장(留鎭將),57) 두만강변 순찰시 수호장(守護將),58) 병사 행차시 앞서서 배행하는 선대마병별장(先隊馬兵別將),59) 청 차사의 행차 준비시 전어장(傳語將),60) 개시 때 치안 담당하는 별금난장(別禁亂將),61) 산행 사냥시 대장(代將),62) 독제(纛

---

50) 북순은 인조 23년 10월 17일부터 부령·회령·종성·온성·경원을 거쳐 두만강 하구의 경흥에까지 갔다가 다시 되돌아 나와 종성부 경내에 위치한 행영에 10월 28일 도착하는 것으로 마무리되는데, 이후 병사는 동절기동안 행영에 머물렀다.(『日記②』인조 23년 해당조)
51) 이러한 예는 박계숙의 일기에서도 확인된다.(『日記①』선조 39.4.27., 4.28.)
52) 『日記②』인조 23.10.19.
53) 『日記②』인조 23.10.23.
54) 『日記①』선조 39.4.14.;『日記②』인조 23.5.15.
55) 『日記①』선조 39.3.12.;『日記②』인조 23.4.13.
56) 『日記①』선조 39.3.10., 7.21.
57) 『日記①』선조 39.5.22., 11.7.
58) 『日記①』선조 39.6.4.~6.10.
59) 『日記①』선조 39.10.15.
60) 『日記②』인조 23.5.26.
61) 『日記②』인조 23.6.20.
62) 『日記①』선조 39.11.16., 11.19.

祭)의 헌관(獻官),63) 과거시험장의 경비 책임자인 과기차비관(科氣差備官),64) 참호 수리시 감독관,65) 벌목시 감독관,66) 경포수(京砲手) 이동시 인솔 책임자,67) 풀베기 군사 인솔 책임자68) 등 실로 여러가지 다양한 임무를 수행하였다. 결국 출신군관들은 특정 고유한 업무가 있었다기보다는 그때그때 상황에 따라 각종 임무를 부여받아 수행하였던 것이다.

군관으로서의 임무 수행과 관련하여 특기할 것은 박취문이 함경도 북병영 차원에서 이루어진 조총을 만드는 일의 책임자로 임무를 수행한 사실이다. 그는 인조 23년 10월 30일 병사를 배종한 북순을 마치고 행영에 머물게 되었을 때 공방 감관으로 있으면서 조총별조감관(鳥銃別造監官)까지 겸하게 되어 조총 400정을 만드는 일의 총책임을 맡게 되었다. 처음에는 부방 기한도 얼마 남지 않았기 때문에 병사에게 눈물로 하소연하기도 하였으나 끝내 허락치 아니하여 일을 맡게 되었다.69)

일기에는 총 만드는 공정과 동원된 인력 등이 간략하나마 부분적으로 소개되어 있는데, 이를 살펴보면 다음과 같다. 처음 확보한 장인(匠人)은 야장(冶匠) 18명, 연마장(鍊磨匠) 9명, 두석장(豆錫匠) 6명이었고, 그 외 행영 근처의 장인들도 추가 배치되었다.70) 며칠 뒤에는 경성

---

63) 『日記②』인조 23.9.2.
64) 『日記②』인조 23.9.29., 10.7.
65) 『日記①』선조 39.9.18.
66) 『日記①』선조 39.5.26., 6.3., 9.25., 10.2.
67) 『日記①』선조 39.6.15.~6.23.
68) 『日記①』선조 39.8.23., 8.24., 8.25.
69) 『日記②』인조 23.11.1.
70) 『日記②』인조 23.11.2.

병영의 장인들도 합세한 듯하다.71) 대개 조총을 만드는 데 드는 쇠의 양은 한 정당 정철(正鐵) 14근씩이었으며,72) 13명의 장인이 한 조가 되어 분업하여 만든 듯 하다.73) 대개 공정은 쇠를 두드리는 타조(打造) 과정, 구멍을 뚫는 찬혈(鑽穴) 과정, 매끄럽게 만드는 연마(鍊磨) 과정, 장철(莊鐵)을 주련(鑄鍊)하는 과정, 마지막으로 가목(家木)을 만들어 결합하는 과정 등 5단계를 거치면서 완성되었다.74) 이런 공정을 거쳐 11월 20일에 14자루를 처음으로 완성하여 성능 시험을 한 이래 12월 1일에 59자루, 12월 30일에 97자루를 각각 성능 시험까지 끝내었 다.75) 이듬해인 인조 24년 1월 24일 총결산을 하였을 때는 3개월에 걸 쳐 만들어진 총이 필장총(畢莊銃) 187정, 미장총(未莊銃) 98정, 산행 총(山行銃) 3정 등 도합 288정에 이르렀다.76)

마침 쇠의 부족으로 말미암아 목표한 400정에는 미치지 못하였으나 박취문으로서는 혼신의 힘을 기울인 결과였다. 그는 일이 시작된 며칠 뒤부터는 총을 만드는 감역소에서 숙식을 하면서 이 일에 전념하였 다.77) 그는 장인들이 게으름을 피우면 색리·고직·수청군뢰·사령 등까지도 검찰하지 못한 벌로 처벌을 가하였을 뿐 아니라 심지어 새해 하루만이라도 장인들에게 말미를 주라는 병사의 청까지도 거절하면 서 지독하게 독려하였던 것이다.78)

---

71) 『日記②』인조 23.11.8.
72) 『日記②』인조 23.11.3.
73) 『日記②』인조 23.11.3.
74) 『日記②』인조 23.11.10.
75) 『日記②』인조23.11.20., 12.1., 12.30.
76) 『日記②』인조 24.1.24.
77) 『日記②』인조 23.11.6.
78) 『日記②』인조 23.12.30.

많은 군관들 중에서 부방 기한이 얼마 남지도 않은 박취문이 굳이 조총을 만드는 중대한 일의 책임자로 선정된 것은 평소 그가 병사의 깊은 신임을 얻었기 때문이었다.[79] 일을 맡은 지 한달도 채 안되어 함께 갔던 출신군관 김사룡 등은 복무를 마치고 방환되었으나[80] 박취문은 병사의 명으로 연장 복무하게 되었다. 병사는 그를 위해 동향의 박이돈과 이석로도 함께 복무를 연장시키는 조치를 취하여 위로하였다.[81] 그리고 총을 다 만든 후 방환될 때 병사는 박취문을 선전관의 말망(末望)에 천거하기까지 하였던 것이다.[82] 박취문도 병사에게 성의를 다하여 바쁜 와중에서도 산행총 2정을 만들어 선물하기도 하였다.[83]

출신군관 중 일부는 상관의 명령으로 부정한 일에 동원되기도 하였다. 이는 다음과 같은 과거 부정 사건에 박취문이 개입한 것에서 단적으로 드러난다. 그는 경성 병영에 근무하던 인조 23년 8월 3일부터 출신군관 이석로・최원립과 함께 하루 종일 제술 시험 준비에만 열중하였다가[84] 8월 11일에 열린 과거에서 대리로 시험 답안을 작성해 주는 부정을 행하였다. 이 때 취문이 대리 시험을 쳐 준 당사자는 경흥에 거

---

79) 『日記②』 인조 23.11.21.
80) 『日記②』 인조 23.11.27.
81) 『日記②』 인조 23.11.21. 이에 어유간에서 복무를 마친 이석로(이확의 개명한 이름)는 행영으로 와서 연장 복무하게 되었고, 여기서 그는 방직까지 새로 얻었다.(『日記②』 인조 23.11.26.)
82) 『日記②』 인조 24.1.21.
83) 『日記②』 인조 23.12.28. 병사는 화포장을 시켜 품질을 점검하고 자신도 직접 쏘아 보면서 정교함이 왜총과 다를 것이 없다며 크게 기뻐하였다. 일기에 '行山銃'이라 되어 있는 것은 『日記②』 인조 24년 1월 24일조에 山行銃으로 나오는 것으로 미루어 誤記임이 분명하다.
84) 『日記②』 인조 23.8.3.

주하는 김연일이라는 자였는데, 그는 병사가 경흥부사 시절에 극히 아꼈던 사람이었다고 한다.[85] 이로 보면 취문은 병사의 부탁으로 대리 시험을 치른 것이 확실하다고 하겠다. 그는 시를 지은 후 병사의 군관으로 서울에서부터 따라온 사자관(寫字官) 백예원으로 하여금 정서케 하여 제출한 바, 김연일을 6등으로 합격시켰다.[86] 이로 미루어 볼 때 같이 제술 시험을 준비하였던 이석로와 최원립도 대리 시험이라는 과거 부정에 개입한 것이 확실하다. 나아가 취문은 경성의 별감인 최계망의[87] 아들을 위해서도 시를 대신 지어 주었다.[88] 이러한 예를 통해 군관들이 병사의 과거 부정에 조직적으로 동원되었음을 알 수 있다.

한편 부방생활에는 위험 부담도 상당히 높았다. 더러 복무중 사망하는 군관들도 있었으며, 병으로 고생하는 경우도 많았다. 박계숙의 일기에는 부방의 행로 중에 전사해서 고향으로 돌아가는 출신군관들의 시신과 조우한 기사가 실려 있다.[89] 또 홍해 출신으로 동행이었던 군관 최기문이 복무 도중에 사망한 충격적인 기사도 있다.[90] 최기문은 임난시 같은 진영에서 고생한 전우였기에 박계숙의 충격은 더욱 컸다. 박계숙 자신도 이미 지병이 있었던지 수차에 걸쳐 토혈한 사실이 기재되어 있었다.[91]

위와 같은 위험과 어려움이 있는 반면 반대급부로 주어지던 혜택도 있었다. 첫째, 후일 관직에 진출하였을 때 부방한 기일이 복무 기일에

---

85) 『日記②』 인조 23.8.11.
86) 『日記②』 인조 23.8.11.
87) 『日記②』 인조 23.7.7.
88) 『日記②』 인조 23.8.11.
89) 『日記①』 선조 38.12.14., 12.16.
90) 『日記①』 선조 39.9.24.
91) 『日記①』 선조 39.1.2., 1.4., 1.6., 1.9., 1.20.

포함되어 계산되어져 경력으로 들어간다는 점을 들 수 있다. 둘째, 부방한 출신군관들은 일정한 급료를 지급받았다는 점인데, 이들은 대개 한달 단위로 급료를 지급받은 듯하다.[92] 셋째, 관직에 진출하기 전에 변방의 군무를 익히는 실습의 기회가 되었다는 점도 빼놓을 수 없는 경험으로 지적될 수 있겠다. 넷째, 무엇보다도 부방이 관직에 제수될 수 있는 계기를 제공하는 기회가 될 수도 있었다는 점을 빼놓을 수가 없겠다. 사실 부방 중에 관직에 제수된 예가 일기에 몇 건 발견되고 있다. 울산출신으로 박취문과 함께 부방길에 나섰던 출신군관 박이명이 선전관에 제수된 사례,[93] 황해도 송화 출신으로 온성에서 부방하던 출신군관 양충운이 수문장에 제수된 사례,[94] 행영에서 분방하던 출신군관 이민달이 부장(部將)에 제수된 사례가 그것이다.[95] 하지만 위의 경우는 반드시 부방을 통해 얻어진 혜택인지 확언할 수는 없다. 그러나 언양출신으로 취문과 함께 동행하였던 장두민의 경우는 확실하게 부방으로 인해 얻어진 혜택이었다. 그는 길주목사의 청으로 경성(鏡城)에서 남 43리에 위치한 요새인 보로지책(甫老知栅)의 가장(假將)에 임명되기도 하였으며,[96] 취문 일행이 귀향할 때도 같이 가지 않고 목사를 보좌하기 위해 길주에 남았던 것이다.[97] 또한 박취문 자신도 병

---

[92] 회령의 보을하진에서 근무한 박계숙의 경우 거의 한달에 한 번 꼴로 奴馬를 부령에 있는 청암창에 보내 급료를 받아왔는데, 일기에 급료 수령 사실이 기재되어 있는 날짜를 일별해 보면 2월 3일, 2월 29일, 4월 2일, 7월 5일, 11월 6일 등이어서 대개 매월 초 수령한 것으로 되어 있다.

[93] 『日記②』인조 23.7.5.

[94] 『日記②』인조 23.7.12.

[95] 『日記②』인조 23.7.28.

[96] 『日記②』인조 23.11.29.

[97] 박취문 일행이 귀향길에 길주에 도착하였을 때 장두민은 길주에 있었고, 방직기 태옥까지 거느리고 있었다.(『日記②』인조 24.2.15.,2.21.) 그리고 취문 일행이

사의 천거로 선전관의 말망에 오르기도 하였다.[98]

2) 병영에서의 훈련생활

여기서는 병영에서 이루어지던 훈련 상황에 대해 살펴보고자 한다. 일기를 통해 알 수 있는 각 병영 단위의 중요한 훈련은 습진(習陣)이었다. 박계숙의 일기에는 습진을 하였다는 사실이 네 차례 나온다. 날짜는 2월 2일, 2월 14일, 9월 22일, 9월 29일 등으로 2월과 9월에 각각 두 차례씩 행해진 것으로 나타나 있다.[99] 습진에 참여하지 않고 빠진 자는 출신군관일지라도 엄한 문책을 받아야 하였다. 박계숙도 무단으로 습진에 불참하였다가 첨사로부터 곤장을 맞은 바 있다.[100]

평상시 병영을 긴장시킨 것은 상급부서의 순찰이었다. 박계숙이 근무한 회령의 보을하진에도 여러 종류의 다양한 순찰이 행하여졌는데, 서울에서 내려와 점검한 경우도 있었고, 함경도 병영 차원에서 순찰한 경우도 있었다. 그리고 병사에 의해 일년에 두번 이루어지는 정기적 순찰도 있었으며, 평상시의 근무 상황을 점검하기 위한 불시 순찰도 있었다. 박계숙의 일기를 토대로 보을하진에 온 순찰자와 순찰 목적을 시기별로 일별하면 다음 <표 1>과 같다.

    길주에서 며칠을 머문 후 떠날 때 장두민과 작별한 것으로 미루어 그는 길주에 더 머문 것이 확실하다.(위 책, 인조 24.2.23.)
 98)『日記②』인조 24.1.21.
 99)『日記①』선조 39.2.2., 2.14., 9.22., 9.29.
100)『日記①』선조 39.2.2.

〈표 1〉 선조 39년 회령 보을하진 순찰 상황

순찰 일시	책임자	순찰 목적
1월 14·15일	體府 軍官	부방군 점열, 기계·성첩·군기 점검
2월 10일 – 12일	兵營 裨將	점열(순점)
2월 28일	兵營 軍官	점열(순점)
3월 5일	點軍御使	활쏘기 시험
3월 12일 – 15일	體府 軍官	관보 순찰
3월 16일	京哨官	변경 순건
4월 25일	別將	봉수 검열
4월 27일	觀察使, 北兵使	春巡
5월 26일	兵營 軍官	불시 시찰
10월 13일	北兵使	관내 순행
12월 7일	北兵使	秋巡

위의 표는 물론 박계숙의 일기에 적기된 것만을 토대로 할 수 밖에 없었기에 누락된 것이 있을 수도 있다. 그러나 일기의 전반적인 서술 분위기로 미루어 짐작할 때 상급기관에서 순찰온 사실을 누락시킨 경우는 거의 없었다고 보아도 틀림없을 것이다. 먼저 시기적으로 볼 때 순찰은 동절기에 집중되었음을 알 수 있다. 이는 적이 도강하여 침입하기가 가장 용이한 때가 강물이 얼어붙는 동절기였기 때문이다. 따라서 변경지역에서는 당연히 이 시기가 특별 경계해야 하는 시기였던 것이다. 다음으로 순찰 책임자로 서울에서 직파된 이로는 체부군관, 점군어사, 경초관, 별장 등이 있었다. 함경도 관내에서 파견된 이는 관찰사, 병사, 병영군관 등이 있었는데, 병사가 직접하는 춘순과 추순은 정기적으로 행해지던 순찰이었다. 이러한 순찰의 결과 지적된 사항은 사안에 따라 곧 시정되었는데, 3월 5일에 온 점군어사의 지적을 받들고 3월 29일에 성의 목책을 교체하는 작업이 완료된 것은 그 한 예이다.[101]

그런데 부북일기에 나타나는 병영생활에서 가장 자세하고도 풍부하게 기록되어 있어 눈길을 끄는 것은 활쏘기였다. 활은 총이 나온 이후에도 무인의 무예를 가늠하는 수단, 체력을 다지는 수단 그리고 친목을 다지는 수단 등으로 계속해서 각광을 받았다. 그래서 군관들은 거의 매일 활쏘기를 하고 있었다. 박계숙과 취문은 별다른 특별한 업무가 없는 한 거의 매일 활을 쏜 듯하고, 또 그 사실을 일기에 적기해 놓았다.

박계숙과 취문 부자는 명사수였다. 박계숙의 경우 활쏘기 시합에서 1등을 하여 상을 탄 예가 종종 눈에 띄는데, 10순(巡) 즉 50발 중 48발을 명중시켜 46발의 보을하진 첨사를 무안하게 만든 경우도 있었다.[102] 이에 박계숙은 시합이 있을 때 첨사를 배종하고 원정 경기를 하러 가기도 하였는데, 한번은 첨사를 배종하고 회령에 갔을 때 50발 중 50발을 모두 명중시켜 입회한 병마 우후로부터 크게 칭찬받은 일도 있었다.[103] 그 외에도 활쏘기 시합에서 우승하여 상을 탄 예가 많이 보인다.[104]

박취문은, 적어도 일기에 나오는 내용만으로 미루어 판단한다면, 아버지를 능가하는 명사수였다. 그는 뒤에 나오듯이 활쏘기 대회에서 수차에 걸쳐 1등을 차지했으며, 50발을 쏘아 모두 명중시킨 경우도 매우 많았다. 그의 활 실력은 다음의 두 예에서 잘 드러나 있다. 첫번째 예는 회령부사를 모시고 군관들끼리 활쏘기를 하는 자리였는데, 마침 개시로 인해 회령에 와있던 청의 차사도 구경차 입회하였었다. 10순 즉 50

---

101) 『日記①』 선조 39.3.29. 이 때 첨사는 교체한 헌 목책을 땔감으로 100개씩 일당백장사들에게 나누어 주는 인심을 썼다.
102) 『日記①』 선조 38.4.3.
103) 『日記①』 선조 39.4.14.
104) 『日記①』 선조 39.4.28., 7.20.

발을 쏘아 박취문과 토착군관 허정도가 나란히 50발을 다 맞추었다. 쏘는 것마다 다 명중하니 보는 재미가 없다며 지금부터는 과녁 가운데에 있는 검은 부분 즉 관곡(貫鵠)을 맞춘 것만을 인정하자는 차사의 제의를 받아들여 다시 10순을 쏘았다. 역시 박취문과 허정도가 50발을 과녁에 명중시킨 가운데, 관곡에 명중시킨 것은 취문이 46발, 허정도가 44발이었다.[105]

또 한 예는 취문이 행영에서 근무할 때 병사를 위시하여 근처 수령들을 모신 자리에서 군관들끼리 한 활쏘기 시합이었다. 이 시합에서 첫 10순을 쏘았을 때 취문과 이시복·김낙 등 3명이 50발 명중이었다. 우열을 가리기 위해 다시 10순을 쏘았는데, 취문과 이시복이 또 50발 명중이었다. 다시 또 10순을 쏘았으나 두 사람 모두 또 50발 명중이었다. 마지막으로 10순을 또 쏘았을 때, 취문이 제 8순 5번 화살을 명중시키지 못해 49발 명중으로 아깝게 패하였다.[106] 그러나 취문은 30순 이상, 정확하게는 38순의 4번째 화살까지 즉 189발까지는 연속으로 명중시킨 것이었으니, 가이 신궁의 경지였다고 할 수 있다. 물론 군관 이시복은 200발 연속 명중이었다.

그러면 군관들의 대체적인 실력은 어느 정도 되었는지를 살펴보자. 활쏘기 실력은 군관들 사이에 편차가 있었겠음은 충분히 짐작되는 일이겠는데, 그 점은 실력에 따라 3등급으로 나누어 각 등급끼리 시합케 한 경우가 있었던 데서 잘 드러난다.[107] 또 군관 중에는 솜씨가 신통치 않아 아예 시합에 참가하지 못한 사람도 물론 있었겠다. 큰 규모의 시합이든 작은 규모의 연습삼아 한 시합이든 간에 시합에 참가한 군관들

---

105) 『日記②』인조 23.6.14.
106) 『日記②』인조 24.1.21.
107) 『日記②』인조 24.1.18.

의 활쏘기 솜씨는 50발을 쏠 경우 40여발 이상을 명중시키는 실력이었다. 그래서 꼴찌의 구체적 성적이 나와 있는 경우, 그들의 성적을 파악해 보는 것도 의미있는 일이라 생각된다. 박취문의 일기 중에 인조 23년 5월에 있은 한 시합에서 꼴찌였던 군관 김신의 성적은 50발 중에서 43발을 명중시킬 정도의 괜찮은 성적이었다.[108] 12월에 군관들끼리 4명씩 편을 갈라 시합했을 때 8명의 성적이 모두 나와 있는데, 50발 명중이 2명, 49발·48발·47발이 각각 1명, 45발이 2명, 43발이 1명으로 꼴찌의 성적이 역시 43발이었다.[109] 그리고 인조 24년 새해에 경성 병영의 군관들이 병사 입회하에 활쏘기 시합을 하였는데, 꼴찌였던 군관 강성일과 김여해의 성적도 역시 43발을 명중시킨 성적이었다.[110] 인조 23년 6월 군관들끼리의 시합에서는 과녁이 아니라 과녁 중간의 흑점인 관곡에 명중시킨 것만을 인정하는 특이한 조건을 내걸었었는데, 꼴찌였던 군관 박경간의 성적은 50발을 쏘아 35발을 관곡에 명중시킨 우수한 성적이었다.[111] 이로 미루어 볼 때 애초에 활쏘기 시합에 참석하지 않은 군관도 일부 있겠으나 꼴찌들의 성적으로 미루어 볼 때 전반적인 군관들의 궁사 실력이 뛰어났음을 짐작할 수 있겠다.

군관들의 평상시 병영에서 활을 쏜 횟수와 연습의 강도를 살펴보기 위해 비교적 활쏘기에 관한 내용이 자세하게 나타나 있는 박취문을 예로 들어 활을 쏜 날과 쏘지 못한 날로 나누어 월별 상황을 파악해서 제시하면 다음 <표 2>와 같다.

---

108) 『日記②』 인조 23.5.9.
109) 『日記②』 인조 23.12.6.
110) 『日記②』 인조 24.1.1.
111) 『日記②』 인조 23.6.14.

〈표 2〉 인조 23·24년 박취문의 궁사(弓射) 상황[112]

구 분		총횟수	월별 횟수											
			2월	3월	4월	5월	6월	윤6월	7월	8월	9월	10월	11월	12월	1월
射	시합	30巡以上	2					1							1
		20巡	7		1	1	2	1	1					1	
		10巡	10			1	2			4	1				
		不明	10	1	1		3		1			1		2	1
		소계	29	1	2	2	7	2	6	3		1		3	2
	연습	30巡以上	38		1		5		9		8		1	3	4
		20巡	12			3	1		3		1		2		
		10巡	35		4	10	6	3	2	5	2	1	1	1	
		不明	11	5	2	1	1					1			
		소계	96	5	7	14	13	4	14	5	8	11	3	3	4	4
	합계		125	6	9	16	20	6	20	9	8	11	4	3	7	6
未射	다른 공무		78		6	2	3	3		5	17	10	22	10		
	악천후		18	1	5	1	2	7		1	1					
	질병		11			4		1		4		1				1
	기타,미상		125	3	9	6	5	10	8	11	3	8	4	17	23	18
	합계		232	4	20	13	10	21	8	21	21	19	26	27	23	19
총 계			357	10	29	29	30	27	28	30	29	30	30	30	30	25

---

112) 회령에서 근무를 시작한 인조 23년 2월 21일부터 근무를 마감한 이듬해 1월 25일까지 총 357일간을 분석의 대상으로 하였다. 엄밀히 따지면 총 359일이어야 되는데, 일기에 6월 6일과 윤6월 21일 이틀의 일기가 누락되어 있기 때문에 357일로 되었다.

위 표에서 보듯이 전체 357일 중 분명하게 활을 쏘았음이 확인되는 날은 125일이었다. 물론 기록 자체의 누락으로 인해 확인되지 않는 경우도 있었겠음을 감안한다면 실제 활을 쏜 날은 더 늘어날 것이다. 아무튼 나타난 수치상으로 보더라도 적어도 3일에 1번 이상은 반드시 활을 쏘았음을 알 수 있다. 실제 다른 공무로 바빴을 때를 제외하고는 거의 활쏘기를 하였다고 보인다. 월별로 보면 10월 이후 활 쏜 횟수가 급감되었음을 알 수 있는데, 이는 그 시기에 병사의 북순을 배종하였을 뿐 아니라 행영에 도착한 이후에는 조총을 제조하는 책임자라는 특별임무를 부여받고 여기에 전념하는 바쁜 나날을 보냈기 때문이었다.

이렇듯 활쏘기는 당시 무인들에게 있어 거의 일상화되어 있었다고 보아도 과언이 아니었다. 활쏘기는 한번에 10巡 즉 50발을 쏘는 것이 상례였는데, 이는 시합의 경우에도 마찬가지였다. 따라서 시합이나 연습을 통틀어 10순을 쏜 경우가 45일로 제일 많았고, 20순이 19일, 30순 이상도 40일이나 되었다. 그런데 대개 30순 이상을 쏜 경우는 연습 때가 대부분이었다. 최고로 많이 쏘았던 날이 60순 즉 300발을 쏜 날이었다.

크고 작은 활쏘기 시합도 자주 열렸다. 관내 군관들끼리 적절히 편을 갈라 하는 시합이 많았다. 예컨대 새로 온 군관과 앞서 왔던 군관으로 편을 가르거나[113] 출신군관과 토착군관으로 편을 가르기도 하였고,[114] 때로는 실력을 적절히 맞추어서 편을 가르기도 하였다.[115] 그리고 인근 지역에 원정을 가거나 또는 인근 지역의 인사들이 원정을 와서 이루어지는 시합도 많았다. 예컨대 박계숙이 회령에 가서 우후

---

113) 『日記①』 선조 39.1.26.
114) 『日記①』 선조 39.4.3., 4.4.; 『日記②』 인조 23.2.30., 3.29., 4.7.
115) 『日記①』 선조 39.4.21.

입회하에 시합한 것이라든지[116] 거꾸로 회령부사와 판관 그리고 고령첨사 등이 보을하진에 와서 시합한 것이 그 예이다.[117] 박취문의 경우에도 보면 회령부 소속 군관과 종성부 소속 군관으로[118] 나누어 시합한 것이라든가, 인근의 고령진이나 보을하진에서 시합하러 회령에 오는 경우가 매우 빈번하였고,[119] 경우에 따라서는 회령부에서 고령진으로 가기도 하였다.[120] 때로는 병사와 우후가 방문하였을 때 적절하게 편을 갈라 시합하기도 하였고,[121] 행영에 원정가서 행영군관들과 시합하기도 하였다.[122]

활쏘기 시합은 편을 갈라 시합했을지라도 개인기록이 나오게 되어 있는 경기였다. 이에 참가자 중 제일 잘 쏜 사람에게는 두둑한 상을 주어 격려하는 것이 상례였는데, 이 때 상을 주는 사람은 보통 그 자리의 최고 상급자였다. 그리고 평일의 연습 때도 10순 즉 50발을 쏘아 50발 모두 명중하면 상관이 상을 주어 격려하는 것이 상례였다.[123] 박취문은 활쏘기와 관련하여 많은 상을 받았는데, 일기를 토대로 그에게 상을 준 사람과 상으로 받은 물건 등을 보면 다음 <표 3>과 같다.

---

116) 『日記①』 선조 39.4.14.
117) 『日記①』 선조 39.5.11., 11.7.
118) 『日記②』 인조 23.3.9.
119) 『日記②』 인조 23.4.28., 5.9., 5.18., 5.19. ,5.24., 6.24., 윤6.26.
120) 『日記②』 인조 23.5.15.
121) 『日記②』 인조 23.3.16., 윤6.5.
122) 『日記②』 인조 23.윤6.10.
123) 『日記②』 인조 23.3.13., 4.26., 4.27.

〈표 3〉 활쏘기로 박취문이 받은 상물[124]

연월일	준사람	賞 物	비 고
인조23.3.13.	회령부사	盃床5, 燒酒7鐥	50발 명중
3.16.	북병사	白米5斗, 太1石, 田米2石	50발 명중
4.26.	회령부사	樺皮10張	50발 명중
4.27.	회령부사	大米3斗	50발 명중
6.14.	회령부사	白別扇1柄, 眞梳1箇	1등, 50발 명중
7.15.	북병사	去核木花4斤	50발 명중
7.18.	前兵使	白米5斗, 田米1石, 太1石, 耳牟5石	1등, 50발 명중
7.24.	북병사	細木1疋, 女分去1部, 太1石, 田米1石	1등, 50발 명중
9.15	북병사	去核木花5斤, 細木2疋	1등, 50발 명중
10.22.	북병사	小米2石, 6升布1疋, 皮牟4石	50발 명중
12.28.	북병사	米23斗	1등, 50발 명중
인조24.1.1.	북병사	去核木花3斤	2등, 30순 150발 명중
1.21.	북병사	6升布3疋, 去核木花2斤, 白米5斗, 小米1石, 太1石	

    상을 주는 사람은 대개 그 자리의 최상급자였기 때문에, 박취문이 회령에서 부방할 때는 주로 회령부사, 병영에서 복무할 때는 주로 병사로부터 상을 받았다. 상물로 받은 품목은 백미(白米)·좁쌀(田米)·콩 등 곡물류가 주종을 이룬 가운데, 그 외에 목화나 베도 자주 주어졌던 품목이었다. 그리고 상물의 양은 시합의 경중이나 대소에 따라 차이가 있어 일률적으로 말할 수는 없다. 상으로 받는 현물은 주로 첩지(帖紙) 형태로 주어지는 것이 상례여서 나중에 이 첩지를 관창(官倉)으로 가지고 가서 현물과 교환하는 형태를 취하였다. 그는 상으로 받은 물건들을 가용(家用)에 보태기도 하였고, 일부는 친분이 두터운 기생들에게 선심을 쓰기도 하였다.[125]

---

124) 1등을 하였거나 또는 50발 모두 명중하였음에도 상으로 받은 물건은 기록해 두지 않은 경우도 있었으니 실제 상을 탄 횟수는 표에 나타난 것보다 많았다.

그런데 재미있는 것은 꼴찌에 대한 벌칙의 내용이다. 시합에 진 편의 꼴찌는 그에 상응하는 대가를 항상 치뤄야 하였다. 심한 경우에는 곤장을 맞기까지 하였으나[126] 이는 승부욕이 지나치게 강하게 표출된 특별한 경우였다. 대개는 광대 옷을 입혀 절하게 하거나 춤을 추게 하여 희롱하는 것이 상례였다.[127] 광대 옷이나 군뢰복을 입혀 화살을 줍게 하기도 하였다.[128] 때로는 그 방직기에게 꼴찌한 책임의 일단을 물어 같이 희롱하기도 하였다. 예컨대 꼴찌한 군관의 방직기로 하여금 광대춤을 추게 하거나[129] 군관과 함께 광대춤을 추게 하기도 하였다.[130] 또는 꼴찌한 군관 대신에 그 방직기에게 족장(足杖)을 가한다고 으름장을 놓으면서 술을 내게 하기도 하였고,[131] 광대 옷을 입힌 방직기를 소 등에 태우고 꼴찌한 군관으로 하여금 끌게 하기도 하였다.[132]

5. 출신군관의 일상생활

여기서는 부방의 노정에서나 도착 후의 변방지역에서의 일상생활

---

125) 예컨대 박취문이 활쏘기 시합에서 북병사로부터 상탄 白米 5斗와 田米 2石을 친분이 있던 기생인 월매와 설매에게 나누어 주었고,(『日記②』 인조 23.3.16., 3.20., 3.21.) 또 회령부사로부터 상탄 白別扇 한 자루와 眞梳 한 개를 월매에게 준 것이 그 예이다.(위 책, 인조 23.6.14.)
126) 『日記①』 선조 39.4.4.;『日記②』 인조 23.3.9.
127) 『日記①』 선조 39.7.20.;『日記②』 인조 23.6.14., 7.24., 12.30., 인조 24.1.18.
128) 『日記②』 인조 23.5.9.
129) 『日記②』 인조 23.7.26.
130) 『日記②』 인조 24.1.21.
131) 『日記②』 인조 23.5.23.
132) 『日記②』 인조 23.12.28.

중에서 일기에 비교적 자세히 나타나 있거나 빈도가 잦아 구체화할 수 있는 몇가지 특기할 만한 것들을 중심으로 살펴보고자 한다. 부방기간 중의 성생활, 방직기(房直妓)의 존재, 선물의 관행, 잔치의 모습 등이 되겠다.

박취문의 경우 부방길에 동침하였던 여인들의 인적 사항과 이름을 상세히 일기에 기록해 두고 있어 이채롭다. 아버지 계숙이 기생들을 녹의(綠衣), 홍안(紅顔) 등으로 은근히 표현하였을 뿐 아니라 동침한 사실도 두 차례 정도 밝혀놓은 데 불과한 점과[133] 비교해 볼 때 대단히 솔직하고 직설적이었음을 알 수 있다. 그는 약 1년 동안의 부방길에서 많은 여자와 동침하였다. 동침녀들은 천민들로서 대개 기생이거나 자색(姿色)이 있는 관비(官婢)인 주탕(酒湯), 숙박한 집의 사비(私婢) 등이었다.

자신의 일기가 후손들에 의해 읽혀질 것이라는 점을 고려할 때 남녀 사이의 내밀한 문제는 되도록 숨기려는 것이 상정일 듯하다. 그러나 박취문은 전혀 그렇지 않아서 그 같은 행위를 자연스러운 일상의 일로 간주하였던 듯하다. 그의 이러한 행위가 개인의 특수한 상황은 아니었던 것이라는 점은 일기의 곳곳에 드러나는 동행한 군관들의 행태에서도 증명된다. 취문은 동행한 친구의 동침녀까지 가끔 자세하게 밝혀두었기 때문에 이를 통해 확인할 수 있다. 예컨대 자칭 '인색대장군(忍色大將軍)'이라 호언하던 동행한 출신군관 박이명도 얼마 못가서 주탕 도선에게 훼절하였다는 대목은 전반적인 대세를 개인적인 인내로 거스르기가 매우 어려웠던 당시 상황을 전해주고 있다.

일기에 의거하여 박취문이 동침한 여인들을 적기해보면 다음 <표 4>와 같다.

---

133) 『日記①』 선조 38.12.27., 선조 39년 7.12.

〈표 4〉 박취문의 동침녀 상황

연월일	동 침 녀	비 고
인조 22년 12.11.	婢 통진	친족인 좌수댁의 婢
12.15.	婢 분이	숙박한 주인집의 婢
12.16.	酒湯 춘일	
12.22.	酒湯 향환	
12.26.	酒湯 예현	숙박한 주인집의 女
12.30.	妓 현향	
인조 23년 1. 2.	妓 건리개	
2. 5.	妓 예제	숙박한 주인집(官奴)의 女
2. 6.	妓 옥매향	
2.11.	妓 옥순	
2.13.	婢 율덕	숙박한 주인집의 婢
2.14.	賤民 향춘	숙박한 주인집(천민)의 女
2.17.	妓 월매	
2.23.	婢 노종	私婢
4.10.	婢 매옥	家婢
6.28.	妓 순진	
윤6.19.	妓 설매	
8.13.	妓 옥이	
8.14.	妓 격향	
8.15.	妓 격향	
10.21.	妓 옥매	
10.23.	婢 애생	私婢
10.25.	婢 애생	私婢

 위 표에 정리된 것은 일기에 기재된 것에 국한된 것이어서 미처 기재하지 못한 것도 있을 것이란 점을 고려한다면 그 수는 훨씬 늘어날 것이다. 12월과 2월에는 횟수가 비교적 빈번한 데 비해 3월부터는 뜸하게 나타나고 있다. 이는 12월에서 2월까지는 목적지인 회령으로 이동하던 시기인 관계로 여기 저기 머물면서 많은 여인을 접할 기회를 가졌기 때문이고, 2월말 회령에 도착해서부터는 의향이라는 방직기가 그에게 전적으로 배정된 정착 생활을 하였기 때문이다. 방직기가 배정된 이후 나타나는 다른 여인과의 동침 기록은 다른 지역으로 출장을 갔거나

병사를 모시고 남순과 북순을 했던 때와 같은 특별한 경우였다.

여기서 군관들의 변방에서의 일상생활과 관련하여 주목할 것은 방직의 존재이다. 방직은 '방지기'를 가리키겠는데, 외지에서 온 군관들에게는 대개 방지기를 한 명씩 배정해 주어 그 집에서 숙식을 비롯하여 객지에서의 불편함을 해결하도록 하였으니, 방직은 일종의 소위 '현지첩'인 셈이었다. 군관들의 방지기는 주로 기생이나 사비 중에서 충당되었는데, 기생일 경우 방직기라 표현하였고, 비(婢)일 경우 방직비 또는 방비134)라 하였다.

박계숙 일기에는 방직기라고 명기된 이는 없으나 동행한 군관 김응택과 김대기 등이 녹의를 얻었다는135) 기록에서 녹의는 바로 방직기를 우회적으로 표현한 것이라 판단된다. 다만 박계숙의 경우에는 회령기생 배종(裵從) 즉 삼상월과136) 친분을 지속적으로 유지한 것으로 미루어 각별한 사이였음을 시사해주고 있다. 박계숙과 배종은 각각 보을하진과 회령으로 서로 25리 정도 떨어져 거주하고 있어 자주 만나지는 못하였다. 박계숙이 회령에 들릴 때 만나거나137) 편지를 주고 받았을 뿐이다.138) 배종도 가끔 성찬을 준비해서 보내주기도 하였고,139) 특히 박계숙이 떠날 즈음엔 배종과 그 모가 작별하러 오기도 하였다.140)

---

134) 『日記②』 인조 24.1.18.
135) 『日記①』 선조 39.2.6., 2.7.
136) '삼상월이 곧 從妓이다'(『日記①』 선조 39.7.26.)라고 한 데서 삼상월이 곧 배종을 가리킴을 확인할 수 있었다.
137) 첨사를 배종하고 회령에 가서 활시합할 때 그 자리에 참석한 배종을 만난 적도 있었고, (『日記①』 선조 39.4.14.) 일부러 시간을 내어 밤에 회령까지 가서 만나고 돌아온 적도 있었다.(위 책, 선조 39.7.18.)
138) 『日記①』 선조 39.3.2.
139) 『日記①』 선조 39.11.20.
140) 『日記①』 선조 39.11.24.

그러나 배종은 박계숙의 방직기는 아니었다고 판단된다. 왜냐하면 방직기라 인정하기에는 너무 멀리 떨어진 지역에 거주하고 있었을 뿐아니라 일기에 방직기라 명기되어 있지도 않기 때문이다. 그런데 둘 사이의 각별했던 인연은 박취문이 회령으로 부방와서 배종의 딸 월매를 만남으로써 자식대로 이어졌다. 월매는 수천리 밖의 변방에서 계숙의 존재를 인지하고 있던 유일한 사람이었던 것이다.

방직기에 대해서는 박취문의 일기에는 좀더 자세하게 나타나 있어 이해에 도움이 된다. 취문의 경우 인조 23년 2월 23일에 사비 노종을 방지기로 배정받았는데,[141] 어떤 이유에선지 며칠뒤 27일부터는 기생 의향으로 바뀌었다.[142] 이후 그의 일기에는 의향과 그녀의 모친이 자주 등장하고 있는데, 이를 통해 방지기의 생활 양태 등을 좀 더 구체적으로 살펴볼 수 있다.

의향은 회령부 읍내에 살고 있었고, 그 어머니는 조금 떨어진 촌가에서 살고 있었는데, 그 어머니가 자주 의향의 집에 왕래하면서 긴밀한 관계를 유지하고 있었다. 의향의 어머니가 촌가에서 땔감이나 주찬(酒饌) 등을 가지고 수시로 내왕하였고,[143] 박취문이 아플 때는 병문안을 오기도 하였다.[144] 그리고 의향도 빨래나 옷의 재단 등 큰 일감이 있을 때는 그의 어머니에게로 가서 도움을 받으며 며칠 머물기도 하였다.[145] 요컨대 방지기는 한시적인 첩의 존재와도 같아서 객지 생활의 여러 가지 불편함을 해결하기 위한 목적에서 생겨난 존재였다.

---

141) 『日記②』 인조 23.2.23.
142) 『日記②』 인조 23.2.27.
143) 의향의 모가 촌가에서 래왕한 날짜를 보면 3월 14일, 3월 15일, 3월 26일, 4월 3일, 4월 5일, 4월 9일, 4월 15일, 6월 12일, 6월 14일 등으로 아홉 차례나 되었다.
144) 『日記②』 인조 23.4.3.
145) 『日記②』 인조 23.4.14., 6.22.~6.25.

방직기들은 때로 군관들의 활쏘기 시합에도 대동되었다. 시합에서 진편의 꼴찌에게는 그 방직을 함께 벌을 주어 희롱함으로써 여흥을 돋우고 분발을 촉구한 경우가 수차에 걸쳐 적시되어 있는 것에서 이를 확인할 수 있겠다. 그런데 군관과 방직기의 관계는 군관이 떠나면 자연 해소되는 한시적인 관계였다. 왜냐면 방직기는 당해 군현에 소속된 존재였기 때문에 관내를 벗어나지 못하기 때문이었다. 박취문과 의향의 관계도 그가 병사의 명으로 경성 병영으로 전근되어 회령을 떠나게 되었을 때 해소되었다. 경성으로 간 그는 병사로부터 새로운 방지기를 배정받았던 것이다. 그러나 동일한 관할 구역내에서 근무지를 옮길 경우에는 방지기를 대동하였다. 동절기에 병영의 지휘본부가 경성에서 행영으로 옮겨졌을 때, 박취문은 방지기 태향을 경성에서 행영으로 데려갔던 것이다.146)

대개 변방지역에는 군관들을 위한 방지기가 일정수 확보되어 있었겠으나, 방지기의 부족으로 인해 미처 배정을 해주지 못하는 경우도 있었다. 이때는 사비(私婢)가 강제로 활용되기도 하였다. 박취문이 회령에서 경성 병영으로 근무지를 옮겼을 때 그에게 배정할 마땅한 방직기가 없었는듯 병사는 과부가 된 사비 태향을 강제로 그의 방지기로 삼게 하였다. 태향이 순순히 이에 응하지 않자 병사는 그녀의 어머니와 오라비를 불러 곤장을 때리면서 협박함으로써 목적을 달성하였던 것이다.147)

다음으로 일기에는 여러 사람들과 각종 선물을 주고받은 것이 많이 기재되어 있어, 당시인들의 선물에 대한 관행을 이해하는 데 일정한 도움을 주고 있다. 당시 사람들이 어떤 물품들을 선물로 많이 이용하

---
146) 『日記②』 인조 23.11.5., 11.10.
147) 『日記②』 인조 23.7.22., 7.23.

였던 가를 살펴보기 위해 박취문이 받았던 각종 선물을 제시하면 다음 <표 5>와 같다.

<표 5> 박취문이 받은 각종 선물[148]

준사람		받은 물품	전 거
上官	會寧府使	鹿脚1, 大口魚5尾	23.4.18.
		鹿脯10條	23.4.29.
		鹽10斗	23.5.3.
		焰焇木100介, 山肉10斤, 燒酒2鐥	23.5.6.
		小鹿皮1令, 黃毛10條, 白米4斗, 小米4두, 太4斗, 沈乾鰱魚5尾, 文魚1尾, 乾雉5首	24.1.26.
	會寧府使 別房	貂皮2令	24.1.26.
	會寧判官	蟹鹽5尾, 大口魚3尾	23.3.22.
		蟹鹽5介	23.4.6.
		栢子1斗, 田米5斗	23.4.8.
		鹿肉, 燒酒3鐥	23.4.18.
		生大口2尾, 生明太5尾, 申三魚5尾,	23.4.20.
		鹽3斗	23.5.3.
	北兵使	糧太1斗	23.6.28.
		米5斗, 粟米1石, 太1石, 耳牟1石	23.12.1.
		唐帽3立	23.12.26.
	鏡城判官	粮太粥 각 6斗 및 魚物	24.2.11.
同類	土着軍官 蔡承姬	馬太5斗	23.4.8.
	營繕監官 李師顔	燒木1駄	23.6.3.
	李萱	生大口2尾, 白大口3尾	23.12.9.
		掌匣皮	23.12.25.
	鏡城別監 崔繼望	黃大口1尾, 白大口1尾	23.12.9.
		黃大口4尾, 白大口4尾, 白文魚2尾, 燒酒7鐥	23.12.18.
	金繼任	黃大口2尾	23.12.9.
	把摠 鄭潤身	黃毛10條	24.1.25.

同類	許國村	貂皮1令	24.1.25.
	營府官廳監官 諸同官 鄕所	粮太粥魚 총 약1駄	24.2.11.
	기타 知人	도합 黃毛50餘條	24.1.25.
妓生	妓 玉梅香	饌1笥, 細布手巾	23.2.22.
	妓 香春	黃大口2首, 白大口2首	23.2.29.
	妓 月梅	細布20尺	24.1.25.
기타	工房皮工 卜生	小分土1部, 平鞋1部, 月五只1, 佩囊1, 臂匣1	24.1.17.

<표 5>에서 보듯이 주로 회령부사·회령판관·북병사 등 자신이 모시고 있던 상관들로부터 가장 많이 받은 것으로 나타나 있다. 그 외 동류로 취급될 수 있는 군관급 인사와 그리고 친분이 각별하던 기생들로부터 주로 선물을 받았음을 알 수 있다. 선물의 종류는 매우 다양하였는데, 크게 보면 곡물류와 반찬류가 대부분이었다. 곡물류는 쌀과 콩이 주종을 이룬 가운데 보리나 말먹이 콩 등이 있었다. 어물로는 단연 대구(大口)가 주종을 이룬 가운데 명태·신삼어·문어 등도 있었다. 육류로는 사슴이나 꿩과 같은 산짐승 고기가 대부분이었다. 그외 소금, 땔감, 옷감과 같은 생필품, 술과 같은 기호품 그리고 짐승 가죽 등이 있었다.

선물의 규모도 대구 몇 마리, 콩 한 말, 땔감 한 짐 등과 같이 간단히 정을 표시한 것이 많았다. 다만 회령부사나 북병사에게서 받은 것은 대개 규모가 큰 데, 이는 수고에 대한 격려의 성격이 강하였기 때문이라고 생각된다. 그리고 이별할 때를 당하여 즉 24년 1월 25일 즈음하여 받은 선물은 평상시에 정을 내던 것과는 달리 규모가 조금 크거나 별난 물건들이었다.

---

148) 표의 전거는 박취문 일기의 연월일을 나타낸다. 예컨대 23.4.18.은 인조 23년 4월 18일조를 의미한다.

한편 그가 다른 사람에게 선물을 준 경우도 있었는데, 부방 생활을 하는 처지였기 때문에 그가 준 것은 대부분 자신이 받은 것을 나누어 준 경우가 대부분이었다. 평소에도 선물로 받은 것을 친하게 지내던 기생들에게 나누어 준 적이 있었는데,[149] 특히 이별에 즈음해서는 선물로 받은 것의 상당량을 기생들에게 나누어 주었다. 회령에서 경성으로 근무지를 옮길 때는 자신이 가졌던 거의 모든 쌀과 콩을 월매를 위시한 기생들에게 나누어 주었으며,[150] 부방 생활을 완전히 마치고 떠날 때도 회령부사에게서 받은 많은 선물들을 모두 친한 기생들과 방직기에게 주었던 것이다.[151]

다음으로 일상생활의 여러 모습 가운데 눈에 띄는 것은 크고 작은 잔치가 열렸을 때 노는 방식이었다. 잔치 분위기가 무르익으면 운을 내어 시를 짓기도 하였으나, 무신들이 대부분인 병영이어서 그런지 운에 맞추어 시를 지을 수 있는 자는 별로 없었다. 잔치가 열렸다는 기록은 일기에 자주 기재되어 있으나 시를 짓고 논 경우는 박취문 일기에 한 건 나타나 있다. 여기에 의하면 군관들과 활쏘기 시합을 하고 난 후 마련된 연회 자리에서 회령부사가 취중에 졸연히 운을 내었는데, 박취문 자신이 시를 지은 유일한 인물이었고 나머지는 한 수도 짓지 못하였다는 것이다.[152] 이런 사실로 미루어 볼 때 운에 맞추어 시를 짓는다는 것이 무관들에게는 쉬운 일이 아니었던 듯하다. 따라서 시작(詩作)은 무관

---

149) 예컨대 회령판관에게서 선물받은 어물을 월매와 의향의 모에게 나누어 준 것이 그것이다.(『日記②』인조 23.4.20.)
150) 『日記②』인조 23.윤6.29.
151) 『日記②』인조 24.1.26.
152) 『日記②』인조 23.3.3. 이 때 그는 부사로부터 크게 칭찬을 듣고 상으로 田米 1石, 白米 5斗, 太 1石, 耳牟 5石을 받았다. 다음은 그가 지었다는 시이다. 絶漠關山雁不來 尺書難報客裡懷 魂夢不知身在此 歸寧夜夜去又回.

들의 연회에서 보편적으로 시행되던 일은 아니었음을 짐작케 한다.

그들에게는 시작(詩作)보다는 대개 창가(唱歌)가 흥을 돋구는 수단으로 많이 활용되었다. 연회에서 창가를 불렀다는 기록은 자주 나온다. 박계숙의 경우 보을하진 첨사를 위시한 여러 군관들과 노래를 부르며 놀았을 때 특히 그는 명창이라는 칭찬까지 들었다는 대목이 있다.153) 박취문의 경우에도 연회에서 노래를 부르며 놀았다는 기록이 있다. 즉 회령부사를 배종하고 활쏘기를 한 후 열린 연회에서 흥이 도도해지자 군관들을 위시한 여러 사람들이 노래를 부르며 놀았는데, 박취문은 노래를 제일 잘 부른 인물로 선정되어 술 다섯 병을 상으로 받았다는 것이 그것이다.154) 또 북병사가 북순차 회령에 들렀을 때 열린 잔치 자리에서도 박취문이 기생 월매의 가야금에 맞추어 노래를 불렀다는 기록이 있다.155) 이로 미루어 볼 때 연회에서 분위기가 무르익으면 창가를 하며 즐겼음을 알 수 있다.

이러한 연회 모습과 관련하여 첨사에 대한 전별연을 수차에 걸쳐 베풀며 서로 아쉬움을 전하던 모습도 묘사되어 있어 이채롭다. 전별연은 떠나기 약 한 달 전부터 수차에 걸쳐 이루어졌는데, 박계숙의 일기에 나타난 보을하첨사의 전별연 상황을 날짜별로 보면 다음과 같다. 떠나기 약 한 달 전인 7월 26일에 회령부사와 판관이 기생들을 대동하여 25리 거리의 보을하진까지 와서 전별연을 베풀어 주었다.156) 그러자 다음날 첨사는 회사차(回謝次) 회령을 다녀왔다.157) 8월 1일에는 출

---

153) 『日記①』선조 39.4.22.
154) 『日記②』인조 23.3.3.
155) 『日記②』인조 23.3.15.
156) 『日記①』선조 39.7.26.
157) 『日記①』선조 39.7.27.

신군관들이 첨사를 위한 전별연을 베풀었고, 다음날에는 첨사의 답례가 또 있었다.158) 보름 뒤인 8월 15일에는 다시 간단한 전별연이 열렸다.159) 19일에는 회령부사와 판관이 또 다시 보을하진까지 와서 전별연을 베풀어 주었고, 다음날 첨사는 역시 또 답례차 회령을 다녀왔다.160) 일기에 누락된 것도 있었을 것이라는 점을 감안한다면, 첨사에 대한 전별연 횟수는 훨씬 늘어날 가능성이 많다. 그리고 특기할 것은 전별연이 있은 다음날에는 꼭 답례를 해서 고마움을 표시했다는 사실이다

이상에서 부북일기를 중심으로 군관들의 변방에서의 일상생활을 성생활, 방직기의 존재, 선물의 관행, 잔치의 모습 등 몇 가지 측면에서 살펴보았다. 그 외 일상생활과 관련해 특기할 만한 몇 가지 단편적인 사실들을 적기해보면 다음과 같다.

먼저 부북일기에 보이는 놀이 종류를 보면 바둑과 쌍육(雙六)이 나타난다. 군관들에게도 바둑은 가끔 무료함을 달래는 수단으로 이용되었으며,161) 동행한 출신군관 중에는 아예 각기(角碁)를 지니고 다닌 자도 있었다고 한다.162) 그리고 쌍육도 자주 등장한 놀이였다. 기생들과 어울려 종일 쌍육 놀이를 했다는 기록도 있으며,163) 특히 쌍육은 정월 초하루 놀이로 많이 활용되었던 듯하다.164)

다음으로 일기에는 박취문이 일년 정도 변방에 떨어져 있으면서 집

---

158) 『日記①』 선조 39.8.1., 8.2.
159) 『日記①』 선조 39.8.15.
160) 『日記①』 선조 39.8.19.
161) 『日記①』 선조 39.3.1, 7.6., 7.7.
162) 『日記①』 선조 38.11.25.
163) 『日記②』 인조 23.3.14., 3.15.
164) 『日記②』 인조 24.1.1.

에 편지를 보낸 사실과 집에서 보낸 편지를 받아본 사실이 수차에 걸쳐 적기되어 있다. 누락된 경우도 있었다고 생각되지만 일단 일기에 나타나는 상황을 보면, 취문이 집에 보낸 것은 인조 23년 2월 23일, 3월 23일, 4월 18일, 5월 30일, 윤6월 6일, 11월 9일, 11월 27일 등 총 일곱 차례 보낸 것으로 되어 있다. 대개 복무 전반기에는 한 달에 한 번 꼴로 보낸 셈이다. 보낸 방법은 주로 울산 근처로 가는 인편이 있거나, 혹은 서울로 가는 인편이 있을 때 부탁한 것으로 나타난다. 그리고 울산 집에서 보낸 편지를 받아 본 것은 두 차례인데, 인조 23년 5월 25일과 8월 26일이다. 이 중 5월 25일에 받아본 편지는 울산 집에서 3월 7일날 보낸 것으로 기록되어 있어 거의 70여일 이상이 소요되었음을 알 수 있다.

그리고 이 시기 함경도 병영에서는 석탄을 채굴하여 광범위하게 사용하였다는 사실도 일기에서 확인할 수 있었다. 행영에서 월동 준비를 위해 캐놓은 석탄을 운반하는데, 병사가 친히 성내인(城內人) 1,000여 명을 이끌고 산으로 향하였다는 데서 이 작업의 규모와 중요성을 짐작할 수 있겠다.165) 이 운반 작업은 보름 정도 계속되었는데, 행영에 쌓아 놓은 것이 5,000여석에 이르러 장관이었다고 박취문은 기록해 두었다.166)

그 외 강우량을 재는 단위도 비왔을 때마다 등장하고 있어 눈길을 끈다. 박취문의 일기에는 호미와 보습이 강우량을 재는 단위로 주로 표현되었다. 예컨대 반서(半鋤), 일서(一鋤), 반리(半犁), 일리(一犁), 이리(二犁) 등의 표현이 그것인데, 땅 속에 빗물이 스며든 정도를 표현한 것으로 순서대로 비가 많이 온 경우이겠다. 이를 통해 당시 강우량

---

165) 『日記②』 인조 23.12.11.
166) 『日記②』 인조 23.12.27.

의 정도를 파악하는 단위로 위와 같은 표현들이 널리 이용되었음을 확인할 수 있었다.

6. 맺음말

이상에서 살펴본 내용 중 출신군관들의 부방생활에서 특기할 만한 사실들이나 새롭게 확인된 사실들을 요약하여 제시하는 것으로 맺음말을 대신하겠다.

선조 16년 이탕개난이후 무과에 급제한 출신들은 급제한 직후 1년간 변방에서 부방하는 것이 의무였다. 부방하는 출신군관들은 거주지도의 병사로부터 지정된 장소에서 점고를 받았고, 목적지에 도착해서는 목적지 병사로부터 최종 점고를 받은 후 근무지를 배정받았다. 부방하는 출신군관들은 대개 무리를 지어 단체로 함께 이동하였는데, 군관 한 사람당 최소한 노복 1명, 타는 말 한 필, 짐 싣는 말 한필이 기본이었으니, 이동할 때의 규모를 짐작할 수 있다. 행로시에 가장 문제가 되는 것은 숙식이었다. 숙박처로는 관아나 역사 등도 많이 이용되었지만 그 보다는 사가가 더 많이 이용된 것으로 나타났다. 보급은 곳에 따라 원활하게 해결되지 않아 애로를 겪기도 하였다. 그러나 대개 출신군관들은 노복과 말을 거느렸기 때문에 터무니없는 고생을 하지는 않았다고 판단된다. 울산에서 회령까지 이동하는데 걸린 기간은 대개 70여일이 소요된 것으로 나타났다.

목적지에 도착하여 근무지를 배정받은 출신군관들은 병영에서 다양한 일을 담당하였다. 정식 직책을 맡아 일정기간 지속적인 업무를 관장하기도 하였고, 한시적이고 일회적인 업무를 담당한 경우도 있었다. 병방군관이나 공방감관 등에 임명되어 그 역할을 수행한 것은 전자의 예가 되겠다. 후자의 예로는 상관을 배종하는 업무를 맡거나 또는 병영에서 수시로 발생하는 크고 작은 업무를 맡아서 수행한 것 등이 해당되겠다. 그리고 때로는 상관의 명으로 대리로 과거시험을 치루는 등 부정한 일에 동원되기도 하였다.

출신군관에게 있어 변방에서의 부방생활은 위험 부담도 큰 것이었지만 한편으로는 몇가지 반대급부도 있었다. 부방한 기일은 후일 관직에 나아갔을 경우 경력에 포함되어졌으며, 얼마되지는 않았겠지만 일정한 급료도 매월 지급되었다는 사실이다. 또한 관직에 나아가기 전에 군무를 익힐 수 있는 실습의 장이기도 했으며, 나아가 관직에 제수될 수 있는 기회가 되기도 하였다.

같은 군관이라도 출신군관은 토착군관과 여러 면에서 차이가 있었다. 출신군관들은 대개 양반들이었을 뿐 아니라 정해진 일정 기간을 복무하고 고향으로 돌아가는 처지였다는 점에서 토착군관들과는 구별되었다. 이에 출신군관들 스스로도 토착군관과는 차별화된 존재라는 인식을 강하게 가지고 있었다. 이로 말미암아 두 부류 사이에는 가끔 갈등이 빚어지기도 하였다.

함경도 병영에서는 두만강이 얼어붙는 동절기가 역시 가장 조심해야 되는 비상 시기였음을 부북일기를 통해서도 확인할 수 있었다. 이 지역에 대한 상급관서의 순찰이 대개 동절기에 집중되어 있었던 데서도 이를 확인할 수 있었으며, 평상시에는 경성의 병영에 머물던 북병사도 동절기에는 두만강변의 행영에 전진 배치되어 적침에 대비하였던 데서도 확인할 수 있었다.

한편 군관들은 병영에서 활쏘기를 일상적으로 행하고 있었음을 구체적으로 확인할 수 있었다. 군관들에게 있어 활쏘기는 그 자체가 군사 훈련이었고, 체력 단련의 수단이었으며, 또한 오락이나 시합의 수단이기도 하는 등 다목적의 효용성이 있던 것이었다. 따라서 특별한 일이 없는 한 군관들은 거의 매일 활쏘기 연습을 하거나 활쏘기 시합을 한 것으로 나타났다. 활쏘기 시합은 자체 내 군관들끼리 편을 갈라 하기도 하였으며, 때로는 인근 지역과의 원정 경기를 펼치기도 하였다. 활은 10순 단위로 쏘았는데, 하루에 10순 즉 50발을 쏘는 것이 상례였으나 20순, 30순을 쏜 경우도 많았다. 주인공인 박계숙과 취문 부자는 모두 뛰어난 명사수였는데, 특히 취문의 실력은 신궁의 경지에 가까워 30순 즉 150발을 연속 명중시킨 때도 있었다. 대체로 볼 때 시합에 참여한 군관들의 경우 50발 중에 최소한 40발 이상을 명중시키는 실력을 보유하였다. 활쏘기는 편을 갈라 단체로 시합을 했을지라도 결국은 개인의 기록이 드러나는 경기였기 때문에 제일 잘 쏜 사람이나 50발을 명중시킨 사람에게는 상을 주어 격려를 하였으며, 반면에 진 편의 꼴찌에게는 여러 가지 종류의 벌칙을 가해 기롱한 것이 상례였었다.

　출신군관들의 변방에서의 일상생활과 관련해서는 다음의 사실들을 확인할 수 있었다. 박취문의 경우 부방길에 많은 여인들과 동침한 사실을 적기해 놓았는데, 그 대상은 대개 기생이었고, 더러는 숙박한 주인집의 가비(家婢)도 있었다. 그리고 근무지에 도착해서는 방직을 한 명씩 배정받아 그 집에서 숙식을 해결하였다. 방직은 대개 관기나 사비 중에서 충당되었는데, 경우에 따라서는 과부가 된 사비를 강제로 방직에 충당하기도 하였다. 기일 경우에 방직기라 하였고, 비일 경우에 방비라 표현하였다. 요컨대 방직은 군관들의 객지생활의 여러 가지 불편함을 해결하기 위한 목적에서 생겨난 존재였던 것이다.

　한편 선물도 비교적 자주 주고받은 것으로 나타나는데, 그 종류는 곡물류와 반찬류가 대부분인 가운데 소금, 땔감, 술, 가죽 등도 있었다. 평상시 선물의 규모는 대구 몇 마리, 콩 한 말, 땔감 한 짐 등 정을 표시한 간단한 것이 많았다. 다만 이별시에 받은 선물은 평상시보다는 규모가 조금 크거나 별난 물건들이었다. 또 변방에서 무인들끼리의 크고 작은 잔치가 열렸을 때 흥을 돋우는 방법으로는 시작(詩作)보다는 창가가 많이 불렸던 사실도 확인할 수 있었다. 그리고 수령급의 전별연은 약 한 달 전부터 환송연과 답례 형식으로 수차에 걸쳐 이루어졌음도 알 수 있었다. 그 외 놀이로는 바둑과 쌍육이 주로 행하여졌다는 점, 편지 안부는 대개 한 달에 한 번 꼴로 서울 가는 인편이 있을 때 부쳤다는 점, 석탄을 병영 차원에서 채굴하여 쌓아두고 사용하였다는 사실, 강우량을 재는 단위로 호미와 보습을 이용한 단위가 주로 이용되었다는 사실 등을 확인할 수 있었다.

제7장

울산읍지 『학성지』의 편찬과 그 의미

1. 머리말
2. 편찬 과정
3. 수록 항목의 검토
4. 편찬의 의미
5. 맺음말

울산 읍지 『학성지』의 편찬과 그 의미

1. 머리말

조선왕조는 개창 이후 지방의 사정을 총망라한 지리지 편찬에 많은 관심을 가졌다. 그 관심의 결과물로 나타난 것이 세종 14년(1432)의 『신찬팔도지리지(新撰八道地理志)』, 단종 2년(1454)의 『세종실록지리지(世宗實錄地理志)』, 성종 9년(1478)의 『팔도지리지(八道地理志)』, 성종 12년(1481)의 『동국여지승람(東國輿地勝覽)』, 중종 26년(1531)의 『신증동국여지승람(新增東國輿地勝覽)』등이었다.[1)]

이후 전국적인 차원에서의 지리지 편찬은 이루어지지 않았으나 일부 지방을 중심으로 사찬 읍지가 편찬되기 시작하였다. 읍지는 해당 지방의 역사, 경제, 사회와 문화 등 모든 면이 수록되어 있어 그 지방의 모든 것을 한 눈에 파악할 수 있는 좋은 참고자료집 구실을 하였다. 이 때 읍지는 관심이 있던 수령의 발의나 주장으로 편찬되기도 하였고, 지역

---

1) 정두희, 「조선초기 지리지의 편찬(Ⅰ,Ⅱ)」, 『역사학보』69·70, 1976. 이태진, 「『동국여지승람』편찬의 역사적 성격」, 『진단학보』46·47, 1979. 이성무, 「한국의 관찬지리지」, 『규장각』6, 1982. 이상태, 「지리지의 편찬과 지도의 제작」, 『한국사』26, 국사편찬위원회, 1995.

의 유력 사족의 주도로 편찬되기도 하였다. 문화적 역량이 뛰어났던 큰 고을에서 먼저 편찬된 경우가 많았는데, 경상도의 경우 안동, 경주, 상주, 선산, 진주, 동래 등지가 그 예이다.2) 그 외 작은 고을도 몇몇 눈에 띄는데, 그 고을에 부임한 수령이나 사족의 개인적인 관심의 결과였다고 할 수 있다.3) 어쨌든 이러한 추세와 분위기는 다른 지방으로 점차 전파되었고, 그것은 각 지방의 자존심과도 관련되었다고 생각한다.

드디어 울산지방도 18세기 중엽에 이르러 그러한 경향에 동참하게 되었다. 울산은 주변의 밀양, 경주와 동래 등지에서 읍지가 차례로 편찬되는 추세에 발맞추어 읍지 편찬의 욕구를 가졌던 것 같다. 18세기 중엽인 1749년 영조 25년에 울산에서도 울산의 옛 이름을 딴 『학성지(鶴城誌)』라는 명칭의 읍지가 편찬되었다. 『학성지』는 『신증동국여지승람』이후 약 200년만에 울산지역의 사정을 알려주는 읍지로서 편찬되었던 것이다. 이후 울산지역의 읍지들이 편찬될 때, 이『학성지』는 좋은 참고자료로 활용되었음은 두말할 필요도 없다. 그러나 아쉽게도 『학성지』는 지금 현전하고 있지 않다.4) 다행히 그 초고본이 전해지고 있어 비록 완전한 형태는 아니지만 그 때의 상황을 전해주고 있다.

본고에서는 이러한 의미를 가지고 있는 『학성지』의 초고본을 분석의 대상으로 하여 다음과 같은 사실을 규명해보고자 한다. 먼저 편찬의 주체와 함께 편찬 과정에 대해 살펴보고자 한다. 다음으로는『학성지』의 항목에 대해 검토하고자 한다. 편찬시기가 비슷한 다른 지역의 읍지들과 『학성지』를 비교하고, 또 편찬 시기가 다른 울산지역의 읍

---

2) 안동의 『永嘉誌』, 경주의 『東京雜記』, 상주의 『商山誌』, 선산의 『一善誌』, 진주의 『晉陽誌』, 동래의 『東萊府誌』 편찬이 그것이다.
3) 함안의 『咸州誌』, 단성의 『雲窓誌』, 함양의 『天嶺誌』 편찬의 경우가 그 예이다.
4) 그 때문에 이태진·이상태가 편집하여 영인한 『조선시대 사찬읍지』(한국인문과학원, 1989)에는 『학성지』 대신에 1934년에 편찬된 『울산읍지』를 수록하였다.

지와 『학성지』를 비교함으로써, 『학성지』가 가진 특징을 추출하고자 한다. 마지막으로 『학성지』 편찬이 가진 여러 가지 의미와 더불어 이후 읍지에 미친 영향에 대해 살펴보기로 하겠다.

2. 편찬 과정

조선전기 『신증동국여지승람』의 편찬 이후 시간이 흐름에 따라 변화한 시대에 맞는 읍지 편찬의 필요성이 제기되었다. 이에 개별 군현을 대상으로 한 사찬 읍지의 편찬이 시도되었다. 읍지의 편찬은 특히 경상도 지방에서 활발하게 나타났다.[5] 경상도에서는 한강(寒岡) 정구(鄭逑)의 관심아래 함안의 『함주지』와 안동의 『영가지』가 편찬된 것을 비롯하여 진주, 상주, 선산, 경주 등 비교적 큰 고을을 중심으로 읍지가 편찬되었다. 그 편찬 상황을 정리하면 다음 <표 1>과 같다.[6]

---

[5] 조선중기를 대상으로 한 양보경의 사찬 읍지 연구에 의하면, 이 시기에 읍지를 편찬한 군현이 경기도 3, 충청도 5, 강원도 7, 전라도 9개 군현인데 비해 경상도는 16개 군현에 이르는 것으로 나타나, 경상도 지역에서 읍지 편찬이 활발하였음을 보여주고 있다. 양보경, 「조선중기 私撰邑誌에 관한 연구」, 『국사관논총』81, 1998, 51~54쪽.

[6] 표 작성에는 아래 양보경의 연구와 조선시대 사찬읍지 영인본 등을 참고하였다. 양보경, 「경상도 읍지 해제 - 경상도 읍지 편찬의 추이 -」, 『읍지(경상도)』, 아세아문화사, 1981; 「조선시대 읍지의 성격과 지리적 인식에 관한 연구」, 서울대학교 박사학위논문, 1987; 「앞의 논문」, 『국사관논총』81, 1998, 52~53쪽. 이태진·이상태 편, 『조선시대 사찬읍지』, 한국인문과학원, 1989.

〈표 1〉 17~18세기 경상도 지역 사찬 읍지 편찬 상황

편찬 연도	읍지명(지역)	편찬자 및 주관자	현전여부
1587 1603	咸州誌(함안)	수령 鄭逑 편찬 吳澐 발간	현전
1608	永嘉誌(안동)	權紀 편찬 수령 鄭逑	현전
1632	晉陽誌(진주)	成汝信	현전
1617	商山誌(상주)	李埈 편찬 수령 丁好善	현전
1630	一善誌(선산)	李埈 편찬	현전
1634	聞韶志(의성)	李民寏 편찬	부전
1640	雲窓誌(단성)	李時馣 편찬	현전
1652	密陽誌(밀양)	수령 申翊全 편찬	현전
1656 1717	天嶺誌(함양)	鄭秀民 편찬 鄭光淵 간행	현전
1669 1711	東京雜記(경주)	수령 閔周冕 편찬 수령 南至熏 重刊	현전
1677	鰲山誌(청도)	李重慶 주도 수령 徐文重 편찬	현전
1677	星山誌(성주)	李元禎 편찬	부전
1740	東萊府誌(동래)	수령 朴師昌 증보	현전
1749	鶴城誌(울산)	朴望久, 李元聃 주도 수령 權相一 편찬	초고본 현전
1759	三嘉邑誌	수령 李秀文	부전
1768	基川誌(풍기)		현전
1789	聞慶縣誌(문경)	申萬增 편찬	현전

『학성지』의 편찬은 영조 11년(1735) 울산의 주도 사족들이 울산부사 권상일(權相一)에게 발의함으로써 시작되었다. 읍지의 편찬의 최종 책임자는 수령인 권상일이었으나, 그 아래에서 실질적인 편찬 실무를 담당한 이는 박망구(朴望久)와 이현담(李玄聃)·원담(元聃) 형제

였다. 그들은 당시 울산에 근거를 두고 있던 유력 가문의 인사들이었다. 그들에 의해 읍지 편찬에 필요한 각종 자료들이 수집되고 정리되었다.

박망구[(1672(현종 13)~1747(영조 23)]는 고령 박씨로 원명은 민효(敏孝)였다.7) 임난 의병장 진남(震男)의 증손이자 상빈(尙彬)의 손자이고 용서(龍瑞)의 아들이었다. 상빈은 성주에 살면서 여헌 장현광의 문하에서 학문을 닦았던 인물인데 인조말년에 울산으로 이주함으로써 그 후손들이 울산에 터를 잡게 되었다. 용서는 무릉산 서당곡에 은거하여 평생 강학에만 힘을 쓴 인물이었다. 박망구는 남곡(南谷) 권해(權瑎)와 갈암(葛庵) 이현일(李玄逸)을 사사하였다. 50세 때인 경종 원년에 소과에 합격하여 생원이 되었는데, 울산지역에서 배출된 몇 명 되지 않은 생원 중의 한 명이었다. 문장과 학문이 뛰어났고, 특히 효행이 있어 여묘살이를 6년동안 하였다. 이 때 그의 효성에 감복하여 도적들도 서로 경계하며 집안에 들지 않았고, 맹호도 침범하지 않는 등의 기이함이 있었다고 한다. 64세 때부터 읍지 편찬에 참여하여 초고본을 만들었다. 그러나 완성본이 만들어지기 2년 전에 76세를 일기로 세상을 떠나 생전에 완성된 『학성지』를 보지는 못하였다.

이현담·원담 형제는 울산의 대표적인 성관인 학성이씨이다.8) 두 형제 모두 양정당(養靜堂) 이하구(李夏耉)에게서 학문을 배웠다고 한다. 현담[1682(숙종 8)~1752(영조 28)]은 위중한 아버지의 병을 짐작하기 위해 인분을 맛보았고, 단지(斷指)하여 그 피를 삼키게 하여 소생

---

7) 이하 박방구와 관련된 것은 다음의 자료에 근거하였다. 『CD-ROM 사마방목』 경종 1년 식년시(한국정신문화연구원, 1997). 『울산읍지』(1902년간)2, 사마 및 효행. 『홍려승람』4, 열전조, 9.
8) 이하 이현담, 원담 형제에 대한 서술은 다음의 자료에 의거하였다. 『홍려승람』4, 열전 9. 『학성이씨 대동보』.

시킬 정도로 효성이 지극하여 향리의 칭송이 자자하였다고 한다. 조상인 이예(李藝)를 모시는 용연사(龍淵祠)의 창건에 주도적인 역할을 하면서 학성이씨들의 결속을 다지는데 앞장섰다. 원담[1683(숙종 9)~1762(영조 38)]은 권상일로부터 학문을 인정받았으며, 효우와 문장이 뛰어나 누차에 걸쳐 도천(道薦)에 올랐다. 두 형제는 각각 54세, 53세 때 박망구와 함께 『학성지』의 편찬을 주도하여 초고본을 만드는 데 참여하였다. 그들의 동생 구담(龜聃)도 후일 연로한 형을 대신하여 형의 편지를 가지고 울산 사족들과 함께 상주에 있던 권상일을 찾아가 『학성지』의 빠른 수정을 촉구하는9) 등 『학성지』 편찬에 일조를 한 바 있다.

수령인 청대(清臺) 권상일[1679(숙종 5)~1759(영조 35)]은 『학성지』의 표면적인 편찬자로서 서문까지 쓰고 있다. 수령은 한 지역을 대표하는 상징성을 가진 존재였다는 점에서 편찬된 읍지의 공신력과 권위를 높이는 데 도움이 되었을 것이다. 또한 수령은 읍지 편찬에 실질적인 여러 가지 도움을 줄 수 있는 존재였다. 따라서 수령을 배제한 상태에서는 읍지 편찬이 원활하게 이루어지기 매우 어려웠을 것이다. 거의 모든 군현의 읍지 편찬에 수령이 직·간접적으로 관심과 영향력을 행사한 점이 이를 증명해준다.

더구나 울산의 수령인 권상일은 당시 경상도 지역의 유력한 학자였다. 퇴계(退溪) 이황(李滉)을 사숙하였고, 밀암(密庵) 이재(李栽), 대산(大山) 이상정(李象靖) 등 영남의 대학자들과 학문적으로 교유하였다.10) 울산지역의 사족들이 현임 수령에서 체직된 후에도 그에게 집착

---

9) 『清臺全集』하, 「清臺日錄」 제12책, 己巳(영조 25년) 3월 21일.
10) 『清臺全集』 부록, 「年譜」(여강출판사 영인본, 1989) 이하 권상일의 약력도 여기에 의거하였다.

한 것은 그가 가진 학문적 권위와 수령 재직시에 그가 보여준 관심 때문이었을 것이다. 권상일은 1710년(숙종 36) 32세의 나이로 문과에 급제하여 중앙관계에 진출한 이후 만경현령, 사헌부 장령을 거쳐 1735년(영조 11년) 57세때 울산부사로 부임하였다. 4년 남짓 울산의 수령으로 재직하면서 사재를 털어 구강서원(鷗江書院)의 동·서재를 지어 서원의 규모를 갖추게 하였을 뿐아니라, 자주 울산 지역의 유생들과 강론함으로써 유풍을 진작시켰다. 그 후 중앙관계로 복귀하여 승지를 거쳐 병조참판에 이르렀다. 그는 당시 영남 남인으로서는 드물게 중앙 관직생활을 한 인재였던 것이다.

정리된 자료들을 바탕으로 하여 집필을 착수한 박망구와 이현담, 원담 형제는 완전한 형태는 아니지만 드디어 책 모양을 갖춘 초고본을 만들었다. 그러나 여기에는 번잡스러워서 빼야할 것도 있었고, 더 보충해 넣어야 할 것도 있는 등 수정하여야 할 것이 많이 남아 있었다.[11] 이 수정 작업은 수령 권상일에게 일임되었다. 그런데 영조 14년 겨울 권상일은 체직되어 울산을 떠나게 되었다. 이 때 그는 『학성지』의 초고본을 비롯하여 읍지 수정에 필요한 여러 자료들을 상자에 넣어 가지고 고향인 상주로 돌아갔다.[12] 그 후 차일피일하던 차에 10여년이 흘렀다. 초고본을 작성하였던 박망구는 그동안 사망하였다.

초조해진 울산의 사족들은 영조 25년 봄에 배도인(裵道認), 이구담, 서익명(徐益明), 박이효(朴履孝), 이기성(李沂星) 등 일군의 사족들을 상주로 보내어 읍지의 조속한 수정을 청하는 이현담, 원담 형제의 편지를 권상일에게 전하면서 간곡히 독촉하였다.[13] 드디어 권상일은 영

---

11) 『淸臺全集』11, 鶴城誌序.
12) 위와 같음.
13) 『淸臺全集』하, 「淸臺日錄」제12책, 己巳(영조 25년) 3월 21일.

조 25년 그 동안 갈무리하고 있던 『학성지』 초고본의 번잡한 부분은 삭제하고 소략한 부분은 보충하는 한편 가을에는 서문까지 씀으로써 『학성지』 편찬을 완성하였다.14) 깨끗하게 정서하여 만들어진 『학성지』 완성본은 울산으로 보내진 듯하다.15) 결국 『학성지』는 영조 11년에 편찬이 시작되어 영조 25년에야 비로소 완성되었던 것이다. 안타깝게도 이 완성본은 현전하고 있지 않으나, 적어도 20세기 초까지는 존재하였음이 여러 자료에서 확인되고 있다.16)

다행히 완성본의 저본이었던 초고본이 남아있기 때문에 그를 통해 『학성지』에 담긴 내용을 거의 짐작할 수 있다. 현재 권상일의 후손 집에 보관되어 있는 『학성지』 초고본은17) 울산의 사족 박망구와 이원담에 의해 일차 작성된 뒤, 권상일에 의해 가필 수정된 초고본인 것으로 판단된다. 크기는 가로 21.0cm, 세로 37.7cm 크기의 한장본(漢裝本)으로 총 32장 1책으로 묶여져 있다. 겉표지의 앞면에 '학성지(鶴城誌)'라 쓰여 있다. 증감한 흔적이 군데군데 그대로 남아있고, 일부 항목은 미완성의 형태로 남아있기도 하다. 그리고 책 중의 몇 장은 할장

---

14) 『淸臺全集』11, 鶴城誌序.
15) 『淸臺全集』하, 「淸臺日錄」제12책, 己巳(영조 25년) 3월 22일.
16) 1902년에 편찬된 울산읍지의 경우 책 표지에는 '鶴城誌'라 쓰고 있고, 책 내지에는 울산읍지라고 되어 있는데, 군수 김우식의 서문 뒤에 '舊序'라 하여 영조대 『학성지』의 편찬자인 권상일의 서문을 수록해 놓고 있다. 1934년에 편찬된 『울산읍지』에도 서문 뒤에 따로 권상일의 서문을 수록하고 있고, 범례에서는 권상일이 편찬한 "舊誌의 篇目과 序次를 따른다"고 밝히고 있으며, 인용한 서적의 목록에도 권상일이 편찬한 『학성지』가 '舊邑誌'라 하여 포함되어 있다. 그리고 1937년에 발간된 울산의 읍지인 『興麗勝覽』의 참고 문헌 중에도 권상일 편찬의 '구읍지'가 포함되어 있다. 위의 사실들로 미루어 볼 때, 적어도 1930년대까지는 『학성지』가 울산에 전해지고 있었음을 알 수 있다.
17) 경북 문경시 산북면에 거주하는 權七湧씨(2002년 당시 77세) 댁에 보관되어 있다. 자료를 열람할 수 있도록 배려해주신 데 감사드린다.

(割張)된 상태로 되어있고, 별지가 첨부되어 있기도 하다. 그리고 서문도 책의 마지막 표지의 내면에 쓰여 있어 그야말로 초고본임을 알 수 있다. 이 서문은 권상일의 문집인 『청대전집』에도 실려 있다.[18]

3. 수록 항목의 검토

『학성지』 초고본은 서문과 34개의 항목으로 구성되어 있다. 구성 방식은 대부분의 읍지와 큰 차이는 없는데, 일단 34개의 항목을 순서대로 열거하면 다음과 같다.

地界 建置沿革 邑名 面名(附坊名) 版籍 田賦 軍簿 屬任 姓氏 風俗 山川 形勝 海 堤堰 土産 城郭 關防 封山 烽燧 舘廨 倉庫 樓亭 學校 驛院 橋梁 祠廟 寺刹 古蹟 名宦 人物 忠烈 孝子 科目 題詠

위의 항목들을 5개의 큰 요목으로 나누어 재구성하면 다음과 같다.

一般行政	地界 建置沿革 邑名 面名 屬任 舘廨
財政·經濟	版籍 田賦 土産 倉庫 堤堰
軍事	軍簿 城郭 關防 烽燧 驛院 橋梁
社會·文化	姓氏 學校 風俗 名宦 人物 忠烈 孝子 節婦 科目 祠廟 寺刹 樓亭 題詠 古蹟
自然環境	山川 形勝 海 封山

항목의 구성으로 볼 때 『학성지』가 특정 읍지의 항목 체계를 그대로 모방한 것 같지는 않다. 조선전기부터 『세종실록지리지』나 『신증

---
18) 『淸臺全集』11, 鶴城誌序.

동국여지승람』과 같은 지리지가 편찬된 바 있었기 때문에 읍지라면 갖추어야 할 기본적인 항목은 대개 확정되어 있었다고 할 수 있다.『학성지』의 편찬자들은 조선전기에 편찬된 앞의 두 지리지와 함께 조선 후기에 만들어진 몇몇 사찬 읍지를 참고하여 울산의 실정에 맞는 항목 체계를 만들었다고 본다.

울산은 경주, 영천과 함께 같은 문화권을 형성하고 있었는데, 북으로는 경주와, 서로는 언양을 거쳐 밀양과, 남으로는 양산, 동래와 접해 있었다. 경주, 밀양, 동래 지역에는 울산지역에 앞서 이미 읍지가 편찬되어 있었다. 이 점이 울산의 읍지 편찬에 일정한 영향을 미쳤을 것이다.『학성지』의 항목과 인근 지방 읍지의 항목을 비교하면 어느 정도 상관성을 추측할 수 있는데, 정리하면 아래의 <표 2>와 같다.19)

<표 2>『학성지』와 인근 지역 읍지와의 항목 비교

	鶴城誌	東京雜記	密陽志	東萊府誌
一般行政	地界 建置沿革 邑名 面名(附坊名) 屬任 舘廨	地界 建置沿革 邑名 各坊 屬任 官號沿革 屬縣 鎭管	(地界) (建置沿革) (面里) (舘廨)	建置沿革 面里 舘廨 郡名 屬縣 官員

---

19)『동경잡기』와『동래부지』는『조선시대 사찬읍지』(한국인문과학원, 1989)에 수록된 것을 이용하였다.『밀양지』의 경우는 항목을 별도로 설정하지 않고 연이어 서술하는 형태를 취하고 있는데, 표에서는 비교의 편의를 위해 항목명을 필자 임의로 설정하여 제시하였기 때문에 괄호 속에 넣어두었다. 申翊全,『東江遺集』16, 別錄,「密陽志」;『한국문집총간』105, 민족문화추진회.

	鶴城誌	東京雜記	密陽志	東萊府誌
一般行政		人吏(附奴婢) 宮室 各同 辰韓紀 新羅紀		鄕任 官舍 廳舍 草梁公廨 官案
財政・經濟	版籍 田賦 土産 倉庫 堤堰	戶口 田結 土産 倉庫 堤堰	(土産) (倉庫) (大同)	戶口 田結 土産 倉庫 堤堰 大同 穀物 賦案 貢物 雜奉 烟役 人吏官屬雜差 各色匠人 各司各處奴婢
軍事	軍簿 城郭 關防 烽燧 驛院 橋梁	軍額 城郭 關防 烽燧 驛院 橋梁	(軍額) (城郭) (驛院)	軍摠 城郭 關防 烽燧 驛院 橋梁 軍器 旗幟 儀仗 各廳武夫
社會・文化	姓氏 學校 風俗 名宦 人物 忠烈 孝子 節婦	姓氏 學校 風俗 名宦 人物 忠義 孝行 貞烈	(姓氏) (學校) (風俗) (名宦) (人物) (孝子) (烈女)	姓氏 學校 風俗 人物 別典功臣 孝子孝女 烈女

	鶴城誌	東京雜記	密陽志	東萊府誌
社會·文化	科目 祠廟 寺刹 樓亭 題詠 古蹟	科目 祠廟 佛宇 題詠 古蹟 異聞 陵墓 祈雨所 寓居 蔭仕 友愛 伎藝 書籍 雜著補遺	(科目) (祠廟) (寺刹) (樓亭) (題詠) (古蹟)	科第 祠廟 佛宇 樓亭 題詠雜著 古蹟 異聞 塚墓 祈雨所 善政碑 生祠堂 釜山子城碑
自然環境	山川 形勝 海 封山	山川 勝地 藪	(山川) (形勝)	山川 形勝

위 표에서 보듯이 4개 읍지는 나름대로의 특징적인 항목 편성을 하고 있음을 볼 수 있다. 『동래부지』의 경우는 군사, 관방과 관련한 부분이 대단히 자세한 것을 특징으로 지적할 수 있으며, 재정·경제 관련 부분에서도 가장 많은 항목을 설정하고 있다. 사회·문화 부문 항목에서는 네 지방이 일치하는 항목이 많은데, 모두가 『신증동국여지승람』의 체제를 기본적으로 계승한 때문이라 생각된다.

특히 『학성지』의 재정·경제 관련 항목과 군사 관련 항목의 경우는 『동경잡기』의 경우와 거의 완벽하게 일치하고 있다. 경주의 읍지인 『동경잡기』 편찬시 찬집도감(纂集都監)을 맡았던 이채(李埰)는[20] 바

---

20) 『동경잡기』3, 말미의 편찬자 명단 참조.

로 숙종 5년에 건립된 울산 구강서원의 초대 원장으로 추대된 인물로
서[21] 울산지역의 사류들과 밀접한 관계를 가지고 있던 인사였던 점을
감안하면 항목 일치의 배경을 짐작할 수 있다. 더구나 다른 읍지에는
보이지 않는 同 단위의 편제가 경주와 울산의 읍지에만 보이는 것은[22]
그 영향을 말해주는 직접적인 근거라고 할 수 있다. 이러한 점을 고려
할 때『학성지』의 항목 선정은 특히 경주 읍지에서 많은 영향을 받았
음을 알 수 있다.

다음으로는『학성지』의 항목과『학성지』전후에 편찬된 울산지역
읍지의 그것을 비교해보도록 하겠다. 이를 통해 울산지역에서『학성
지』가 가지는 성격과 위치가 더욱 뚜렷하게 드러날 수 있을 것이다. 아
래의 <표 3>은 그러한 목적에서 작성된 것이다.

---

21) 『鷗江書院錄』, 鷗江書院刱建記. 이수환, 「울산 구강서원의 설립과 사액과정」, 『대구사학』49, 1995, 55~56쪽.
22) 원래 同은『周禮』「考工記」에 나오는 단위로 사방 1里를 井이라 하였고, 사방 10里를 成이라 하였으며, 사방 100里를 同이라 하였다. 결국 同은 후대로 오면서 제도의 상이는 있었으나 井田制의 遺意를 준수하는 의미가 있는 단위였다고 할 수 있다. 조선시대에 同은 일반 행정구역의 하부구조인 면리와는 별도로 군현의 書員들로 하여금 담당하게 한 구획된 일정 지역을 가리키는 것으로 활용되었다. 경주는 총 33개 同으로 나누어져 있었고, 울산은 총 19개 同으로 편제되어 있었다.『동경잡기』各同條;『조선시대 사찬읍지』16 소수,『학성지』, 田賦條.

〈표 3〉 울산지역 읍지의 항목 비교

	『世宗實錄地理志』蔚山郡(1454)	『新增東國輿地勝覽』蔚山郡(1531)	『鶴城誌』(1749)	『蔚山府輿地圖新編邑誌』(1786)	『蔚山府邑誌』(1832)	『蔚山邑誌』(1902)
一般行政	四境 建置沿革 郡名 鄕所部曲	地界 建置沿革 郡名 官員	地界 建置沿革 邑名 面名(坊名) 屬任 舘廨	地界 建置沿革 邑名 面名 官職 公廨	地界 建置沿革 郡名 官職 公廨	地界 建置沿革 邑名 各坊 屬任(人吏) 廨宇 屬縣
財政·經濟	戶口 田結 土貢(藥材)	 土産	版籍 田賦 土産	戶口 旱田 水田 進貢 糴糶 田稅 大同 均稅 俸廩 土産	戶口 旱田 水田 進貢 糴糶 田稅 大同 均稅 俸廩 物産	戶口 田結(各同) 還摠 土産
財政·經濟	土宜 鹽所 鐵場 磁器所 陶器所		倉庫 堤堰	倉庫 堤堰 牧場	倉庫 堤堰 牧場	倉庫 堤堰
軍事	軍丁 城郭 關防 烽火 驛	城郭 關防 烽燧 驛院 橋梁	軍簿 城郭 關防 烽燧 驛院 橋梁	軍簿 城郭 關防 烽燧 驛院 橋梁 鎭堡	軍兵 城池 關防 烽燧 驛院 橋梁	軍額 城郭 關防 烽燧 驛院 橋梁

社會·文化	姓氏	姓氏 學校 風俗 名宦 人物 寓居 孝子 烈女	姓氏 學校 風俗 名宦 人物 忠烈 孝子 節婦 科目	姓氏 學校 風俗 官案 名宦 人物 孝子 烈女 科目	姓氏 學校 風俗 名宦 人物 寓居 孝子 烈女 冢墓	姓氏 學校 風俗 名宦 人物 忠義 孝行 貞烈 科目 蔭仕
	祠廟 樓亭 題詠 古蹟	祠廟 佛宇 樓亭 題詠 古蹟	祠廟 寺刹 樓亭 題詠 古蹟	壇祠 寺刹 樓亭 題詠 古蹟	壇廟 寺刹 樓亭 題詠 古蹟	祠廟 佛宇 題詠 古蹟 祈雨所
自然環境	山川 土質 風氣	山川 形勝	山川 形勝 海 封山	山川 形勝 封山	山川 形勝	山川 勝地 島嶼 藪

<표 3>의 읍지간 항목 비교에서 보이는 특징은 다음과 같이 정리될 수 있다.

첫째, 일반행정과 관련한 부분이다. 『신증동국여지승람』에는 없던 面과 坊 단위의 이름까지 등재되어 있다는 점을 지적할 수 있다. 이는 조선후기 면리제의 발달 모습을 읍지 편찬에 반영한 것이다. 면리의 명칭은 일체 관용문서에서 사용하는 명칭에 따른다고 하고 있는데, 면명과 방명 아래에는 첨기로 부연 설명한 부분도 있어 울산의 세세한 사정을 이해하는 데 도움을 주고 있다.[23] 그리고 공공시설물들을 정리한 관해(舘廨) 항목이 따로 설정된 점도 울산지역에서는 『학성지』에서부터 나타나는 특징으로 지적할 수 있다.

둘째, 재정·경제와 관련한 항목이다. 이 부분이 『신증동국여지승람』과 가장 차이가 나는 부분이다. 『신증동국여지승람』에는 토산 항목 하나뿐인 데 비해, 『학성지』에는 판적(版籍), 전부(田賦), 토산(土産), 창고(倉庫), 제언(堤堰) 등 다섯 항목으로 늘어나 있다. 특히 호구와 전결이 독립된 항목으로 파악되어 있는 점은 『세종실록지리지』의 수록 방식을 취한 것으로 보인다. 창고와 제언은 이전에 없던 항목으로 새로 신설된 것인데, 제언의 경우는 조선후기 농업의 발달로 인해 더욱 그 중요성이 부각된 상황을 반영하고 있다고 하겠다.

재정·경제 부문 항목은 정조대에 편찬된 읍지의 경우가 가장 자세한데, 이는 『여지도서』의 항목 체제를 그대로 따른 것이다. 즉 전결(田結)을 한전(旱田)과 수전(水田)으로 나누어 파악한 것이라든지, 부세 항목으로 이전에는 보이지 않던 진공(進貢), 조적(糶糴), 전세(田稅), 대동(大同), 균세(均稅), 봉름(俸廩) 등이 집중적으로 설정된 것이 그것이다. 이 부문의 경우 『학성지』가 『신증동국여지승람』보다는 자세해졌고, 그 이후에 나온 읍지류보다는 소략한 편이었다.

셋째, 사회·문화와 관련한 부분이다. 『학성지』는 문화 분야가 대거 보강된 『신증동국여지승람』의 체제를 충실히 따르고 있다. 다만 인물과 관련된 항목이 조금 늘어났는데, 과목(科目)과 충렬(忠烈)이라는 새로운 항목의 신설이 가장 눈에 띈다. 과목은 『신증동국여지승람』에서는 별도의 항목으로 설정되지 않았었다. 그러나 해당 인물이 늘어나는 추세에 맞추어 별도의 항목으로 설정될 필요성이 제기되었을 것

---

23) 『학성지』 면명조. 예컨대 鹽漢, 海夫가 거주하거나 甕器店이 있다고 부연한 것, 그리고 지명의 유래에 대해 간단히 부연 설명한 것이 그러한 것들이다.

이고, 그러한 경향이 『학성지』에 반영되었을 것이다. 충렬조에는 주로 임진왜란시 의병을 일으킨 공으로 공신에 책봉된 이들이 정리되어 있다. 이 항목은 이 후의 읍지에도 잘 등장하지 않는 것으로 『학성지』가 지향하였던 지역사회의 선양이라는 바를 잘 보여주는 부분이라고 하겠다.

4. 편찬의 의미

17세기이후 사찬 읍지의 편찬은 각 지방별로 활발하게 추진되었다. 문화적 역량과 여건이 성숙된 지역에서 먼저 편찬되기 시작하였고, 점차 다른 지역으로까지 퍼져갔다. 그 흐름이 18세기 중엽에 이르러 드디어 울산지역에까지 도달하게 되었다. 『학성지』의 편찬은 바로 그러한 읍지 편찬이라는 문화의 흐름 과정에서 나타난 산물이었던 것이다.

『학성지』가 편찬될 당시 울산 주변의 경주, 동래, 밀양 등 비교적 규모가 큰 지방에는 이미 읍지가 편찬되어 있었다.[24] 그러함에도 불구하고 울산에서 아직 읍지가 편찬되지 못한 사실은 울산 지역의 사족들에게 경쟁의식을 발동시키면서 많은 자극을 주었을 것이다. 그 점은 특별히 서문에서도 지적되고 있다.[25] 울산지역은 읍지 편찬이라는 문화 사업의 선두그룹에 속한 지역은 아니었으나, 그 다음 단계의 그룹에는 해당된 지역이었던 것이다. 여기에 『학성지』의 편찬이 가지는 의미가 있고, 울산지역이 차지하는 위치가 있다.

---

[24] 경주의 읍지인 『동경잡기』는 1669년에, 밀양의 『밀양지』는 1652년에, 동래의 『동래부지』는 1740년에 각각 편찬되어 있었다.
[25] 『淸臺全集』11, 鶴城誌序.

『학성지』의 편찬이 지니는 의미는 울산이라는 지방에 초점이 맞추어질 경우에 더욱 커진다. 『학성지』는 당시 울산이 가지고 있던 모든 것을 정리해놓은 집합체였다. 울산의 역사, 자연 환경, 인적·공간적 규모, 각종 시설물, 저명 인물들, 그들에 의해 이룩된 문화적 축적물 등 울산과 관련된 모든 것들이 총 망라되어 있었다. 이 읍지만 보면 당시 울산의 상황을 한 눈에 파악할 수 있는 것이다. 더구나 『신증동국여지승람』이후 약 200년만에 울산의 사정을 정리하였다는 점에 편찬의 큰 의미가 있다.

　또한 『학성지』의 편찬은 그 동안 끊겼던 읍지 편찬의 전통과 맥을 이었을 뿐아니라 그것을 다시 후대에 연결시킨 의미가 있었다고 할 수 있다. 『학성지』는 이후 편찬된 울산지역 읍지의 토대가 되었던 것이다. 먼저 영조대 『여지도서』의 편찬은 개별적 분산적으로 분출되던 읍지 편찬의 욕구를 국가적 차원에서 동일한 규식(規式)으로 종합한 것이었다.[26] 『여지도서』는 동일한 틀은 제시되었으나 각 군현에서 만든 것을 모아 놓은 형태를 띠었다.[27] 하지만 현전하는 『여지도서』에는 울산의 읍지가 누락되어 있다.[28] 애초에 울산읍지가 편찬되지 않아 『여지도서』에서 누락이 되었는지, 아니면 『여지도서』에 포함되어 있었으나 어떤 다른 사정으로 누락되어 현전하지 않는 것인지는 확실하지 않다.

　이어 정조대에도 국가차원의 읍지 편찬의 움직임 속에서[29] 울산지

---

[26] 『여지도서』의 편찬과정에 대해서는 배우성, 「18세기 전국지리지의 편찬과 지리지 인식의 변화」, 『한국학보』85, 1996, 157~158쪽을 참고하라.
[27] 『여지도서』(국사편찬위원회 영인본, 1973) 해제.
[28] 영인된 『여지도서』에는 1832년 순조대에 간행된 울산읍지가 보유편에 실려있다. 『여지도서』(국사편찬위원회 영인본, 1973).
[29] 배우성, 앞의 논문, 1996, 160~171쪽.

역의 읍지가 간행된 바 있었다.30) 19세기에 접어들어서는 국가 주도의 읍지 편찬이 매우 활발하게 전개되었다. 즉 순조 32년인 1832년에 울산을 포함한 경상도읍지가 편찬되었고,31) 고종대에는 1871년, 1895년, 1899년 세 차례에 걸쳐 전국적인 차원에서 읍지가 활발하게 편찬되었다.32) 울산의 경우는 1902년에 수령의 책임하에 다시 한번 더 울산읍지가 편찬되었는데,33) 이것이 관청이 주관하여 편찬한 읍지로서는 마지막이었다. 이후 울산에서는 1934년과 1937년에 사찬읍지가 울산지역민들의 관심에서 편찬된 바 있었다.34) 특히 1902년, 1934년, 1937년에 간행된 울산의 읍지에서는 『학성지』를 계승하였음을 분명히 밝히면서 『학성지』의 서문을 '구서(舊序)'라 하여 게재하고, 참고한 문헌에도 포함시켜 두었다. 이상의 울산읍지 편찬에 『학성지』는 참고 자료로서 직·간접적으로 영향을 끼쳤던 것이다.

　조선시대 전기간에 걸쳐 편찬된 울산지역의 지리지와 읍지를 참고로 정리하여 제시하면 다음 <표 4>와 같다.

---

30) 『蔚山府輿地圖新編邑誌』, 규장각 소장본, 1786(정조 10).
31) 『蔚山府邑誌』, 규장각 소장본, 1832(순조 32). 『慶尙道邑誌』, 아세아문화사 영인본, 1982.
32) 『蔚山府邑誌』, 규장각 소장본, 1871(고종 8). 『嶺南邑誌』, 아세아문화사 영인본, 1982. 『蔚山府邑誌』, 규장각 소장본, 1985(고종 32). 『嶺南邑誌』, 아세아문화사 영인본, 1982. 『蔚山郡邑誌』, 규장각 소장본, 1899(광무 3).
33) 『蔚山邑誌』, 규장각 소장본, 1902(광무 6).
34) 金鎔濟, 『蔚山邑誌』, 국립중앙도서관 소장본, 1934; 『興麗勝覽』, 국립중앙도서관 소장본, 1937.

〈표 4〉 조선시대 울산의 지리지 및 읍지 편찬 상황

	간행연도	책명	현전 여부	편찬대상	비고
15 세기	1425(세종7)	慶尙道地理誌	현전	경상도	신찬팔도지리지 편찬 목적
	1432(세종14)	新撰八道地理誌	부전	전국	
	1454(단종2)	世宗實錄地理誌	현전	전국	
	1469(예종1)	慶尙道續撰地理誌	현전	경상도	팔도지리지 편찬 목적
	1478(성종9)	八道地理誌	부전	전국	
	1481(성종12)	東國輿地勝覽	일부현전	전국	
16 세기	1531(중종26)	新增東國輿地勝覽	현전	전국	
18 세기	1749(영조25)	鶴城誌	초고본 현전	울산	개인소장
	1757-1765 (영조33-41)	輿地圖書	현전	전국 (울산누락)	한국교회사연구소 소장, 국사편찬위원회 영인본, 1973.
	1786(정조10)	蔚山府輿地圖新編邑誌	현전	울산	규장각 소장본
19 세기	1832(순조32)	慶尙道邑誌(蔚山府邑誌)	현전	전국	규장각 소장, 아세아문화사 영인본
	1871(고종8)	嶺南邑誌(蔚山府, 蔚山牧場牧誌 및 事例)	현전	전국	규장각 소장, 아세아문화사 영인본
	1895(고종32)	嶺南邑誌(蔚山府邑誌 및 事例)	현전	전국	규장각 소장, 아세아문화사 영인본
	1899(광무3)	蔚山郡邑誌	현전	전국	규장각 소장본
20 세기	1902(광무6)	蔚山邑誌	현전	울산	규장각 소장본, 3권 2책, 표지에는 학성지로 표기
	1934	蔚山邑誌	현전	울산(언양포함)	국립중앙도서관 소장본, 6권 3책
	1937	興麗勝覽	현전	울산(언양포함)	국립중앙도서관 소장본, 6권 3책

『학성지』의 편찬에서 주목할 것은 인물조의 확대이다. 『학성지』 인물 관련 항목에 실린 인물들을 전후의 읍지와 비교하여 정리하면 다음 <표 5>와 같다.

<표 5> 울산지역 읍지의 수록 인물 비교

	『新增東國輿地勝覽』 蔚山郡 (1531)	『鶴城誌』 (1749)	『蔚山府輿地圖新編邑誌』 (1786)	『蔚山府邑誌』 (1832)	『蔚山邑誌』 (1902)
人物	박윤웅 이예 양희지(우거)	박윤웅 이예 양희지 이종실 이종근 김인후 이의립 김흡 전응충	박윤웅 이예 - -	박윤웅 이예 양희지(우거) -	박윤웅 이예 양희지 김인후
忠烈		장희춘 서인충 박홍춘 박계숙 박봉수 박봉서 이한남 이경연 전응춘 박웅탁 장오석 박봉수 김순경 전영			이종실, 장희춘 등 총 53명
孝子, 孝女 (孝婦)	송도	송도 정소근련 김여택 서필형 윤소사 황소사 박시만 배두수	송도 정소근련 김여택 - - - - -	송도 정소근련 김여택 - - - - -	송도 정소근련 김여택 서필형 윤소사 - - 배두수 외 31인
節婦 (烈女, 貞烈)		박소사(차재행(홍)) 김소사(최효성처) 배씨(이하형처) 심소사(변흥태처) 고소사(오덕수처)	박성(차재행처) - 배씨(이하형처) - - 김소사(김세방처) 이씨(박종규처) 조소사(김수대첩)	박소사(차재행처) - 배씨(이하형처) - - 김소사(김세방처) 이씨(박종규처) 조소사(김수대첩)	박씨 김소사(최효성처) 배씨 심소사 고소사 김소사(김세방처) 이씨 조소사 외 12인

과목	文科		양희지 김인후	박취 양희지 배세 류 김인후 장희춘	이근오 이지연 이 승연 이정발	박취 양희지 배세 류 장희춘 이근오 박시룡 박시규 이 석진
	武科		이종실 박봉수 박 봉서 박지변 김우 박홍춘 서인충 박 세린 박몽득 박유 장 박만수 전영 박 경은 이한남 박계 숙 김윤룡 윤홍명 안신명 김유성 이 위 박이명 이석노 박취문 김학 박이 돈 이형 배두추 윤 임중 이시강 이인 구 이상익 이이환 박민신(총 33명)	이종실 등 총 54명	-	이종실 등 총 125명
	蔭仕		이종근	-	-	이종근 등 총 64인
	司馬		송도 이동영 김방 한 박세도 박수항 이문구 박망구	-	-	송도 이동영 박창 우 김방한 박세도 박수항 이문구 박 망구 외 39인
기타			울산박씨 인사 상 세 등재	-	-	-

『신증동국여지승람』 울산군의 인물조에는 2항목 4명이 등재된 데 불과하였던 것이 『학성지』에 이르면 무려 8항목 79명으로 급증하였다. 두 책 사이에 놓인 200년이라는 시간적 축적을 감안하더라도 엄청나게 불어난 수치이다. 그리고 『학성지』는 효자, 효녀, 열녀 등재 인물이 전후 읍지와 비교하여 풍부한 편에 속하였다. 유교적인 이데올로기의 강조라는 면과 고장의 선양이라는 측면이 주요 요인으로 작용하였을 것이다. 충렬조 항목을 새롭게 설정하여 임난 공신을 수록한 것도 고장 전체를 선양하려는 의미가 컸을 것이다. 이후 편찬된 읍지에서도

인물조를 풍부하게 만든 기조는 계속 유지되는 가운데, 점점 확대되는 추세를 보였다. 다만 1786년과 1832년에 편찬된 읍지는 전국적인 차원에서 정한 일정한 規式에 맞추어 편찬된 읍지이기 때문에 울산지역 단독 편찬의 사찬 읍지와는 차이가 있었다. 충렬, 음사, 사마의 항목 자체가 없는 것이 그것이다. 그런 점에서 본다면 『학성지』를 가장 충실하게 계승한 읍지는 1902년에 편찬된 『울산읍지』로 보이는데, 『학성지』 인물조에 보이는 세반 모습을 극대화시켜 놓았다. 이러한 경향은 이후 편찬된 1934년의 『울산읍지』와 1937년의 『흥려승람』에도 그대로 계승되었다.35) 따라서 『학성지』는 인물조 부분에서 이후 편찬된 울산 지역 읍지에 큰 영향을 끼쳤음을 확인할 수 있다.

이 인물조에 등재된 인물들은 거의 모두 울산 지역의 유력 양반들이었다. 그들은 자신들의 조상들을 되도록 많이 읍지에 등재시킴으로써 조상을 현창할 수 있었을 뿐아니라, 이를 통해 자신들의 존재 의의와 지배의 당위성을 지역에 확인시킬 수 있었을 것이다. 충렬이라는 항목을 신설하여 공신들을 적극적으로 등재한 것을 비롯하여 무과 합격자와 생원, 진사시 합격자까지 상세하게 등재하기 시작한 점도 비슷한 맥락에서 이해할 수 있겠다.

이런 점은 울산의 유력 양반인 울산 박씨의 대표적 저명인사 19명을 계보 및 이력과 함께 따로 정리해두었던 데서 극명하게 드러난다.36) 물론 초고본의 이 부분이 완성본에도 그대로 실렸는지는 확인할 수 없다. 학성 이씨를 비롯한 다른 유력 성씨들의 경우는 따로 정리되어 있

---

35) 金鎔濟, 『蔚山邑誌』, 1934, 인물항 부분; 『興麗勝覽』, 1937, 인물항 부분.
36) 『학성지』, 인물항 부분. 여기에 이름이 오른 울산 박씨들은 대개 관직, 공훈, 과거 급제 등을 고려하여 선정된 인물들이다. 朴詠興, 有仁, 世堅, 慶說, 元祐, 慶殷, 而晧, 而曒, 致章, 之怍, 之榮, 弘春, 繼叔, 就文, 有章, 萬壽, 汝霖, 應禎, 從周가 그들이다.

지 않은 것으로 미루어 완성본에는 울산 박씨의 경우도 실리지 않았을 가능성도 크다. 그러나 초고본에 실린 것만 감안하더라도 양반 사족들의 조상에 대한 현창 욕구가 강하게 투영되었음을 추론하는 데는 큰 무리가 없다고 생각한다. 그러한 목적에서 울산지역의 양반 사족들은 읍지 편찬을 먼저 건의하였고, 편찬 과정에도 적극 참여하였던 것이다.

인물조와 함께 또 하나 『학성지』에서 주목할 것은 풍속조이다. 울산 사람들의 심성과 관련하여 『신증동국여지승람』에서는 '무예를 숭상하고 장사를 좋아한다(尙武藝 好商賈)'라고 울산지역민의 성향을 평가한 데 비해,[37] 『학성지』에서는 '상무예(尙武藝)'라고만 함으로써 '호상고(好商賈)' 세 글자를 삭제하였다.[38] 짐작컨대 '호상고'는 울산의 포구를 통한 무역에 잘 종사하였음을 나타낸 듯한데, 유학을 하는 사족들은 이러한 평을 꺼려서 삭제하였을 것이다. 지방을 파악하는 데 있어 국가의 입장과 당사자인 지방민의 입장 사이에 차이가 있었음을 잘 보여준다고 하겠다. 이후 편찬된 울산의 읍지에서는 모두 『학성지』를 따르고 있어 이후 읍지에 미친 『학성지』의 영향을 잘 보여주고 있다.

대부분 읍지의 경우 풍속 항목에서는 대개 그 고을 사람들의 성정이나 심성을 간단히 평하고 있다. 함안의 『함주지』, 진주의 『진양지』, 선산의 『일선지』, 함양의 『천령지』, 경주의 『동경잡기』, 문경의 『문경현지』 등 대부분의 읍지가 그러한 경우에 속한다. 이는 『신증동국여지승람』 이래의 공통된 점이었던 듯하다. 일부 읍지의 경우에는 아예 풍속 항목이 없는 경우도 있었는데, 상주의 『상산지』, 청도의 『오산지』가 그러한 예에 해당된다. 그런데 『학성지』의 경우에는 고을 사람들

---

37) 『신증동국여지승람』, 울산군, 풍속조.
38) 『학성지』, 풍속조.

의 성정에 덧붙여 기층민들의 풍속과 놀이에 대해 자세하게 소개하고 있다. 읍지에 기층민들의 놀이를 소개하고 있는 경우는 매우 드문데, 안동의 『영가지』의 경우 석전놀이를 소개하고 있고,39) 동래의 『동래부지』의 경우 연등놀이와 줄다리기를 간단하게 소개하고 있는40) 정도이다. 『학성지』에 소개되어 있는 민간의 풍속은 정월 대보름의 매귀악(煤鬼樂), 2월의 영등신(盈騰神), 5월 단오의 마두회(馬頭戱)와 씨름 등인데, 그 구체적인 내용까지 자세하게 소개하고 있다.41)

먼저 매귀악은42) 매년 정월 대보름의 풍속으로 역귀를 쫓고 재액을 털어 없애는 의미가 있는 놀이였다. 매년 음력 12월에 동네의 한 사람을 선정하여 종이 깃발을 만들어 집안 마당 가운데에 세워두게 한 다음, 달밤에 한 무리의 젊은이들이 깃발 아래 빙 둘러서서 징과 북으로 음악을 연주하였다. 그리고 정월 대보름에 이르러서는 또 큰 종이로 만든 깃발을 마을 가운데 세워두고 각자 술과 음식을 갖추어 깃발 아래에 모여 먹고 마셨다. 사람들은 오채화(五綵花)를 꼽고, 온갖 유희를 모두 베풀었다. 또 귀신머리 가면을 쓰고 유희를 즐기고, 마을을 돌아다니며 집안을 마구 밟았는데, 이를 일러 '지신을 밟는다'고 하였다. 해질 무렵에는 각자 '사목(査木)'을 짊어지고 큰 네거리 도로에 모여 모두 종이 깃발과 '사목'을 태우며 즐겼다. 이 때 속된 말로 사설을 지어 가로되, '등광궐아괘보살(騰光厥兒掛菩薩)' 이 일곱 글자를 서로 번갈아 느리게 외치면서 다 탈 때까지 기다리는 고로 매귀악이라 하였

---

39) 『영가지』, 풍속조. 안동지방의 경우는 이미 『신증동국여지승람』에서부터 석전놀이가 소개되어 있었다.
40) 『동래부지』, 풍속조.
41) 『학성지』, 풍속조.
42) 1832년에 편찬된 『울산읍지』에는 埋鬼遊라 하였다.

다. 이를 '등궐살(騰厥殺)'이라고도 하였는데, 방언으로는 '사목'을 '등걸'이라 하고, 태우는 것(燒)을 '살'이라 하기 때문이었다. 울산 경내 마을이 모두 그렇게 하였고, 병영내와 읍내 마을이 사치스럽고 화려하게 하는 데 힘썼는데, 특히 성황당 지역이 더욱 화려하게 하였다.

다음으로 영등신은 춘양(春陽)이 발산하는 기운이다. 다른 이름으로 풍신(風神)이라고 하고, 속어로는 영등제석(盈騰帝釋)이라 하였다. 2월 1일에 풍신이 하강하여 인간의 길흉화복을 살피는 고로 인가에서는 목욕재계하고 술과 안주를 갖추되, 술은 감주(甘酒)를 쓰고, 안주는 미식(米食), 채소, 과일, 말린 꿩고기와 말린 생선으로써 제사상을 차렸다. 제사지낼 때는 여자 무당으로 하여금 축문을 읽게 하여 복을 불러오게 하였다. 제사지낸 후 물린 음식은 인근마을에 골고루 나누어 신의 혜택을 함께 받도록 하였다. 그렇게 하지 않으면 주인은 허물을 입게 되어 모든 일이 이루어지지 않는다고 하였다. 그리고 2월 15일은 풍신이 하늘로 올라가는 날로서 역시 술과 음식을 마련하여 전송하였다.

마지막으로 마두희는 매년 5월 5일 단오에 하는 줄다리기 놀이였다. 고을 사람들이 종루 앞 도로에 모여 동서로 나뉘어 미리 칡으로 만들어 둔 밧줄을 당기며 용맹을 다투었다. 밧줄의 머리에는 빗장 모양을 만들어 서로 결박짓게 하였는데, 두 사람으로 하여금 남녀복을 입혀 남자는 동쪽, 여자는 서쪽의 밧줄머리에 서게 하였다. 대개 '마두희'라고 하는 것은 울산의 동대산 한 줄기가 곧바로 동쪽 바다로 향해 달려가는 형상이 마치 말머리를 닮았는데, 고을 사람들이 산줄기가 곧바로 바다로 향해 달려가는 것을 꺼려하여 밧줄로 말머리를 당겨 방향을 돌리게 하려 한 데서 유래하였다. 그 때문에 서쪽이 이기면 풍년이 드나 동쪽이 이기면 기근이 든다고 믿고, 이것으로써 풍흉을 점쳤다. 놀이가 끝난 다음 밧줄은 태화진의 뱃사공에게 주어 사용하게 하였다. 또 양편으로 하여금 씨름으로 겨루게도 하였다.

이상이 『학성지』 풍속조에 실려있는 울산 지역 민간의 풍속과 놀이이다. 위의 풍속과 놀이는 비단 울산 지역에만 있었던 것은 아니고, 약간씩의 차이는 있으나 우리나라 많은 지역에 퍼져있던 일반적인 것이었다.[43] 주목할 점은 그것들을 읍지에 기록하기 시작하였다는 사실이다. 대개 읍지의 내용 중에 기층민과 관련되어 수록된 것은 거의 아무 것도 없다. 기층민들은 부세 징수의 대상으로 파악되었을 뿐이었다. 그런데 그들의 풍속과 놀이가 읍지에 기재된 것은 극히 이례적인 것이다. 이는 아마 조선후기 기층민들의 성장을 바탕에 깔고 있었다고 할 수 있다. 『학성지』 이후 편찬된 울산의 읍지에는 역시 기층민들의 풍속과 놀이를 간단하게나마 수록하고 있는데, 이 또한 『학성지』의 영향이었음이 분명하다고 하겠다.

5. 맺음말

이상에서 『학성지』 초고본의 분석을 중심으로 하여 편찬의 과정과 내용의 특징, 그리고 그 의미에 대해 살펴보았다. 이를 간략히 요약하여 맺음말로 삼으면 다음과 같다.

지리지 편찬이 16세기에 『신증동국여지승람』으로 총정리가 된 이후, 17세기에는 변화한 모습을 반영하기 위해 몇몇 군현에서 사찬 읍

---

[43] 이에 대해서는 다음의 논저들을 참고하라. 고대민족문화연구소, 『한국민속대관 - 세시풍속·전승놀이-』, 1995. 한국문화원연합회 경상남도지부, 『경남민속자료집』, 1993. 국립민속박물관, 『한국의 세시풍속(Ⅰ, Ⅱ)』, 1998.

지를 편찬하기 시작하였다. 그러한 경향은 점차 전국적으로 확산되어 갔고, 울산의 읍지인『학성지』도 그러한 흐름에 부응하여 편찬된 것이었다.

『학성지』의 편찬은 영조 11년(1735) 울산의 사족들이 부사 권상일에게 발의함으로써 시작되었다. 이 때 편찬을 주도한 울산의 사족은 박망구와 이현담·원담 형제였는데, 그들은 당시 울산에 근거를 두고 있던 유력 가문의 인사들로 읍지 편찬의 실질적인 업무를 담당하였다. 그들은 여러 가지 자료들을 정리하고 집필에 착수하여 초고본을 완성하였고, 이 초고본에 대한 수정의 책임은 권상일에게 일임하였다. 그러나 그로부터 10여년이 지난 후에야 울산 사족들의 독촉으로 마침내 『학성지』의 편찬이 완성되었다.

안타깝게도 이 완성본은 현존하고 있지 않다. 다행히 완성본의 저본이 되었던 초고본이 권상일의 후손 집에 남아있기 때문에 그를 통해 『학성지』의 내용을 거의 짐작할 수 있다. 『학성지』초고본은 서문과 총 34개의 항목으로 구성되어 있다. 구성 방식은 대부분의 읍지와 큰 차이는 없다. 항목 및 체제구성을 고려할 때『학성지』는『신증동국여지승람』에서 정리된 큰 기본 틀을 따르는 가운데, 조선후기에 편찬된 인근의 경주 읍지를 참고하였을 가능성이 큰 것으로 판단되었다.

편찬 시기가 다른 울산 지역의 여러 읍지와『학성지』의 항목을 비교한 결과 면리제의 발달을 반영하여『신증동국여지승람』에는 없던 면(面)과 방(坊)의 이름까지 등재하고 있었고, 재정·경제와 관련하여 『신증동국여지승람』에는 토산 항목 하나뿐인데 비해『학성지』에는 판적, 전부, 토산, 창고, 제언 등 다섯 항목으로 늘어나 있었다. 사회·문화와 관련하여서는『학성지』는 문화 분야가 대거 보강된『신증동국여지승람』의 체제를 충실히 따르고 있는 가운데 충렬이라는 새로운 항목의 신설이 특기할 점이었다.

『학성지』의 편찬은 읍지 편찬이라는 문화의 흐름에서 나타난 산물이었다. 울산 주변의 비교적 규모가 큰 지방에는 이미 읍지가 편찬되어 있었다는 사실로부터 많은 자극을 받았을 것이다. 『학성지』의 편찬이 지니는 의미는 울산이라는 지방에 초점이 맞추어질 경우에 더욱 커지는데, 『학성지』는 당시 울산이 가지고 있던 울산과 관련된 모든 것들이 총 망라되어 있었다. 더구나 『신증동국여지승람』이후 약 200년만에 울산의 사정을 상황을 정리하였다는 점에 편찬의 큰 의미가 있다. 또한 그 동안 끊겼던 읍지 편찬의 전통과 맥을 이었을 뿐아니라 그것을 다시 후대에 연결시킨 의미도 크다고 할 수 있다. 더구나 같은 영조대에 전국을 대상으로 편찬된 『여지도서』에 울산읍지 부분이 누락되어 현전하지 않기 때문에 『학성지』의 가치는 더욱 빛난다고 할 수 있다.

『학성지』의 편찬에서 주목할 것은 인물조의 확대였다. 『신증동국여지승람』의 인물조에는 2항목 4명에 불과하던 것이 이 때에 이르면 무려 8항목 79명으로 급증하였다. 그 중 효자, 효녀, 열녀의 등재 인물은 전후 읍지와 비교하여도 가장 풍부하였다. 충렬조 항목을 새롭게 설정하여 임난 공신을 수록한 것도 고장 전체를 선양하려는 의미가 컸을 것이다. 이후 편찬된 읍지에서도 인물조를 풍부하게 만든 기조는 계속 유지되는 가운데, 점점 확대되는 추세를 보였다. 『학성지』는 인물조 부분 편성에서 이후 편찬된 울산 지역 읍지에 큰 영향을 끼쳤던 것이다.

이 인물조에 등재된 인물들은 거의 모두 울산 지역의 유력 양반들이었다. 그들은 자신들의 조상들을 되도록 많이 읍지에 등재시킴으로써 조상을 현창할 수 있었을 뿐아니라, 이를 통해 자신들의 존재 의의와 지배의 당위성을 지역에 확인시킬 수 있었을 것이다. 울산지역의 양반

사족들이 읍지 편찬을 먼저 건의하고, 또 편찬 과정에도 적극 참여한 것은 바로 그 때문이었을 것이다.

또 하나 『학성지』에서 주목할 것은 풍속조였다. 『신증동국여지승람』에서는 '상무예 호상고'라 울산지역민의 성향을 평가한 데 비해, 『학성지』에서는 '상무예'라고만 함으로써 '호상고' 세 글자를 삭제하였다. 양반들이 이러한 평을 꺼려서 삭제한 것으로 보이는데, 이후 편찬된 읍지에서도 모두 세 글자를 삭제하고 있어 『학성지』의 영향을 잘 보여주고 있다.

그리고 기층민의 풍속과 놀이에 대해 관심을 베푼 사실도 주목할 만하다. 대부분 읍지의 경우 풍속조 항목에서는 그 고을 사람들의 성정이나 심성을 간단히 평하는데 그친 반면에, 『학성지』의 경우에는 기층민들의 풍속과 놀이에 대해 자세하게 소개하고 있다. 『학성지』에 소개되어 있는 민간의 풍속과 놀이는 크게 매귀악, 영등신, 마두회 등인데, 그 내용까지도 자세하게 소개하고 있다. 대개 읍지의 경우 기층민과 관련하여 수록한 것은 거의 아무 것도 없는 가운데, 기층민들의 풍속과 놀이가 기재된 것은 극히 드문 경우이다. 이후 편찬된 울산의 읍지들이 기층민들의 풍속과 놀이를 계속 수록하고 있는 것도 바로 『학성지』의 영향이었음이 분명하다. 여기에 『학성지』 편찬의 의미가 있다.

▌부록

■ 동아시아해 국제항으로서의 울산의 위상과 그 변화

1. 머리말

본고는 동아시아해에서 울산지역이 국제항으로서 지녔던 위상에 대해 살피고자 한 것이다. 울산지역은 신라의 수도 경주와 매우 인접한 해변지역이어서 수도 경주의 외항으로서의 역할을 하고 있었다. 경주에서 바다로 나가기 위해서는 단순거리는 더 가까운 곳도 있었지만 중간에 산이 가로막혀 있는 관계로 평탄한 도로망까지를 감안한다면 울산이 최적지에 해당되었다. 이에 따라 울산항은 신라의 외항이자 국제항으로 기능하게 되었다.

그 국제항으로서의 가능성을 먼저 중국과 일본의 항로를 통해 확인한 다음, 몇가지 사료를 통해 국제항으로서의 모습을 확인하고자 하였다. 나아가 최근 울산지역에서 발굴된 고대 항구시설 유적지를 통해 유적과 유물로서 증명해보고자 한다.

국제항으로서의 울산의 위상은 고려가 건국되면서 수도가 개경으로 옮겨지면서 쇠퇴의 길을 걷게 되었다. 하지만 울산은 조선초에 다시 한번 국제항으로서 주목을 받게 되었다. 일본과의 교역 중심지로서 부각된 것이다. 왜구 진압에 주된 관심이 있었던 조선은 일본과의 교역을 3개의 항구에 제한하였는데, 그 3개의 항구 중의 하나로 울산지역의 염포가 선택된 것이었다. 이후 울산은 일본과의 무역항으로서, 사신의 내왕처로서, 그리고 일본 거류민의 거주지로서의 기능을 수행하였다.

이상의 고찰을 통해 고대에서 근세에 이르는 시기 울산이 국제항으로서 지녔던 위상과 기능, 그리고 그 변화의 모습을 살펴보고자 한다.

2. 신라의 수도 경주의 외항

1) 입지적 조건

지형적인 측면에서 볼 때 경주에서 동쪽으로 가까운 거리에 항구가 있다고 하더라도 높은 산으로 가로막혀 있어 경주로 오가기가 쉽지 않은 상태였다. 경주에서 직선거리로 가장 가까운 동해안의 감포 지역과의 사이에는 추령이라는 높은 고개가 가로막혀 있어 대규모 물자 운송은 어려운 점이 있었다. 직선거리로는 감포보다 조금 더 멀지만 경주의 동남쪽에 위치한 울산지역은 비교적 평탄하였다. 이러한 지형적인 조건을 고려할 때 울산은 경주의 외항으로서 선택의 여지가 없는 거의 유일한 항구였다고 하겠다.

경주의 외곽 방어시설인 관문성의 존재를 통해 미루어 짐작하더라도 울산이 경주의 외항으로서의 구실을 하였음을 알 수 있다. 관문성은 문자 그대로 경주의 남쪽 관문 구실을 하는 곳이었다.[1] 외적이 울산항에 내려서 육로로 경주에 접근할 경우를 대비하여 그 초입에 동서

---

1) 關門城은 동쪽으로는 오늘날 경주 모화에서 출발하여 서쪽으로 울산의 두동과 두서지역으로 이어진 장성이다.

로 길게 관문성을 쌓아두었던 것이다. 울산은 경주의 외곽 방어선인 관문성 밖에 위치하고 있었던 셈인데, 관문성의 입지가 다분히 외항인 울산항을 의식한 상태에서 선정되었던 것임을 알 수 있다.

수도 경주의 외항이었던 울산항은 단순한 국내항이 아니라 국제항으로서의 위상을 가지고 있었다. 이는 중국이나 일본과의 바닷길을 통해서도 증명할 수 있는 부분이다. 고대 중국과 신라를 잇는 항로는 연안항로와 직항로가 있었다. 연안항로는 한반도의 서해안에서 해안을 따라 북상하여 요동 해역을 거쳐 산동반도에 이르고 다시 연안을 따라 남하하여 장강(長江) 하구에 있는 여러 항구에 도착하는 항로였다. 이는 훨씬 더 오래전부터 이용되었던 항로였다. 이에 비해 직항로는 바다를 바로 건너가는 것으로서 연안항로에 비해서 거리는 훨씬 가까우나 위험성이 훨씬 컸었다. 연안항로가 정치, 군사적인 이유로 원활하게 운영될 수 없는 상황에서의 직항로 개척은 위험을 무릅쓴 하나의 대안이었다. 한반도에서 중국으로 건너가는 직항로는 크게 보면 두 가지가 있었는데, 서해안에서 산동반도로 직항하는 항로와 서남해의 흑산도 근처에서 중국의 장강 유역으로 건너가는 항로였다.

장강 하구의 양주(揚州)에는 아라비아상인들도 상당히 많이 기착하던 곳이었다. 즉 소위 남해로를 따라 왔을 때 중국에서 중심지 역할을 하던 곳이 바로 장강 근처의 여러 항구였던 것이다. 그 상인들이 중국에만 머물지 않고 해로를 따라 한반도까지 왔을 개연성은 충분한 것이다. 더구나 중국에서 일본으로 가기 위해서도 중국에서 한반도로 왔다가 일본으로 가야하기 때문에 한반도의 남해안 지역의 항로는 발달되어 있었다고 생각한다. 따라서 중국에서 흑산도까지 직항한 배들이 남해안을 끼고 수도 경주와 가장 가까운 울산까지 왔을 것이라는 점은 여러 가지 정황상 매우 자연스런 추정이라고 할 수 있다.

2) 사료에 보이는 국제항의 모습

수도 경주의 외항이자 국제항로서의 울산의 면모를 증명해주는 사료가 여기저기에서 산견되고 있다. 예컨대 박제상(朴堤上) 설화에 나오는 율포(栗浦), 인도(印度)의 아육왕(阿育王 Aśoka)이 보낸 배가 당도한 사포(絲浦), 처용설화(處容說話)의 무대가 된 개운포(開雲浦) 이 모두가 현재의 울산에 위치한 포구인 것이다. 이를 좀 더 구체적으로 검토하면 다음과 같다.

먼저 박제상이 일본으로 향한 포구인 율포이다. 신라 눌지왕 때 박제상은 인질로 고구려에 가 있던 왕의 큰 동생 복호(卜好)를 구출하여 경주로 돌아온 직후 왕의 작은 동생 미사흔(未斯欣)을 구하기 위해 처자도 만나지 않고 바로 일본을 향해 떠났다.[2] 이 때 박제상이 경주에서 일본으로 가기 위해 이용한 항구가 바로 율포이다.[3]

처자도 만나지 않고 급하게 떠난 그가 율포를 택한 것은 그 곳이 일본으로 갈 수 있는 경주에서 가장 가까운 항구였기 때문이었을 것이다. 그 뒤 박제상이 떠나간 바다를 보기 위해 치술령(鵄述嶺)이라는 고개에 오른 부인과 딸이 결국 죽어 돌이 되었다는 망부석 설화가 전해지고 있는데,[4] 그 망부석이 바라보고 있는 쪽의 바다가 바로 울산 앞

---

2) 『삼국사기』45, 열전 5, 박제상.
3) 현 울산광역시 울주군 강동면 지역의 포구이다. 中宗壬申刊本 및 誠庵本『三國史記』에는 '粟浦'로 되어 있으나, 『三國史節要』및 鑄字本『三國史記』에는 '栗浦'로 되어 있어 栗浦로 修正되어야 한다. 『三國遺事』1, 紀異 1, 奈勿王·金堤上條에도 비슷한 내용이 기록되어 있고, 栗浦로 나온다. 栗浦로 보는 것은 학계의 통설로 되어 있다. 栗浦는 『三國史記』34, 雜志, 「地理」1에 栗浦縣으로 나오고 있다. 栗浦縣은 신라 경덕왕때 東津縣으로 개명되었고,(『三國史記』34, 雜志, 「地理」1, 新羅 良州 臨關郡) 고려조에는 울주의 영역에 속하였고, 조선조에는 울산군의 영역에 속하였다.
4) 『삼국사기』45, 열전 5, 박제상.

바다이다. 이는 율포가 바로 울산 지역임을 뒷받침해준다고 하겠다. 이렇게 울산은 경주에서 외국으로 향할 수 있는 가장 가까운 거리에 위치한 항구로서의 역할을 하던 곳이었다.

다음은 인도의 배가 당도한 항구로서의 사례이다. 『삼국유사』에 황룡사 장육존상(丈六尊像)의 조성 경위와 관련하여 다음과 같은 설화가 기록되어 있다. 서축(西竺) 즉 인도의 아육왕이 석가 삼존상을 주조하려 하다가 이루지 못하자 그동안 모은 황철 오만칠천근과 황금 삼만분(三萬分), 그리고 일불(一佛)과 이보살(二菩薩)상의 모형을 배에 실어 인연있는 국토에 가서 장육존상으로 이루어질 것을 축원하면서 바다에 띄웠다고 한다.[5] 그 배가 당도한 곳이 하곡현(河曲縣) 사포로 곧 고려말의 울주 곡포(谷浦)로서 오늘날의 울산 지역인 것이다.

신라에서는 배에 실려있던 금속은 경주로 옮겨와 장육존상을 주조하여 황룡사에 안치하였고, 배에 실려 있던 모형은 특별히 그 근처 길지를 택하여 절을 세우고 안치하였는데, 절 이름을 서축에 대비하여 동축사(東竺寺)라고 하였다. 지금도 동축사와 관련된 유물로 통일신라기에 조성된 동축사 3층석탑이 울산 지역에 남아있어 그 설화를 뒷받침하고 있다. 인도를 떠난 배가 먼 바다를 항해하여 다다른 곳이 울산이었다는 사실은 울산의 국제항으로서의 면모를 짐작케 해주는 것이다.

그리고 신라의 국제 교류와 관련하여 자주 거론되는 유명한 설화로 처용설화가 있다. 바로 그 처용설화의 무대가 울산이다. 헌강왕이 개운포에 출유(出遊)하였다가 돌아올 무렵 홀연히 구름과 안개가 자욱하여 길을 잃을 정도였다. 동해 용의 조화임을 알게 된 왕이 근처에 용

---

[5] 『삼국유사』3, 塔像 4, 皇龍寺丈六.

을 위한 절을 세우도록 하니 구름이 개이고 안개가 흩어졌으며, 동해 용은 기뻐하면서 아들 일곱을 데리고 임금 앞에 나타나서 덕을 찬양하고 춤을 추며 음악을 연주하였다고 한다. 그 중 한 아들인 처용은 임금을 따라 경주에 와서 미녀를 아내로 얻고 급간(級干) 벼슬도 받으면서 정사를 보좌하였다고 한다.6) 처용이 나타난 울산의 개운포 바닷가에 처용암이라는 바위가 전해지고 있으며, 또한 용을 위해 지어주었다는 울산의 망해사(望海寺) 터에는 두 기의 팔각원당형 승탑이 남아있어 설화를 증명해주고 있다.

 그런데 『삼국사기』에도 『삼국유사』의 처용설화를 뒷받침해 주는 기록이 실려 있어 주목된다. 즉 헌강왕이 나라 동쪽의 주군을 순행할 때, 어디서 왔는지 알 수 없는 네 사람이 어가 앞에 나타나 가무를 하였는데, 그 모양이 해괴하고 의관이 괴이하였다는 기록이다.7) 어디서 왔는지 알 수 없다는 대목과 생김새가 해괴하고 의관이 괴이하였다는 점에 주목하여 처용을 아라비아 상인으로 볼 수 있다는 이용범의 학설이8) 나온 이후 그 개연성은 더욱 확대되어 가고 있는 실정이다.9) 그리하여 중국의 양주에 와있던 아리비아상인 중의 일부가 항로를 따라 울산까지 왔을 것으로 추정하고 있다. 설화는 그러한 국제교류의 분위기 속에서 만들어진 것이었다. 그만큼 울산은 국제항으로서, 그리고 경주의 외항으로서의 지위를 굳혀가고 있었던 것이다.

---

6) 『삼국유사』2, 紀異 2, 處容郞・望海寺.
7) 『삼국사기』11, 헌강왕 5년 3월.
8) 이용범, 「처용설화의 일고찰」, 『진단학보』32, 1969.
9) 모하마드 깐수, 『신라・서역교류사』, 단국대출판부, 1992.

3) 반구동 유적지에 나타난 항구의 흔적

울산광역시 중구 반구동 303번지 일원에 분포하던 기존 주택을 헐고 아파트를 신축하기 위한 재개발 공사 도중 유구가 발견되어 울산발전연구원 문화재센터에서 2006년 12월부터 2007년 6월까지 약 7개월간 1차 발굴 조사를 하였고, 2008년 3월부터 5월 사이에 추가 발굴조사를 하였다. 발굴 조사한 총 면적은 22,306m²인데, 전체를 5개 지구로 나누어 발굴하였다.[10]

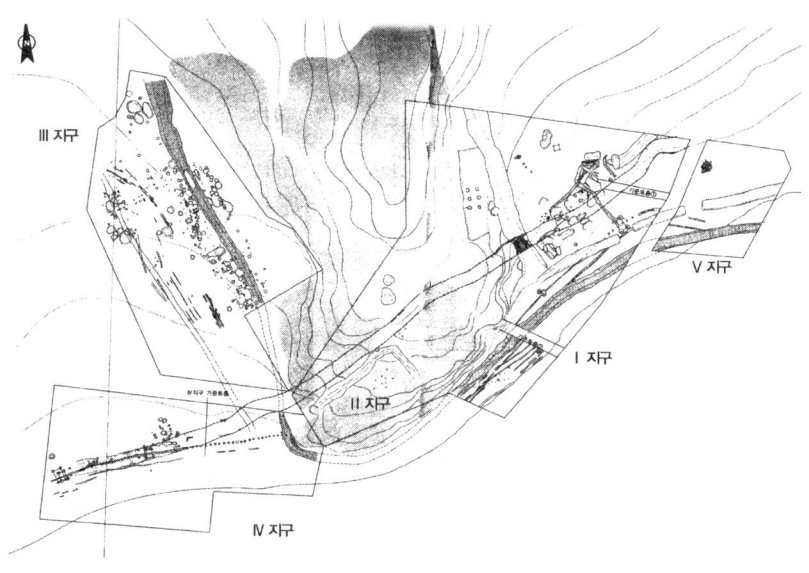

〈도 1〉 반구동 유적지 유구 배치도[11]

---

10) 이하 유적지에 대한 서술은 울산발전연구원 문화재센터에서 발간한 보고서인 『울산 반구동유적』(2009년 5월)에 많이 의거하였음을 밝혀둔다. 필자는 2007년 6월 28일 발굴 현장을 방문하여 개략적으로 살펴본 바 있다.
11) 울산발전연구원 문화재센터, 『울산 반구동유적』, 2009, 18쪽.

이 유적은 울산의 태화강과 동천강이 마주치는 지점에 위치해 있는데, 시기적으로는 신라로부터 조선에 이르기까지의 유적이 발견되었다. 대표적인 것은 신라 및 통일신라의 건물지와 목책시설, 고려시대의 토성, 조선시대의 구(溝) 등이다. 수많은 유물이 함께 출토되었음은 물론이다. 여기서 특히 주목하고자 하는 것은 항구와 관련지어 볼 수 있는 신라의 건물지와 목책 시설 그리고 각종 유물들이다. 지금까지 고대 항구와 관련한 시설이 국내에서 발굴된 예는 아직 없기 때문에 그만큼 획기적인 발굴이라고 할 수 있다.

　Ⅰ지구와 Ⅳ지구에서 발견된 목책시설에 먼저 주목할 필요가 있다. 목책시설은 구릉과 동천강의 경계부분에 해당하는 강변에 위치한다. 조사된 전체 길이는 250m정도이다. 남북방향으로 2열로 조성하였는데, 목책열 사이의 간격은 4m이다. Ⅳ지구 1·2구간의 1열은 지름 40cm내외의 중심목주를 설치하고 그 상부에 횡대와 보조목주를 설치하여 목책을 조성하였다. 반면 Ⅰ지구 3~5구간의 1열은 중심목주와 보조목주의 규격 차이가 별로 없으며, 중심목주만 따로 구덩이를 판 것이 아니라 U자형의 도랑을 전체적으로 판 다음 지름 20cm내외의 주주(主柱)와 지름 15cm내외의 보조주를 설치한 구조이다. 목책 2열은 지름 15cm내외의 원목(圓木)을 촘촘하게 매설하고 일정한 간격으로 보조목주도 설치하였는데, 목책 1열과 일정한 간격으로 진행되는 점으로 미루어 1열 목책을 보호하기 위한 기능을 하였을 것으로 추정된다. 목책의 부속시설인 망루의 흔적도 1구간에서 3개, 4구간에서 1개가 발견되었다.[12] 유구의 중복관계와 주변에서 출토된 유물로 미루어 볼 때 8~9세기 통일신라의 목책으로 추정된다. 이 목책은 강변에 연

---

12) 울산발전연구원 문화재센터, 『울산 반구동유적』, 2009, 329~331쪽.

접하여 설치된 점으로 미루어 항구를 보호하고 또한 항구를 통해 들고 나는 물건을 보호하기 위한 목적으로 설치된 구조물로 보는 것이 타당하리라 생각한다.

다음으로 주목할 구조물은 Ⅰ지구에서 발굴된 1호 건물지이다. 이 건물지는 구릉의 동쪽 사면부 해발 7m 선상의 자연 암반 위에 건립된 구조물의 건물지이다. 따라서 항구 주변을 위시하여 주위를 조망하기에 좋은 지형적 조건을 갖춘 위치임을 알 수 있다. 자연 암반에 주초시설을 하였으며, 좌우로 장방형의 수혈(竪穴) 구조를 설치한 특이한 형태이다. 건물지의 중앙에 위치한 자연암반에는 정교하게 굴착하여 가공한 주초석을 6개 만들었으며 정면 2간, 측면 1간의 구조인데, 주초석 사이의 간격은 260cm이다. 주초석의 너비는 대개 135~150cm, 깊이는 30~50cm 내외이다. 주변보다 약간 높은 구릉에 위치한 점, 기둥의 굵기 등을 감안할 때 이 건물은 상당히 높은 고층의 건물로서 포구를 포함하여 항구 시설물 전체를 조망하는 본부 역할을 하였을 것으로 추정된다.[13] 이 건물지 근처에서 출토된 유물로는 136점의 연화문(蓮花紋) 수막새, 1점의 당초문(唐草紋) 암막새 기와편이 특히 주목되는데, 기와의 편년이 7세기초의 것으로 추정되기 때문에 이 건물의 건립연대도 통일을 전후한 신라시기였음을 확인할 수 있다.

---

[13] 나머지 6기의 건물지는 평면형태와 구조에서 일정한 정형성이 확인되지 않았으며, 부뚜막 시설이 확인되지 않은 것으로 볼 때 일반적인 주거 용도의 건물지는 아닌 것으로 판단된다.

〈사진 1〉 Ⅰ지구 1호 건물지의 자연암반과 그 주변

본고와 관련하여 반구동 유적에서 발굴된 특기할 유물로는 중국 자기인데, 백자 2점, 청자 3점이 출토되었다. 백자는 Ⅰ-7호 건물지에서 1점, 지표채집에서 1점 발견되었다. 특히 전자의 백자는 굽 접지면이 1.7cm의 옥벽저완(玉壁底碗)으로 옥벽저는 7~8세기에 나타나기 시작하여 9세기 전반에 성행하고 9세기 후반에는 소멸한 것으로 알려져 있다. 청자는 토성에서 1점, Ⅲ-2호 수혈에서 1점, 지표에서 1점이 발견되었다. 청자는 번조시 백색의 내화토(耐火土) 받침을 사용하였고, 유약은 회황색 또는 녹갈색이며, 굽의 형태는 접지면 폭이 1.0cm내외이다. 이러한 특징들은 9세기에서 10세기 전반경으로 추정되는 중국 월주요(越州窯)계 청자와 유사한 것으로 추정된다.[14] 이러한 중국제 자기의 출토는 교역의 산물로 볼 수 있는 유물이기 때문에

---

14) 울산발전연구원 문화재센터, 『울산 반구동유적』, 2009, 356쪽.

이 항구시설이 통일신라기 중국과 교역하던 국제항으로서의 위상을 가졌음을 알려주는 증거라고 할 수 있다.

이상에서 살펴본 바와 같이 강변을 따라 형성된 목책의 존재, 조망을 고려한 높은 건물, 중국 자기의 출토 등으로 미루어 볼 때 이 유적은 통일신라기 수도 경주와 밀접한 관련을 가진 외항이자 국제항으로서의 위상을 가졌던 항구 시설의 유적으로 추정할 수 있을 것이다.

3. 조선초 대일무역항 염포[15]

1) 대일본 교역항

남부 지방의 해안 지역이 다시 국가적인 차원에서 주목받기 시작한 것은 고려말 왜구의 침입이 극심해지면서였다. 왜구에 대한 군사적인 대응만으로는 효과에 한계가 있었기 때문에 조선조에서는 왜인과의 교역을 허용함으로써 해안을 안정시키려는 근본적인 방책을 추진하게 되었다. 처음에는 왜인과의 교역장소로 일정한 곳이 지정되어 있지 않았기 때문에 무분별한 교역이 경제적인 부담으로 작용하였고 또한 군사적인 측면에서의 우려도 커지면서 이를 정비할 필요성이 제기되었다. 이에 1407년(태종 7) 상업 행위를 하는 왜인들의 교역처로 경상좌도와 경상우도의 도만호(都萬戶) 소재지인 부산포(釜山浦)와 제포(薺浦) 두 항구가 먼저 지정되었다.[16]

그 후 무역을 위해 도래하는 왜인들이 1410년(태종 10)의 경우 경상

---

15) 대일무역항으로서의 염포에 관한 서술은 우인수, 「조선초기 울산 염포의 대일관계상의 위치」(『안동사학』9·10합집, 2005)에 의거하여 가감 수정한 것이다.
16) 『태종실록』14, 7년 7월 무인.

도지역에만 2,000여명에 달하는 등 급증하게 되었다. 무수히 건너오는 상왜(商倭)와 사송인(使送人)들을 전부 접대하고 무역하기에는 기존의 2개소로는 불가능하게 되었다. 이에 1418년(태종 18)에 추가로 2개소의 개항장을 증치하였으니, 역시 도만호 소재지인 경상좌도의 염포(鹽浦)와 경상우도의 가배량(加背梁)이었다.17) 추가 개항장의 증치는 왜인들을 가급적 분산시키려는 의도에서였다.18) 이렇게 설치된 네 곳의 교역처가 모두 도만호의 소재지로 결정된 것은 만호가 지키는 포진에 비해 입지상으로도 더 적절하였을 뿐아니라 주둔하는 군사의 수도 더 많았기 때문에 왜인들에 대한 더 효율적인 통제가 가능할 것으로 판단하였기 때문일 것이다.

염포가 일본과의 교역항으로 주목받기 시작한 것은 바로 이때부터였다. 그러나 이듬해인 1419년(세종 1)에 기해동정(己亥東征) 즉 대마도 정벌이 단행됨으로써 양국간의 통교는 일시적으로 끊기게 되었다. 통교가 끊긴 후 4년만인 1423년(세종 5)에 일본국왕 사신과 대마도주의 간청을 받아들여 부산포와 제포 두 곳을 다시 개항하였으며, 이어 3년 뒤인 1426년(세종 8년)에는 염포가 다시 개항장으로 추가되었다.19)

이렇게 다시 개항장이 개설된 것은 무역과 통교를 너무 강경하게 단절할 경우 왜구의 발생이 더욱 빈번해질 수도 있을 것이라는 과거의 경험에 바탕을 둔 조선정부의 판단 때문이었다. 실제 당시 대마도의 실세 중의 일부는 "만약 우리 대마도가 한 번 움직이면 경상도 백성의 생업이 안정되지 않을 것이라"는 소리를 공공연히 할 정도의 상황이

---

17) 『위의 책』35, 18년 3월 임자.
18) 『위의 책』35, 18년 3월 임자. 이현종, 『조선전기 대일교섭사연구』, 한국연구원, 1964, 146쪽.
19) 『세종실록』31, 8년 1월 계축.

었던 것이다.[20] 이후 1510년(中宗 5) 삼포왜란이 일어나기 전까지 약 100년간은 큰 마찰이 없이 평화적인 통교와 무역이 이 세 개 항구를 통해 이루어졌다.『신증동국여지승람』에 울산인의 성정을 '호상고(好商賈)'로 표현한 것도[21] 염포에서의 교역과 무관한 것이 아니었을 것으로 생각된다.

  무역을 하기 위해 염포를 찾는 일본인들은 단순 교역을 목적으로 한 흥리왜인(興利倭人)과 외교사절의 형식을 갖춘 사송왜인(使送倭人)이 있었는데, 흥리왜인도 겉으로는 사송의 형식을 갖추어야 하였다. 조선의 처지에서 볼 때 당시 일본과의 무역은 명목상으로는 상호 무역이라 하였으나 실제로는 왜구에 대한 대응책에서 비롯된 것이었기 때문에 많은 한계를 지닌 통제된 상거래 형태를 취하였다. 그리하여 당시 조선측으로부터 접대가 허용된 통교자는 일본국왕사, 거추사, 구주탐제사, 대마도주사, 수직인(受職人), 수도서인(受圖書人), 기타 문인(文引) 소유자로 한정되었다.

  그리고 교역의 유형은 크게 사행무역, 공무역, 사무역이 있었는데, 개항장인 염포에서 주로 행해진 무역의 형태는 사무역이었다고 할 수 있다. 사무역은 민간을 상대로 다양한 물건을 거래하는 방식이었기 때문에 시세에 따라 가격이 정해졌고, 따라서 이익도 많이 났다. 따라서 감독이 소홀한 틈을 타고 물품이 급증하게 되었고, 금, 은, 화약과 같은 금지된 제품에 대한 교역도 이루어지는 등 문제점도 많았다. 이에 1457년(세조 3년)에는 사무역을 금지하였고, 1485년(성종 16)에는 사무역을 부활시켰다가 10년 만인 1494년(성종 25)에는 다시 폐지하는 등 치폐를 거듭하였다.

---

20)『성종실록』61, 6년 11월 정사.
21)『신증동국여지승람』, 울산군, 풍속.

염포에서 주로 거래된 물품이 정확히 어떤 것이었는지 알 수는 없다. 다만 전반적으로 조선과 일본이 주고받은 물건들 중 사무역에서 이루어졌음직한 것들을 유추해볼 수는 있다. 당시 일본인들이 가져온 물품 중 가장 비중이 컸던 것은 금·구리·유황 등 일본에서 나는 광산물, 동남아시아산의 중계품인 소목(蘇木)과 같은 염료, 호초와 같은 향신료, 각종 약재, 장식품 등이었다. 그 중 금·구리·유황은 사무역에서 금지된 품목이었다. 따라서 염포에서 행해진 사무역에서는 주로 약재, 향신료, 공예품, 장식품 등을 위시하여 짐승 가죽이나 음식물과 같은 사무역이 금지되었을 때도 자유로운 교역이 허용되었던22) 물품이 거래되었을 것으로 추측된다.

한편 일본인들이 교역의 대가로 주로 가져간 것으로는 면포나 마포(麻布) 같은 섬유제품, 곡물류, 각종 약재류, 화문석이나 짐승 가죽과 같은 장식품, 대장경이나 서적과 같은 문화제품 등이었다. 그중 사무역에서 주로 교역된 것은 섬유류와 약재 등이었을 것으로 추측된다.

2) 일본 사신의 내왕처

조선전기 조선에서 일본으로 사절을 파견한 횟수는 전체 65회로 확인되고 있다. 그 중 태종과 세종대가 각각 24회와 15회로 주로 이 시기에 사절 파견이 집중되었음을 알 수 있다. 왜구 금지와 통교체제 정비를 위해 조선이 적극적으로 임하였기 때문이다. 그런데 왜구가 진압되고 통교체제가 확립된 이후 조선은 사절 파견에 매우 소극적으로 변하였다.

이에 비해 일본은 매우 활발하게 사절을 보내왔다. 특히 16세기 이후 조선과 일본의 통교가 상업적 성격을 강하게 띠면서 조선은 통제적

---

22)『예종실록』4, 1년 3월 계사.

이었던 데 비해 일본은 더욱 적극적으로 대응하였다. 조선전기에 일본이 파견한 각종 사절은 『조선왕조실록』에 기재된 것만 살펴보더라도 무려 2,360여회에 달하여 65회 정도였던 조선과 비교가 되지 않을 정도로 많았다.23)

또한 조선측 사절은 외교적인 임무만을 수행하였으나 일본측 통교자들은 사행과 교역이라는 이중적인 역할을 하였다. 조선은 일찍부터 사행시 사적인 교역을 엄금하였으며, 1439년(세종 21)에는 사무역 금지 사목을 법제화하였다. 이 점은 사행의 종류에 관계없이 교역을 하면서 사행경비까지도 조선측에 부담을 지웠던 일본사절과는 대조적이었다. 또한 조선의 경우 모든 사행이 정부에서 파견하는 국가사절의 자격을 지니고 있었을 뿐 다른 자격으로 파견된 사절은 전혀 없었다. 이 점에서도 국왕사 외에 거추사, 구주탐제사, 대마도주특송사, 제추사 등 다양한 통교자로 구성된 일본측과 대비되었다.24)

조선에서 일본을 오갈 때는 주로 부산포가 이용되었다. 그러나 일본에서 조선으로 오는 배들은 염포, 부산포, 제포에 고루 나누어 윤차적으로 정박하도록 대마도에서 안내 유도하기로 하였으나25) 잘 지켜지지 않았다.26) 이에 1443년(세종 25) 이후에는 대마도에서 보내는 세견선 50척의 경우에만 제포와 부산포에 각각 25척씩 나누어 정박케 하였을 뿐, 그 외 일본 사행들은 임의로 삼포 중에 한 곳을 택하여 정박케 하였다.27) 따라서 부산포와 제포보다는 못하더라도 염포에도 상당한

---

23) 하우봉, 「일본과의 관계」, 『한국사』22, 국사편찬위원회, 1995, 399~402쪽.
24) 위와 같음.
25) 『세종실록』81, 20년 2월 기사.
26) 『위의 책』89, 22년 4월 신축. 『앞의 책』95, 24년 5월 경신.
27) 신숙주, 『海東諸國記』, 「朝聘應接紀」, 三浦分泊.

인원이 정박하였을 것으로 추정된다.

염포를 비롯한 삼포에는 각기 왜관이 설치되어 있어 일본에서 건너오는 자들의 도박처(渡泊處), 접대처, 무역처로서의 구실을 하였다. 사신을 접대하던 염포의 왜관은 규모가 크지 않고 협소하였을 뿐 아니라 더러는 연회에 사용되는 상이나 그릇들이 제대로 갖추어지지 않았던 때도 있었던 것 같다. 이에 따라 일본 사신도 객관에 다 머물지 못하고 일부는 성 밖의 사찰에 머물거나 항거왜인(恒居倭人)의 집에 머물기도 하였다.[28]

포소(浦所)에 도착한 일본 사행은 그 중 일부만 서울로 향하게 되어 있었다. 상경인수는 국왕사의 경우 25인, 거추사의 경우 15인, 구주탐제사와 대마도주특송사의 경우는 3인으로 제한되어 있었다.[29] 따라서 나머지 사람들은 그들이 돌아올 때까지 포소에 머물러 있어야 하였다. 염포에 도착한 일본 사절이 서울로 가는 길은 크게 육로와 수로 두 가지가 있었다. 상경로는 국가 기밀의 보존이라는 면에서 몇 차례 조정을 거쳐 성종대에 대개 정비되었는데, 그 경로를 보면 다음과 같다.[30]

陸路; 鹽浦 - 永川 - 竹嶺 - 忠州 - 陽根 - 서울(15日程)
水路; 鹽浦 - 慶州 - 丹陽 - 忠州 - 廣州 - 서울(15일정)

위에서 보듯이 염포에서 서울로 가는 노정은 육로나 수로나 다 같이 15일이 소요되는 것으로 나타나 있다. 육로의 경우는 다른 포소의 경로에 비해 1~2일 더 걸리나, 수로의 경우는 다른 포소의 경로에 비해

---

28) 『성종실록』283, 24년 10월 병인·정묘.
29) 신숙주, 『해동제국기』, 「조빙응접기」, 상경인수.
30) 『성종실록』10, 2년 4월 신해. 『해동제국기』, 「조빙응접기」, 상경도로.

4~6일 정도 더 짧았다.

　포소에 머물 수 있는 일수도 사절의 등급에 따라 차이가 있었다. 국왕사의 경우에는 정해진 기한이 없이 자유로이 머물 수 있었으며, 거추사의 경우에는 사신의 도착을 확인한 경상도관찰사의 문서가 포소에 도착한 뒤부터 15일, 서울서 염포로 돌아온 뒤부터는 20일이 체류할 수 있는 기한이었다. 다른 여러 사절들의 체류 가능일수는 이 보다 5일에서 10일정도 더 짧게 기한이 정해져있었다.[31] 그러나 사절을 빙미로 상업 활동을 하기 위해 온 자들은 선박를 치장한다거나 물건을 점검한다는 핑계를 대면서 으레 기한을 넘기면서까지 머물렀기 때문에 여러 가지 폐단을 발생시키기도 하였다.

3) 일본인 거류지

　염포 개항장 근처에는 거주가 허용된 항거왜인이 마을을 이루고 살았다. 항거왜인들이 삼포에 거주하게 된 것은 세종조에 대마도주가 대마도민들의 어려운 생활을 내세워 한 해에 60인 정도를 삼포 근처로 보내어 생선을 잡아다 팔아서 생업에 도움이 되게 해달라고 청한 데서 비롯되었다.[32] 당시 조선에서는 잡은 생선을 팔고 나서는 곧 돌아간다는 조건으로 임시 거주를 허락하였으나, 곧 돌아가지 않고 풍우를 피한다면 초막을 만들어 머무적거리며 눌러 살게 되었던 것이다.[33]

　조선의 입장에서 이 항거왜인들은 득이 되는 면과 염려가 되는 면을 동시에 가지고 있었다. 이들이 해를 당할 것을 꺼려 다른 왜인들이 함부로 조선을 침범하지 못하는 것은 득이 되는 점이었고, 근본적으로

---

31) 신숙주, 『해동제국기』, 「조빙응접기」, 留浦日限.
32) 『세종실록』71, 18년 3월 을미. 신숙주, 『해동제국기』, 「조빙응접기」, 三浦禁約.
33) 『성종실록』48, 5년 10월 경자.

족속이 달라 사고나 탈이 생길 가능성이 큰 것은 염려가 되는 점이었다.34) 후자를 더 중시한 사람들은 뱀을 방안에 키우는 것에 비유하기도 하였다.35)

1420년대인 세종대에는 삼포의 항거왜인을 염포 10호, 부산포 20호, 제포 30호로 총 60호로 한정하여 되도록 왜인의 거주를 억제하려 하였다.36) 그러나 1436년(세종 18)에는 이미 삼포의 항거왜인의 총수가 584명에 달하여 그 중 염포에서 96명, 부산포에서 29명, 제포에서 253명 등 총 378명을 돌려보내고 206명을 머물게 한 바 있다.37)

그로부터 30년이 지난 1466년(세조 12) 경상도관찰사가 조사한 항거왜인의 호수는 염포의 경우 36호 120여명, 부산포의 경우 110호 330여명, 제포의 경우 300호 1,200여명으로 총 446호 1,650여명에 달하였다.38) 10년 뒤인 1475년(성종 6)에는 경상도관찰사가 삼포에 거주하는 왜인들의 호구를 남녀별, 연령별로 상세히 보고하고 있는데,39) 삼포 전체에 거주하는 왜인은 총 430호에 2,209명에 이르렀다. 그 중 염포에는 34호 128명의 왜인이 거주하고 있는 것으로 나타나 있다. 이는 전체 호수의 약 7.9%, 전체 인구의 약 5.8%에 해당하였다. 장남(壯男)과 장녀(壯女)의 비율이 거의 비슷할 뿐만 아니라 어린 아이의 비율이 20%를 차지하고 있는 점으로 미루어 정상적인 가정을 이루고 장

---

34) 『위의 책』38, 5년 1월 경술.
35) 『세종실록』69, 17년 7월 기축.
36) 『중종실록』3, 2년 5월 계해.
37) 『세종실록』71, 18년 3월 을미.
38) 신숙주, 『해동제국기』, 「조빙응접기」, 삼포금약. 1469년(예종 1)에 편찬된 『경상도속찬지리지』(울산군, 野人所居)에는 염포의 恒居倭人이 30호인 것으로 파악하고 있어 앞의 『해동제국기』의 기록과 거의 일치하고 있다.
39) 『성종실록』53, 6년 3월 신해.

기 거주하고 있었음을 짐작할 수 있다. 그리고 사찰과 승려까지 건너와 거주하고 있는 점도 이채로운데, 전체 일본 사찰 15개소 중 1개소가 염포에 있었던 것으로 되어 있다. 그로부터 다시 20년 뒤인 1494년(성종 25)에 경상도관찰사가 조정에 보고한 삼포 항거왜인의 호구 상황을 보면[40] 항거왜인의 호구가 525호 3,105구로서 20년 전에 비해 95호 896구가 늘었음을 알 수 있다. 염포의 경우도 34호 128구에서 51호 152구로 늘었다. 염포에 있던 사찰은 그 동안 없어졌다.

한편 항거왜인이 모여 사는 마을에는 추장이 있었고, 그 위에 수직인(受職人)인 삼포총치자(三浦總治者)가 총책임자로 통제하는 행정적인 조직망까지 갖추고 있었다.[41] 이들은 조선정부로부터 면세의 혜택을 받으면서 세금은 대마도주에게 납부하고 있었다.[42] 삼포에서 거두는 세금의 이익이 컸기 때문에[43] 대마도주는 불법으로 거주하는 왜인들에 대한 쇄환에 소극적으로 대처하였던 것이다.

그들은 삼포 주변에 정해진 구역내에서 주로 어로와 상업에 종사하였다. 비록 국법에는 거주지 5리 밖을 벗어나지 못하게 출입을 제한하고 있었으나 잘 지켜지지 않아서 예사로 城 아래까지 와서 상행위를 하기도 하였다.[44] 성종대의 기록에 의하면 그들이 소유한 선박이 염포에 15척, 부산포에 30척, 제포에 80척 등 도합 125척에 이르렀다고 한다.[45] 왜인들 중 일부는 토지를 점유하고 있어 문제가 되기도 하였다.[46] 염포에 사는 왜인들의 생활은 제포와는 달리 대개 매우 가난하

---

40) 『위의 책』 295, 25년 10월 경진.
41) 하우봉, 「일본과의 관계」, 『한국사』 22, 국사편찬위원회, 1995, 391쪽.
42) 『성종실록』 89, 9년 2월 병신. 『앞의 책』 176, 16년 3월 무술.
43) 『연산군일기』 49, 9년 3월 임진.
44) 『성종실록』 283, 24년 10월 임오.
45) 『위의 책』 278, 24년 윤5월 신축.

여[47] 때로는 조선 조정에서 환곡을 주어 구휼하기도 하였다.[48]

항거왜인을 비롯하여 삼포에 머무는 왜인의 수가 급속도로 증가하자, 조선정부에서는 꾸준히 송환을 요구하였으나 그리 큰 효과를 보지 못하였다. 15세기 말 연산군대에 이르면 삼포에 거류하는 왜인수는 무려 1만여명에 육박하는 실로 엄청난 규모에 이르게 되었다.[49] 삼포에 거류하는 왜인수가 늘어나 일정한 세력을 이루자 그들은 해적 무리의 본성을 드러내기 시작하였다. 급기야 1510년(중종 5) 왜인의 쇄환 요구와 왜선에 대한 감시의 강화 조처를 계기로 그 전에 비해 접대가 박하여지자 여기에 불만이 고조된 삼포에 거주하는 왜인들은 도리어 난동을 일으키기에 이르렀다.[50] 이 삼포왜란으로 인하여 한 때 부산포와 제포가 함락되고, 부산포첨사가 전사한 것을 위시하여 일반 백성 수백명이 처참하게 죽임을 당하였고, 민가 수백채가 불에 타는 등 분탕질을 당하였다. 이 때 염포 지역도 부산포와 제포보다는 미약하였지만 피해를 당하였다.[51]

드디어 염포를 포함하여 삼포에 거주하였던 왜인들은 모두 대마도로 돌아가게 되었다.[52] 이렇게 염포는 1510년(중종 5) 삼포왜란이 일어나서 조선과 일본의 통교가 중단되었을 때 개항지로서의 기능을 마감하게 되었고, 제한적 통교가 재개된 이후에도 그 전의 상태를 회복하지 못하였다.

---

46) 『위의 책』48, 5년 10월 경술.『성종실록』87, 8년 12월 기해.
47) 『위의 책』176, 16년 3월 무술.
48) 『세종실록』63, 16년 1월 임오.
49) 『연산군일기』19, 2년 11월 을축.
50) 『중종실록』11, 5년 4월 을미.
51) 위와 같음.
52) 『중종실록』11, 5년 4월 정유.

4. 맺음말

이상에서 동아시아해에서 울산지역이 국제항으로서 지녔던 위상을 살펴보았다. 고대 울산지역은 신라의 수도 경주의 외항으로서의 입지조건을 갖추고 있었다. 나아가 중국과 일본의 항로를 감안해볼 때 국제항으로서의 기능까지도 수행하였던 것을 확인할 수 있었다.

경주의 외항이자 국제항으로서의 울산의 모습은 여러 사료에서도 확인되는 부분이었다. 박제상 설화에 나오는 율포는 현재 울산지역의 강동면에 해당되는 곳인데, 이를 통해 수도 경주에서 일본으로 가기 위한 가장 가까운 항구가 울산이었음을 확인할 수 있었다. 인도의 아육왕(Aśoka)이 보낸 배가 당도한 사포 역시 현재의 울산지역으로서 국제항으로서의 모습을 보여주는 사례라고 하겠다. 또한 처용설화의 무대가 된 개운포는 아라비아 상인과 관련이 있는 곳으로 역시 국제항으로서의 울산의 모습을 확인할 수 있는 사례였다.

그리고 최근 이러한 울산의 국제항으로서의 모습을 뚜렷이 보여주는 항구 시설 유적이 발굴됨으로써 사료에 나타나는 울산항의 모습을 직접 눈으로 확인할 수 있게 되었다. 이 유적은 태화강과 동천강이 합류하는 지점에 위치하고 있었다. 목책의 흔적, 조망을 고려한 높은 건물, 중국 자기의 출토 등으로 미루어 볼 때 이 유적은 수도 경주와 밀접한 관련을 가진 외항이자 국제항으로서의 위상을 가졌던 울산의 항구 시설을 보여주는 물증인 것이다.

하지만 울산항의 번성도 고려가 성립하면서 수도가 개경으로 옮겨짐으로써 쇠퇴하게 되었다. 울산지역이 국제 교역항으로 다시 주목을 받은 것은 조선초 왜구를 근절하기 위한 대책 마련 과정에서였다. 당시 왜구를 방지하기 위해 군사적인 물리력에만 의존하여서는 근절에 한계가 있었기 때문에 그 근본적인 해결 방책으로 제기된 것이 통상을 허용함으로써 욕구를 어느 정도 충족시켜주는 것이었다.

이 시기 염포가 가졌던 여러 기능도 모두 일본과의 관계 속에서 만들어졌던 것이다. 염포가 가지는 군사적인 측면에서의 효율성과 일본에서 접근하기 좋은 지형적인 요건을 고려하여 조선에서는 개항장으로 지정하였다. 이에 따라 상인들과 일본 사신의 내왕처로 이용되었다. 그리고 왜관도 설치되어 왕래하는 사신들을 접대하기 위한 공간이자 무역을 위한 장소로 이용되었다. 또한 임시로 조선에 머물러 사는 것이 허용된 항거왜인들이 모여 사는 마을이 염포 개항장 근처에 따로 마련되어 있었다.

하지만 100여년 지속되던 개항장 체제에 변화가 일어나게 되었다. 조선의 대일 통제 정책이 방만하고 느슨해진 틈을 타고 삼포에 거주하는 일본인의 수가 급증하여 16세기 초에는 무려 1만여명에 달할 정도가 되었다. 급기야 1510년 중종대에는 세력을 규합한 왜인들이 제포와 부산포를 중심으로 이른바 삼포왜란을 일으키기에 이르렀다. 그 여파로 일본과의 관계가 냉각되면서 모든 개항장이 폐쇄되었고, 항거왜인들도 대마도로 돌아갔다. 이에 따라 염포도 교역항으로서의 기능을 유지하기 어려워지게 되었다.

■ 조선후기 북변지역 기생의 생활 양태

1. 머리말

기생은 신분상으로 최하층에 속한 천민으로 사치노비였다. 그들의 가장 큰 사회적 존재 의의는 두 가지였는데, 하나는 가무를 익혀 각종 연회의 흥을 돋운다는 점이었고, 또 하나는 성적인 접대를 한다는 점이었다.

조선시대 기생에 대한 본격적인 연구는 전반적으로 그리 활발하지 편은 아니었다. 먼저 1927년 이능화는 『조선해어화사』를 출간하여 기생에 대한 역사를 고대로부터 근대에 이르기까지 정리하였다.[1] 그러나 이는 연구서라기보다는 자료집의 성격이 더 강한 것으로 역대 사서나 개인 문집 중에서 기생과 관련된 것을 주제별로 체계화하여 정리한 것이다. 이후 일본인 吉川萍水는 외국인의 입장에서 조선의 특이한 존재인 기생에 관심을 가지고 그에 대한 잡다한 자료와 전해들은 이야기들을 모아놓은 책을 출간한 바 있다.[2]

본격적인 논문들은 1960년대 이후 나타나기 시작하였는데, 국사학

---

1) 이능화, 『朝鮮解語花史』, 동양서원·한남서림, 1927.
2) 吉川萍水, 『妓生物語』, 半島自由評論社, 1932; 경인문화사 영인 『한국지리풍속지총서』 제178권, 1990.

계보다는 인접 학문 분야에서 더 많은 관심을 가졌다. 1966년 민속학에 관심을 가진 국문학자 김동욱이 여성의 풍속과 관련하여 기생에 대한 개략적인 논고를 발표한 바 있었다.[3] 이후 1970년대에는 현문자가 여성 생활의 입장에서 기생의 존재를 다룬 바 있었다.[4] 1980년대에는 복식학자인 이주원과 조효순이 여성 복식사의 관점에서 기생 복식의 특징에 대해 추구한 바 있었으며,[5] 전용오는 어우야담에 나오는 기생에 관계된 기사를 통해 기녀상을 그리기도 하였다.[6] 그리고 1990년대에는 안혜진이 조선전기의 기녀에 대해 제도사적인 측면에서 파악한 학위논문을 쓴 바 있고,[7] 박선미는 교육학의 관점에서 의녀교육을 다루면서 그 한 부분인 약방기생의 존재에 대해 다룬 바 있다.[8]

그리고 최근에는 권태연이 여성사적인 시각에서 기녀의 사회적 존재 양태와 섹슈얼리티에 대해 다룬 논고를 발표한 바 있는데,[9] 가장 역사학적인 관점에서 접근한 연구라고 할 수 있다. 국사학자 정연식은 일반인을 대상으로 한 생활사 관련 교양도서에서 한 장을 설정하여 조선시대 기생들의 생활 모습에 대한 여러 가지를 다룬 바 있다.[10] 비슷한 시기에 일본인 川村湊는 일본인 독자를 겨냥하여 고대로부터 현대에 이르기까지의 한국의 기생을 다룬 서적을 출간하였다.[11]

---

[3] 김동욱, 「이조 기녀사 서설」, 『아세아여성연구』5, 1966.
[4] 현문자, 「이조 기녀제도와 생활연구」, 『아세아학보』10, 1972.
[5] 이주원, 「조선시대 기녀복에 관한 연구」, 『숭의논총』8, 1984. 조효순, 「조선시대 기녀복식의 사치와 그 영향」, 『명대논문집』15, 1984.
[6] 전용오, 「어우야담을 통해 본 기녀상」, 『동서어문연구』2, 1988.
[7] 안혜진, 「조선전기 기녀제도 연구」, 성신여대 석사학위논문, 1992.
[8] 박선미, 「조선시대 의녀교육 연구」, 중앙대 박사학위논문, 1994.
[9] 권태연, 「조선시대 기녀의 사회적 존재양태와 섹슈얼리티 연구」, 『여성, 역사와 현재』, 국학자료원, 2001.
[10] 정연식, 『일상으로 본 조선시대 이야기(1)』, 청년사, 2001, 15~45쪽.

이상에서와 같은 연구들에 의해 기생의 제도사적 측면, 복식의 특징, 약방기생의 존재, 기생의 사회적 존재 양태 등에 대해서는 어느정도 해명되었다고 할 수 있다. 그러나 아직 기생에 대한 이해는 연구 논문이나 연구서를 통한 체계적인 이해보다는 단편적인 기록들에 의거한 피상적인 이해와 논의 수준에 머물고 있는 실정이다. 그만큼 기생에 대한 이해와 연구는 초보적인 수준을 벗어나지 못하고 있는 것이다.

더구나 생활사적인 측면에서 본다면 이해의 수준은 더 떨어진다. 그동안 그들의 일상적인 생활은 크게 주목받지 못하였기 때문이다. 이는 그러한 차원에서 살펴보려는 인식의 부재와 함께 그를 해명해줄 자료의 절대적인 부족에서 기인한 바가 크다. 남아있는 자료는 양반들의 시각에서 그들에 의해 쓰여진 단편적 기록이 대부분이며, 그나마 기록으로 남은 것은 주로 '기담이문(奇談異聞)'으로 특이한 기생들의 특별한 내용이 대부분이기 때문에 보통 기생의 일상적인 모습과는 거리가 있는 내용일 수밖에 없다.

이러한 상황에서 생활사적 측면에서 기생에 대한 연구는 우선 기존에 알려져있는 사료 중에서 그와 관련된 단편적인 자료나마 적극적으로 포함시키고, 새로운 자료의 발굴을 통해 구체적인 실증을 축적하는 것이 시급한 실정이다.

그 일환으로 본고에서는 북변지역(北邊地域) 기생들의 생활상에 대해 살펴보았다. 여기서 북변지역은 함경도 지역을 가리키는데, 논제에서 북변으로 지역을 한정한 것은 본고 작성에 이용된 주된 자료가 함경도지역을 대상으로 하고 있는 자료이기 때문에 전체 지역을 대상

---

11) 川村湊, 『妓生』, 作品社, 2001. 유재순 역, 『말하는 꽃 기생』, 소담출판사, 2002.

으로 한 것 같은 혐의를 피하기 위해서이다. 그리고 기생이라는 이미지에서 풍기는 과장된 포장을 걷어내고, 생활인으로서의 기생들의 삶의 한 단면을 살펴보고자 하였다. 신분사회의 그늘에서 고단한 삶을 살았던 특수 기층민의 생활 모습을 살펴보는 것은 그 자체 의미가 있는 것이며, 아울러 그들이 상대하였던 양반들의 생활 모습을 이해하는 데도 일정한 도움이 될 것이다.

먼저 북변지역의 기생에 대한 조선조 조정의 논의를 통해 북변 기생의 외부 유출의 실상과 그를 방지하기 위한 국가 차원의 대응을 살폈다. 다음으로는 북쪽 변방지역 보통 기생들의 만남과 교제에 대한 일상을 살폈으며, 마지막으로는 북변지역으로 부방(赴防)을 하러온 출신군관에게 배정된 방직기생의 일상적인 생활모습을 살폈다. 기생들의 생활 실상을 구체적인 예를 통해 살핀 실증 자체가 연구사적인 의미를 가진다고 하겠다. 더욱이 기생의 일상 생활과 관련한 연구는 거의 전무한 실정이기 때문에 그 의의는 더욱 크다고 하겠다. 이를 통해 생활인으로서의 기생에 대한 이해에 도움이 되었으면 한다.

2. 관기의 유출과 쇄환

관기는 소속 관청의 소유였기 때문에 그 유출 자체가 금지되어 있었다. 이는 북변지역 뿐아니라 모든 지역이 다 마찬가지였다. 조선조를 통해 기생에 대한 엄격한 관리는 심심찮게 거론되던 문제였다. 유출된 기생에 대한 쇄환 요구가 빈번하게 논급된 사실 자체는 실제로는 많이 유출되고 있었다는 반증이 될 것이다.

당시 웬만한 재신(宰臣)과 조관(朝官)은 대부분이 기생을 데리고 살았다거나,12) 이름난 기생들은 모두 사대부들의 첩이 되었다는13) 지적이 그를 증명해주고 있다. 수령으로 부임하는 대소 문무관은 번번이 한 명의 기녀를 데려다 살았고, 이를 서로가 모방하여 점차 고질적인 폐단이 되어갔다.14) 관기를 축첩한 대관(大官)의 경우는 수령이 그 위세를 두려워하여, 부상(富商)의 경우는 수령이 그 뇌물을 이롭게 여겨 쇄환하였다고 거짓보고를 하거나 점열을 거친 후 곧 다시 돌아가도록 조처하기도 하였다.15) 수차 내려지는 조정의 금령이 잘 시행되지 않자, 지켜지지 않을 금령을 내리는 것이 오히려 나라의 체모만 깎는다는 지적이 나올 정도였다.16)

그러한 풍조는 점차 확산되어 6품 이상만 되어도 기생첩으로 데리고 산다고 할 정도였으며,17) 심지어는 유학, 향리, 사천에 이르기까지도 관기를 첩으로 삼는 등 이러한 불법적 행위는 광범위하게 자행되고 있었다. 실록의 다음과 같은 지적은 기생첩이 확산되어간 과정을 단계별로 잘 보여주고 있다.

> 기생들을 다른 지역으로 데리고 가는 경우가 점차 확산되어 갔다. 처음에는 관찰사, 도사, 어사 등 권세있는 부류가 먼저 데려가기 시작하였고, 다음으로는 이웃 고을의 수령이나 첨사, 만호 등 친분이 있는 부류가 데려가기도 하였으며, 급기야 훈도, 교수, 군관, 수령의 자제, 토호, 품관 등까지도 가세하게 되었다.18)

---

12) 『광해군일기』150, 12년 3월 무자.
13) 『위의 책』179, 14년 7월 병진. 『현종개수실록』9, 4년 10월 신해.
14) 『영조실록』37, 10년 1월 정유.
15) 『숙종실록』40, 30년 11월 정미.
16) 『위의 책』10, 6년 10월 병신.
17) 『명종실록』10, 5년 8월 갑신.
18) 『위의 책』9, 4년 7월 신사. 『앞의 책』10, 5년 8월 갑신. 수령 뿐아니라 使命, 도

더구나 영조대에는 관기를 쇄환하되 자녀를 낳은 자는 이미 논하지 말라고 하였으며, 또 시종(侍從), 선전관(宣傳官) 이상 관직자의 천첩 소생 자식은 다른 노비로 속신(贖身)하여 면천할 수 있게 함으로써[19] 기생들로 하여금 유혹을 느끼도록 하는 법이 열려있었던 것이다. 이 때문에 사헌부에서는 외방의 기생을 데리고 사는 것을 금하는 법을 엄중히 적용하라고 재삼 청하였다.[20] 급기야 영조는 한성부에 명하여 사대부로서 기생을 데리고 사는 자를 조사해서 보고케 하고, 그 날 한밤중에 건명문에 나아가서 적발된 자 중에 조관과 유생은 삭직 또는 방축, 무인과 中庶는 곤장을 때리거나 형을 가함으로써, 여러 군문(軍門)과 각사의 관리 및 하예(下隷)들이 이로 인해 벌을 받은 바 있었다.[21] 그러나 이러한 조처도 일회에 그치는 전시용에 불과하였다.

위와 같은 사회적 분위기에 편승하여 서북 변방지역인 함경도와 평안도 소속의 기생들도 외부로 많이 유출되었다. 특히 함경도 지역은 서울과 멀리 떨어져 있어 조정에서 미처 듣고 보지 못하는 점을 이용하여 몰래 데리고 나오는 경우가 다른 도보다 많았다고 한다.[22] 중종대 영부사 정광필은 함경도와 평안도의 변장에 임명된 자는 관기를 데려다가 사첩을 만들기 일쑤라고[23] 하면서 당시의 분위기를 지적한 바 있다.

  사, 평사, 호송관, 私行인 사람까지 기생을 데려와서 날로 그 수가 줄어든다는 기사는 중종실록에서부터 보인다.(『중종실록』57, 21년 11월 신사)
19) 『영조실록』48, 15년 1월 계축.
20) 『위의 책』102, 39년 9월 을축.
21) 『위의 책』112, 45년 4월 무진·기사·임신. 그 해 11월에 유배된 자들은 모두 석방시켰다.(『앞의 책』113, 45년 11월 정미)
22) 『명종실록』9, 4년 7월 신사.
23) 『중종실록』57, 21년 11월 신사.

조선왕조실록에는 구체적 사례가 많이 적시되어 있다. 평안도 성천의 기생을 서울 집으로 데려와서 산 평안도관찰사를 지낸 조광원,[24] 성천 기생을 여러해 동안 데리고 산 임해군,[25] 정주 기생을 데리고 와서 살던 의주 부윤을 지낸 이인,[26] 함흥기생을 데리고 살던 좌의정 정지화,[27] 평양기생을 기첩으로 취했던 호조판서 민유중,[28] 양계의 기생을 데리고 살다가 쇄환령이 내리자 자수한 평안도 관찰사 유상운,[29] 데리고 살던 안주기생이 쇄환당하자 다시 얻기 위해 백방으로 노력한 안주목사 한구,[30] 양계지역의 관기를 데리고 살다가 보내지 않아 고신을 빼앗긴 오상유,[31] 관기를 불법으로 거느린 대사간 정재희,[32] 함경도 경성의 관기를 축첩한 금천군 이지,[33] 함경도 관기를 축첩한 영의정 신완[34] 등이 그 구체적인 예들이다. 위의 것은 문제가 되었기 때문에 기록으로 남은 빙산의 일각일 것이다.

  선조 39년에 함경도와 평안도의 관기를 불법적으로 데리고 살던 사람들의 명단이 사헌부에 의해 구체적으로 조사된 적이 있었는데, 이는

---

24) 『명종실록』14, 8년 5월 기유.
25) 『선조실록』202, 39년 8월 기미.
26) 『현종실록』7, 4년 10월 신해.
27) 『숙종실록』10, 6년 8월 을사.
28) 위와 같음.
29) 『숙종실록』10, 6년 8월 을묘. 유상운의 아들 유봉서 역시 북평사로 재직시에 부친이 畵像까지 그려주면서 그토록 경계했음에도 불구하고 기생에게 빠져 끝내 사망하는 지경에 이르렀다고 한다.(『목민심서』제 2부, 律己六條, 제 1장 飭躬)
30) 『숙종실록』16, 11년 5월 정축.
31) 『위의 책』17, 12년 2월 경자.
32) 『위의 책』17, 12년 5월 갑신.
33) 『위의 책』39, 30년 4월 정유.
34) 『위의 책』40, 30년 11월 정미, 『앞의 책』41, 31년 4월 병자.

한 시기 관료들의 축첩 사실의 전모를 드러내준다는 데에 의미가 있다. 이를 보면 대체로 어떤 부류의 사람들이 축첩에 동참하였는지를 명확하게 알 수 있는데, 정리하여 제시하면 다음 표와 같다.[35]

구분		성명	소계	합계
종실		양림도정 이형윤(품관의 딸), 석양정 이정, 덕신정 이난수, 단성부수 이진(良女)	4명	
관료	당상관	좌찬성 유근(사비), 형조참판 남이신, 판윤 윤방, 좌윤 한덕원, 우윤 남근, 우승지 이선복, 동지중추부사 최입, 경상감사 유영순	8명	43명
	당하관이하	사간 이호의, 전적 이경기, 사성 이정험, 전정랑 백대형, 전정랑 유동립, 돈령첨정 한수겸, 귀후서 별제 이철광, 선릉참봉 조형 전목사 황락, 남양부사 조정, 삭주부사 원지, 전부사 정문부, 풍기군수 홍익준, 옥천군수 유덕신, 전군수 이빈, 전군수 임취정, 전군수 이유연, 전현감 윤의신, 송라찰방 이박 행대호군 이병, 행호군 정광적, 행호군 유간, 행부호군 최렴, 행부호군 김시헌, 행부호군 황유용, 행부호군 손경지, 행사과 이경린, 행부사과 김협, 행사용 손윤선	29명	
기타		급제 윤홍, 생원 조진	2명	

위 표에서 보듯이 선조 39년 당시 함경도와 평안도의 기생을 기첩으로 삼아 데리고 사는 것으로 사헌부에 의해 지목된 사람들은 종실 4명, 당상관급 관료 8명, 당하관 이하급 전현직관료 29명, 기타 2명으로 모두 43명에 달하였다. 특히 당하관 이하급 관료에서 많은 비율을 차지하였고, 심지어 벼슬살이도 하지 않은 급제와 생원 신분의 사람까지도 관기의 축첩에 나섰다는 사실에 주목하여야 할 것이다. 이는 그만큼

---

35) 『선조실록』202, 39년 8월 계해·갑자.

함경도와 평안도 지역의 관기가 광범위하게 외부로 유출되었다는 사실을 보여주고 있으며, 그만큼 법이 느슨하게 운용된 실상을 보여준다고 하겠다.

그러나 함경도와 평안도의 기생을 내지에서 데리고 사는 것은 엄연한 불법 행위였고, 조선시기 내내 축첩한 자에 대한 처벌과 관기의 쇄환이 꾸준히 요청된 것 또한 사실이었다.36) 변방지역이었던 두 지역의 기생은 타 지역으로의 유출이 더욱 엄하게 금지되면서 국가 차원에서 특별히 관리되고 있었던 데 특징이 있었다.37) 두 지역의 기생은 설사 면천이나 면역이 된다고 하더라도 다른 지역으로의 이거(移去)를 막았던 것인데, 이는 변방을 튼튼히 하려는 의도와 맞물려있었기 때문이었다.38)

널리 회자되는 선조대 함경도 홍원의 기생 홍랑(洪娘)과 최경창의 애틋한 이야기는 그 좋은 예이다. 홍랑은 함경도 북평사로 부임한 최경창과 만나 인연을 맺었으나, 최경창이 서울로 떠난 다음 헤어지게 되었고, 급기야 그가 깊은 병에 걸렸다는 소식을 접하고 서울에 도착하였으나 나라의 금법 때문에 체류를 허락받지 못하고 함경도로 되돌아가야 했던 것이다.39) 결국 북변지역의 기생들은 불법적으로 유출되는 경우를 제외하고는 자신이 소속된 고을에서 평생을 살아야 하였던 것이다.

---

36) 『선조실록』7, 6년 9월 을미, 『앞의 책』118, 32년 10월 계미·갑신, 『앞의 책』 174, 37년 5월 경오, 『현종실록』7, 4년 10월 신해, 『숙종실록』32, 24년 1월 무술, 『앞의 책』50, 37년 10월 갑술, 『영조실록』102, 39년 6월 병오.
37) 『현종개수실록』9, 4년 10월 신해.
38) 『숙종실록』39, 30년 5월 을묘.
39) 이능화, 『朝鮮解語花史』, 제 27장 李朝人香奩詩; 이재곤역, 『조선해어화사』, 동문선, 1992, 275쪽.

3. 만남과 교제의 일상

　기생은 남녀간의 만남과 교제에서 다른 여성들보다는 자유로운 입장에 있었다. 이는 그들의 권리가 아니라 오히려 그녀들에게 주어진 숙명과도 같은 것이었을 것이다.

　북변지역의 기생이 주로 접대하며 접촉한 이는 변방의 특성상 역시 오가는 무인들이 많았다. 목적지를 향해 지나가던 길에 이루어지는 일회적인 만남이 있을 수도 있고, 목적지에 도달한 후 상당기간 지속적인 만남이 있을 수도 있었다. 그리고 수동적으로 만남에 응하는 경우도 있었지만 능동적으로 교제를 시도하면서 자신의 감정을 적극적으로 표현하는 경우도 많았다.

　때로는 한 남자를 두고 같은 고을의 기생과도 경쟁자가 되기를 주저하지 않으며 사랑을 키워나갔다. 한 예로 부방온 군관 박취문과 지속적인 깊은 관계를 유지하던 인조대 회령 기생 설매를 들 수 있다. 당시 군관 박취문에게는 의향이라는 방기(房妓)[40]가 배치되어 있었음에도 불구하고, 설매는 박취문과 정을 키워나갔다. 박취문의 처지에서 볼 때 방기 의향은 자신에게 주어진 상대였지만, 이에 비해 설매는 자신이 선택한 상대였기 때문에 그 애정의 강도는 달랐을 수 있는 것이다.

　설매는 박취문을 점심에 초대하기도 하였고, 떡을 만들어 취문을 방문하기도 하였다.[41] 기생들이 군관들과 근처 명승지인 운두성으로 유

---

40) 방기는 각 고을에서 손님으로 오는 사람을 접대하기 위한 용도로 천침케 하는 수청 기생을 가리키는데, 변방지역에서는 장기간 가정과 떨어져 생활하는 군관들을 위해 방기를 배정하여 주었다. 방기에 대해서는 '4. 군관 방기의 생활'을 참고하라.

41) 박취문, 『부북일기』 인조 23년 4월 17·24일. 『부북일기』는 울산의 박계숙·박취문 부자가 각각 선조대와 인조대에 함경도 회령지역에서의 1년간에 걸친 부방생활을 기록한 필사본 일기이다. 이에 대해서는 우인수, 「『부북일기』를 통

람갔을 때, 설매는 박취문의 말을 빌어 타는 등 둘 사이는 각별하였다.42) 이런 과정을 거쳐 둘 사이가 가까워지자 설매의 집을 찾는 취문의 발길도 잦아졌다. 드디어 취중에 몰래 와서 자고 가기도 하는 사이로 발전하였고, 활쏘기 시합을 위해 인근 고을에 갔다가 돌아오는 길에도 몰래 들러 자고 가기도 하였다.43) 이 경우 '잠숙(潛宿)'이라는 표현을 구사하고 있는 것으로 미루어 드러내놓고 출입하기는 조금 민망하였던 것을 알 수 있다. 그녀도 숙직하는 박취문을 관청으로 방문하여 은밀히 함께 지낸 적도 있었다.44) 또한 그녀는 박취문이 북쪽 국경지대 순찰에 나선 병사를 모시고 회령에 들렀을 때, 병사의 시침을 들던 중 병사가 깊이 잠든 틈을 타서 몰래 빠져나와 혼자 자고 있던 박취문을 방문하는 철없는 대담함을 보이기도 하였다.45)

여러 가지 사정상 설매만큼은 못하였지만 어느 정도 마음에 드는 상대를 만났을 때는 자신이 가진 애정의 표현을 먼저 한 적극적인 기생도 적지 않았다. 명천 기생 옥매향은 부방길에 들린 박취문과 동침한 다음날 술상을 차려들고 다시 그를 방문하였으며, 떠난 뒤에도 그의 근무지인 회령으로 반찬 한 소쿠리와 세포수건을 정표로 편지와 함께 보내는 적극적인 애정 공세를 편 바 있었다.46) 부령 기생 향춘도 자신의 집에 하룻밤 묵어간 박취문에게 근무지인 회령으로 편지와 함께 황·백대구 각 두 마리씩을 보내어 정을 표시하였고, 나중에는 주찬을

해본 17세기 출신군관의 부방생활」(『한국사연구』96, 1997)을 참고하라.
42) 박취문,『부북일기』, 인조 23년 4월 13일.
43)『위의 책』, 인조 23년 5월 11·15, 윤6월 2일.
44)『위의 책』, 인조 23년 윤6월 19일.
45)『위의 책』, 인조 23년 10월 19일. 이 때 설매는 박취문으로부터 크게 나무람을 듣고 병사에게로 돌아갔다.
46)『위의 책』, 인조 23년 2월 6·8·22일.

크게 차려 대접하기도 하였다.47) 이러한 기생들은 후일 군관이 부방 생활을 마치고 돌아가는 길에 다시 들러도 냉대하지 않고 간단하게 술을 대접하며 전별하는 정을 내기도 하였다.

　이러한 생활은 여느 지역 기생의 생활과 큰 차이가 없는 일상이었을 터인데, 다만 그 교제의 대상이 변방지역인 관계로 주로 무인들이었다는 점이 차이라고 할 수 있을 것이다. 기생들이 무인들과 만나서 인연을 맺기까지 별다른 과정이 생략된 채 곧장 동침으로 이어진 경우도 많았겠지만, 여기서는 조금 격조가 있는 무인과 수작하며 인연을 만들어 간 과정을 살펴보기로 하겠다. 상대가 무인들이라 하더라도 그들 나름의 낭만과 풍류가 없을 수 없었기 때문이다.

　경성(鏡城)의 기생 애춘·금춘과 부방을 위해 그 곳에 도착한 출신 군관 박계숙 일행의 만남은 경유지에서의 일회적인 만남이었다. 애춘은 20세로 평소 가사(歌辭)에 능하고 문자도 알고 있었으며, 특히 그녀의 친구인 금춘은 16세로 가사와 바둑, 거문고, 가야금 등에 능하였을 뿐아니라 서시와 왕소군에 비유될 정도의 미색을 띤 기생이었다. 애춘이 하루는 한 무리의 군관들이 모여있는 성내 거리를 지나가는데, 군관 한 명이 오랫동안 눈여겨보다가 말을 붙이기를 "우리들은 영남의 풍류객들로 명성이 조정에 가득찼는데, 일당백장사(一當百將士)로 북쪽 변방을 지키러 왔다. 서울의 화려한 보물을 가져오지 않은 것이 없으니 원컨대 교환하지 않겠는가"라고 하였다. 애춘은 그 속뜻을 알고 빙그레 웃으면서 "변방의 사람들은 보물로 삼을 것이 없으니 남쪽 사람들이 보물로 삼는 것을 가지고 같이 놀기를 청하노라"라고 응대하였다. 그리고는 군관 박계숙이 머무는 주인집으로 가서 여러 군관들

---

47) 『위의 책』, 인조 23년 2월 14·29일, 7월 4일.

과 함께 담소하며 놀다가 저녁 때 쯤 돌아왔다.[48]

다음날 아침 애춘은 친구인 금춘을 대동하고 박계숙을 방문하여 하루 종일 이야기를 나누고 놀다가 저녁 무렵에야 돌아왔다. 그리고는 그녀들을 비루하게 보지 않고 인간적으로 따뜻하게 대해 준 박계숙에 끌려 밤에 다시 그를 찾았으나, 마침 다른 군관들과 함께 모여 있었기로 기회를 얻지 못하고 그냥 돌아온 바 있었다.[49] 그 다음날 애춘과 금춘은 다시 박계숙을 방문하여 종일토록 함께 이야기를 나누었다. 저녁 무렵쯤이 되자 박계숙도 오랫동안 집을 떠나있던 터라 처음 먹었던 굳은 마음이 풀리기 시작하였다. 그리하여 시조를 지어 자신의 애절한 마음을 금춘에게 전하니, 그녀도 또한 화답하여 시조 두 수씩을 다음과 같이 서로 주고받게 되었다.[50]

비록 　　丈夫乙지라도　肝腸 　　鐵石이라
堂前 　　紅粉를　　　　古戒룰 　사맛더니
治城의　皓齒丹脣을　　몰니즐가 ᄒ노라

唐虞도　親히본듯　　　漢唐宋도　지내신듯
通古今　達事理　　　　明哲人을　어데두고
東西도　未分ᄒ　征夫룰　거러므슴 ᄒ리
나도　　이러ᄒ나　　　洛陽城東　蝴蝶이로라
狂風의　지불려　　　　여긔져긔　ᄃ니더니
塞外예　名花一枝예　　안자보랴 ᄒ노라

兒女 　　戲中辭룰　　　大丈夫 　信聽마오

---

48) 박계숙,『부북일기』, 선조 38년 12월 25일.
49)『위의 책』, 선조 38년 12월 27일.
50)『위의 책』, 선조 38년 12월 27일.

>   文武　一體를　　나도잠깐 아노이다
>   ᄒᆞ믈며 趙趙武夫를　아니걸고 엇디리

 금춘이 부른 이 시조는 자신의 독창적 작품은 아니었다. 이미 비슷한 내용의 가사를 성종대 영흥 기생 소춘풍이 부른 바 있었고, 소춘풍이 부른 것도 역시 자신의 창작물이 아니라 그 전부터 전해지고 있던 가사를 분위기에 맞게 약간 고쳐 부른 것으로 짐작된다.[51] 따라서 이 비슷한 가사는 당시 기생들 사이에 널리 회자되던 것이었다고 생각된다.

 어쨋든 두 사람은 비록 뛰어나거나 독창적인 작품은 아니었지만 서로의 정을 확인하는 절차 중의 하나로 시조를 주고받았다. 이와는 조금 다르지만 선조대 부안 기생 매창이 자신을 찾아온 세 사람의 한량들과 사랑의 감정을 호소하는 분위기에 맞는 시를 돌아가며 읊게 하면서 수작한 데서도 그 비슷한 모습을 찾을 수 있다.[52]

 결국 금춘은 이날 밤 박계숙과 동침하였고, 애춘은 애초에 색을 절제하려했던 또 다른 군관과 동침하였다.[53] 그로부터 일년 뒤 금춘은 회령에서의 일년여에 걸친 부방 생활을 마치고 돌아가는 길에 다시 경성(鏡城)에 들린 박계숙을 스스로 방문하여 전별함으로써[54] 비록 일회적인 만남에 그친 인연이었지만 깊은 인간적 정을 다하였다.

 한편 목적지에서 장기간 머무는 무인들과는 지속적인 만남이 이루

---

51) 『대동야승』5, 「五山說林草藁」(차천로 撰); 『국역 대동야승』(민족문화추진회, 1971) 제 2책 56쪽.
52) 이능화, 『朝鮮解語花史』, 제29장 有才貌異彩之名妓, 扶安妓桂生; 이재곤역, 『조선해어화사』, 동문선, 1992, 340~344쪽.
53) 박계숙, 『부북일기』, 선조 38년 12월 27일.
54) 『위의 책』, 선조 39년 11월 27일.

어지기도 하였다. 앞서 살펴본 회령 기생 설매와 군관 박취문의 교제가 그러한 예에 속하는 것이다. 회령의 기생 배종과 군관 박계숙의 경우도 비슷한 예가 될 것이다. 배종은 회령의 기생으로 있으면서 울산에서 부방차 와서 일년을 회령 보을하진에서 보낸 군관 박계숙과 인연을 맺었다. 박계숙이 남긴 『부북일기』에도 배종과 관련한 기사가 선조 39년 3월부터 11월에 걸쳐 아래와 같이 7차례나 나오고 있어 두 사람의 각별했던 관계를 짐작케 한다.

㉠ 3월 2일; 회령기생 배종이 편지를 보내왔다.
㉡ 4월 14일; 회령에 원정을 가서 활쏘기 시합을 하였는데, 50발 모두 명중하였다. 우후가 짐짓 장난으로 벌이 없을 수 없다고 하며 장차 곤장을 치려 하였는데, 이 때 곤장을 잡은 이가 기생 배종이었다. 큰 상을 받았다.
㉢ 7월 18일; 보을하진에서 경성(鏡城)으로 출장갔다가 돌아가는 길에 회령에 도착하니 이미 성문이 닫혔다. 할 수 없이 경기도 출신 고응선 집에 말을 맡겨두고, 도보로 배종의 집으로 갔다. 마침 배종은 당번이어서 관청에 들어가고 없었는데, 그 어미를 시켜 오게 하여 만나니 매우 반가웠다.
㉣ 7월 26일; 보을하진의 활쏘기 시합에서 상으로 탄 울석(菀席)과 지의(地衣)를 노마(奴馬)를 시켜 배종에게 보냈다. 얼마 뒤 역시 상으로 탔던 큰 독 2개도 보내주었다.
㉤ 11월 20일; 배종의 가노가 성찬을 가득 싣고 회령에서 왔다. 친구와 함께 배부르게 잘 먹었다.
㉥ 11월 24일; 방환 관문이 회령에서 보을하진에 도착한 날 밤에 배종과 그 어미가 회령에서 왔다.
㉦ 11월 25일; 배종 모녀와 이별하고, 고향을 향해 출발하였다.

이상의 기사만으로 보아서는 배종이 박계숙에게 어떤 의미가 있는 존재였는지를 정확히 알 수는 없다. 배종이 사는 회령과 박계숙이 1년 간 근무한 보을하진이 40리 정도 떨어져 있음을 감안할 때, 배종은 박계숙의 방기는 아니었던 듯하다. 단지 박계숙이 부방생활을 하는 동안 선물을 주고받으며 정을 낼 정도의 친밀한 기생이었음에는 틀림이 없다고 하겠다.

그런데 배종에게 있어 박계숙이라는 존재는 단순히 그녀를 스쳐간 많은 사람 중의 한 명이 아니었다. 이는 배종이 살아 생전에 자신의 딸에게 박계숙이란 존재를 알게 모르게 각인시켰던 데서 유추해볼 수 있다. 그럴 정도로 그녀에게 있어 박계숙은 각별한 사랑이었고 인연이었던 것이다.

그로부터 40년 뒤 배종의 딸 월매는 회령에 새로 배치되어 온 군관들이 울산에서 왔다는 이야기를 듣게 되었다. 혹시나 하는 심정으로 그들을 찾아간 월매는 이것저것 몇 가지를 확인한 결과 그 중 박취문이란 출신군관이 놀랍게도 자신이 어머니로부터 익히 들어서 알고 있던 군관 박계숙의 아들임을 확인할 수 있었다.[55] 윗대의 인연이 40년 만에 아랫대에로 이어지는 순간이었다. 이 때 배종은 이미 사망한 후였고, 박계숙은 70세를 훨씬 넘긴 나이로 울산에 살고 있었다.

월매는 박취문을 처음 만날 날 그와 밤늦도록 자신의 어머니에 관해 눈물로 회상하였다. 기이한 인연으로 해서 월매는 그가 회령에 머문 6개월여동안 매우 친밀한 관계를 유지하면서 교류하였다. 그녀는 한가할 때에는 종일토록 박취문과 쌍육놀이를 하기도 하였고, 더러는 가야금을 타기도 하였다.[56] 술자리를 따로 마련하기도 하였고, 술과 안주를 마련하여 그의 집을 방문하기도 하였다.[57] 그리고 박취문이 병이

---

55) 박취문,『부북일기』, 인조 23년 2월 17일.
56)『위의 책』, 인조 23년 3월 14・15일.

나서 아플 때는 그의 시중을 드는 의향이란 방기가 따로 있었음에도 불구하고 시종 그의 집을 드나들며 병구완을 하였다.[58] 약 6개월 뒤 박취문이 병영으로 갑자기 전보되자 많은 기생들을 데리고 그의 집을 방문하였으며, 다음 날에는 회령의 교외까지 따라가 마지막 전별연을 열어주면서 아쉬움을 달래기도 하였다.[59]

박취문도 그러한 그녀를 특별한 존재로 아껴주었다. 활쏘기를 한 후 술 생각이 나면 동료들과 함께 월매 집을 찾았다.[60] 또 활쏘기 시합에서 상으로 받은 곡물을 월매에게 준 적도 몇 차례나 있었으며, 어떤 때는 일등상으로 탄 귀한 백별선(白別扇)과 참빗을 그 자리에서 월매에게 주기도 하였다.[61] 판관에게서 선물로 받은 어물의 반을 특별히 월매에게 보내기도 하였고, 회령을 떠날 때는 자신이 가지고 있던 곡식 중 절반을 월매 한 사람에게 주고, 나머지 절반을 가지고 친한 여러 기생에게 나누어주는 등 월매를 특별히 대하였다.[62]

월매는 박취문이 회령을 떠나 경성(鏡城)의 병영이나 회령 근처의 행영(行營)에 근무할 때에도 긴밀한 만남을 지속하였다. 월매는 경성까지 가서 박취문 일행과 술먹기 시합을 하면서 어울린 적이 있는가 하면, 연말에는 일부러 말미를 내어 행영에 있는 박취문을 만나러가서 보름정도 그의 집에 머물다가 돌아오기도 하였다.[63] 월매가 돌아갈 때 박취문은 반염상구(半染裳具) 20척을 주어 정을 표시하였다.[64] 그 전

---

57) 『위의 책』, 인조 23년 4월 14・18・27일.
58) 『위의 책』, 인조 23년 4월 3일.
59) 『위의 책』, 인조 23년 윤6월 28일, 7월 1일.
60) 『위의 책』, 인조 23년 5월 7일.
61) 『위의 책』, 인조 23년 3월 20일, 3월 21일, 6월 14일.
62) 『위의 책』, 인조 23년 4월 20일, 윤6월 29일.
63) 『위의 책』, 인조 23년 7월 10일, 12월 30일, 24년 1월 2・15일.

에도 박취문은 회령에 가는 인편에 황대구 한 마리와 백대구 한 마리를 월매에게 부쳐 조그만 정을 표한 바 있었으며,[65] 회령에 공무로 출장갈 때는 반드시 월매를 찾아 안부를 물었다.[66]

위와 같은 변방의 기생 모녀와 부방온 군관 부자의 대를 이은 만남의 경우는 변방의 기생사회에서 가능한 기이한 인연이라고 하지 않을 수 없다. 그럴 경우 외롭고 낯선 변방이라는 주위 환경과 어우러져 통상적인 만남 이상의 의미가 있는 진한 인간애가 발현되기도 하였다.

4. 군관 방기의 생활

방기(房妓)는 방직기생(房直妓生)으로 방직기(房直妓)로도 표기되었다. 관기가 아닌 관비로서 비슷한 역할을 하였을 때는 방비(房婢)라고 불렸다. 유형원의 『반계수록』에는 방기에 대해 다음과 같이 설명되어 있다.

> 오늘날 관아에서 창기를 길러 使客이 오면 얼굴을 단장하고 옷차림을 화사하게 하여 그를 접대케 하는데, 술을 따라 권하고 음악을 연주하여 흥을 돋우니 이름하여 房妓라 하였다.[67]

---

64) 『위의 책』, 인조 24년 1월 15일.
65) 『위의 책』, 인조 23년 12월 9일.
66) 『위의 책』, 인조 23년 11월 27일. 월매와 박취문은 각별히 서로 아끼던 사이 이상은 아니었다고 생각된다. 왜냐면 월매는 李萱이라는 鏡城의 別監을 愛夫로 두고 있었기 때문이다.(『위의 책』, 인조 23년 7월 7일, 12월 9일조) 그리고 이훤은 박취문도 잘 아는 사이로 여러 차례 만나 술을 나눈 적이 있던 이였다.(『위의 책』, 인조 23년 2월 9일, 7월 7일, 12월 9·25일, 24년 2월 12일)
67) 유형원, 『반계수록』25, 「續篇(上)」女樂優戱. "今官畜淫娼 使客之來 令治容姱服而待之 行酒以侑 執樂以挑 稱曰房妓"

지방 관아의 일반적인 방기의 모습과 역할이 지적되어 있다. 방기는 각 고을에서 손님으로 오는 사람을 접대하기 위한 목적으로 천침케 하는 수청 기생을 가리켰던 것이다. 예컨대 황주 기생 류지(柳枝)는 율곡 이이가 해주관찰사로서 도내를 순시할 때 천침한 바 있었고, 그 뒤 이이가 원접사로 황해도에 왔을 때 다시 만난 바 있었는데, 스스로를 방기라 칭한 것이 그런 경우의 예이다.[68] 명종대 박응남이 왕명을 받은 사신으로 관서지방에 갔을 때 관찰사가 방기를 보내 맞이하였다는 것도 같은 경우의 예가 되겠다.[69]

또한 조선후기 청나라 사신을 수청들던 기생 역시 방기라고 표현하였다. 인조 초년 청나라 사신이 왔을 때 노골적으로 수청기생 즉 방기를 요구하기 시작하여 한 때 큰 폐단이 되었는데, 이 때 연로(沿路)에서는 관기로써 충당하였고, 서울에서는 의녀(醫女)와 사창(私娼)으로써 충당한 바 있었다고 한다.[70]

북변지역의 경우 장기간 복무하는 양반 출신 관료나 군관들에게도 그 생활의 불편함을 최대한 줄여줄 수 있는 장치로서 방기가 운영되었다. 변방지역의 방기는 장기간 가정과 떨어져 복무하는 이들에게 가정과 비슷하게 생활할 수 있는 조건을 갖추어주기 위한 존재로 일종의 '현지첩'이었던 셈이다. 이에 따라 방기는 그야말로 가정에서의 아내의 역할을 한시적으로 대신해주는 역할을 담당하였다. 일상적인 의식주생활이 영위될 수 있도록 하였을 뿐 아니라 정신적, 육체적 안정까지도 감당하였을 것이다.

---

68) 이능화, 『조선해어화사』 제 20장, 儒學者與妓生, 李栗谷贈妓有詩; 앞의 이재곤역, 『조선해어화사』, 204~206쪽.
69) 위의 이재곤역, 『조선해어화사』, 206쪽.
70) 『通文館志』4, 事大(下), 房排.

그런데 함경도와 평안도지역에서 이 방기의 수요가 크게 늘어난 계기가 된 것은 무과에 급제한 신출신들에게 군관으로서 1년간의 부방을 의무화한 조처였다.[71] 이는 선조 16년 여진인 이탕개(尼蕩介)의 난 이후 변방의 수비를 강화함과 동시에 변방지역의 실정을 체득토록 하기 위한 것이었다. 이 때 외지에서 온 출신군관에게도 방기가 제공되기에 이르렀고, 이는 점차 하나의 관행으로 굳어져 갔던 것이다.[72]

어떤 기생이 방기가 되었는가는 일률적으로 말하기 어렵다. 오로지 그 상대에 따라 경우에 맞게 그때 그때 적절하게 정해졌다고 보는 것이 옳을 것이다. 재색이나 능력이 뛰어난 기생은 당연히 관품이 높은 벼슬아치에게 선택되었을 가능성이 크다. 예컨대 강릉 기생 막개를 가리켜 "강원도 도사의 방기였는데, 지금은 허리를 다쳤으나 명기였다"[73] 라는 지적에서 상대적으로 능력이 출중한 이가 도사 정도의 고위직의 방기로 선택되었음을 알 수 있다. 그러니 병사나 수령급을 모시는 방기도 마찬가지였을 것이다.

그러나 선택할 수 있는 권한이 없이 시혜적 의미에서 방기를 배정받던 군관급의 경우는 위의 경우와는 달랐을 것이다. 군관급들을 상대한 방기들은 방직의 임무를 맡지 않던 일반 기생들보다도 더 격이 낮았을 가능성이 크다. 왜냐하면 방기들의 기본적인 임무가 잡다한 집안 일의 처리와 성적인 대상에 있었던 만큼, 굳이 많은 수련과정을 거쳐 어렵게 양성해놓은 가무에 능한 상급 기생을 군관의 방기로까지 투입할 수 없었겠기 때문이다.

이러한 점은 전혀 기생으로서의 수업을 받지 않은 관비나 사비를 방

---

71) 『新補受敎輯錄』, 兵典, 留防.
72) 우인수, 앞의 논문, 64~66쪽.
73) 박취문, 『부북일기』, 인조 23년 1월 2일.

비라 하여 더러 군관의 방직으로 충원하였던 것에서 미루어 짐작할 수 있다. 회령의 사비 노종은 잠시 출신군관 박취문의 방비로 동원되어 자신의 집에서 그를 모신 바 있었고,74) 경성의 사비였던 태향은 역시 출신군관으로 경성 병영에서 복무하게 된 박취문의 방비 노릇에 강제로 동원된 바 있었다.75) 특히 태향은 남편을 잃고 혼자 몸이 되어 수절하고 있던 터였는데, 병마절도사가 그녀의 어머니와 오라비를 불러 곤장을 때리면서 그녀로 하여금 방비가 되기를 강제하였다.76) 결국 태향은 협박에 못이겨 방비가 되었다.

군관을 받아들인 방기의 집에서는 마치 혼례 뒤에 신랑이 신부집에서 벗들에게 음식을 대접하는 동상례(東床禮)에 빗대어 서상례(西床禮)라 하여 간단한 주안상을 내었다.77) 주인공인 군관을 동료군관들이 옹위하여 방기의 집으로 몰려가서 축하해주었던 것이다. 이러한 서상례와 같은 축하의 풍속은 박취문의 아버지 박계숙이 선조대에 부방생활을 할 때도 있었던 풍속이었는데, 박계숙은 동료 군관 김응택이 방기를 얻자 위요(衛繞)하여 함께 가서 크게 취하여 돌아온 바 있었다.78)

방기는 자신이 모시는 상대가 누구냐에 따라 거주지도 달랐을 것이다. 관직자의 방기들은 관아에 딸린 별당에 거주하였을 가능성이 크다. 그러나 그렇지 못한 출신군관들은 성곽과 가까운 타인의 집에 세를 들어 살았던 듯하다. 박계숙과 박취문의 『부북일기』에 보면 '주인

---

74) 『위의 책』, 인조 23년 2월 23 · 27일.
75) 『위의 책』, 인조 23년 7월 22 · 23일.
76) 『위의 책』, 인조 23년 7월 22 · 23일.
77) 박계숙, 『부북일기』, 선조 39년 2월 26 · 27일.
78) 『위의 책』, 선조 39년 2월 6일.

가(主人家)', '주가(主家)'라는 표현이 자주 나오는데, 숙박하던 주인집을 가리키는 표현이다. 하루 이틀밤 묵어간 경우나 부방하는 목적지에서 장기간 머문 경우 모두에 주인(主人), 가주(家主)라는 표현을 사용한 것으로 미루어 적당한 집에 세든 형태로 거주하였음이 명백하다.79) 그럴 경우 방기도 거기서 거주하였을 가능성이 크다.

군관과 사는 방기의 경우는 한 달에 한번씩 군관에게 지급되던 일정한 양료로 살림을 하였다. 그 외 사람에 따라 다과의 차이는 있었겠지만 수령을 비롯한 상관으로부터 부정기적으로 지원 받던 물건들도 가계 운영에 보탬이 되었을 것이다. 박취문의 경우를 보면 소금을 구하러 노비를 촌가에 보냈다는 소식을 접한 회령 부사와 판관이 각각 소금 10두와 3두를 보내준 것을 위시하여80) 상관이나 동류배들로부터 종종 식량과 땔감을 지급 받고 있었던 것이다.81)

방기의 집안 살림살이에는 근처에 살고 있는 기생어미가 당장 의지할 수 있는 존재였다. 사실 기생에게 있어 그 어미의 도움은 매우 컸을 것인데, 특히 살림에 대한 경험이 부족할 경우에는 더욱 그러하였을 것이다. 여기서는 회령의 부방한 출신군관 박취문의 방기였던 의향의 경우를 예로 들어 살펴보도록 하겠다.

의향은 그 어미가 사는 촌가에서 떨어져 읍내 근처 박취문이 얻은 집에서 살고 있었다. 의향의 어미는 수시로 의향의 집 살림을 돕기 위해 드나들었다. 땔감이나 건초를 수레를 이용하여 운반해 주기도 하였고, 떡이나 술을 가지고 오기도 하였으며, 더러는 떡을 박취문이 근무

---

79) 박계숙의 경우에 회령 보을하진에 부방을 명받고 그곳의 김충이라는 자의 집에 寓接하였다고 되어 있다.(『위의 책』, 선조 39년 1월 12일)
80) 박취문, 『부북일기』, 인조 23년 5월 3일.
81) 우인수, 앞의 논문, 67쪽 <표 5> 참조.

하는 관청으로 보내기도 하였다.[82] 박취문이 아플 때는 병문안을 하러 들리기도 하였다.[83] 어떤 때는 닷새정도를 머문 적도 있었지만 대개는 하루 정도 머물다가 돌아갔다. 그리고 의향도 필요에 따라 그의 어미 집에 가기도 하였다. 빨랫감을 가지고 가기도 하였고, 재단할 옷감을 가지고 들리기도 하였다.[84]

의향의 어미는 후견인으로서의 지위를 박취문으로 부터도 인정받고 있었던 듯하다. 한번은 의향이 박취문의 철릭을 만들기 위해 옷감을 재단하다가 잘못하여 아까운 옷감을 버린 일이 있었는데, 다음날 달려온 의향의 어미는 분함을 참고 있는 취문을 달래기라도 하듯이 의향을 흠씬 패주고 돌아가기도 하였다.[85] 박취문은 판관에게서 받은 어물의 반을 특별히 의향의 어미에게 보내준 적도 있었고,[86] 경성의 병영으로 전보 통지서를 받았을 때는 일부러 짬을 내어 의향의 어미가 있는 촌가에 다녀오기도 하였다.[87]

그리고 방기들은 힘든 집안일에는 군관의 사내종의 도움을 받았다. 당시 양반 출신군관들은 적어도 한 명 이상의 몸종을 대동하여 변방지역에 왔다. 군관 박취문의 경우는 봉남, 군관 박이돈의 경우는 경립이라는 사내종이 있었는데, 그들은 주인의 곁에서 온갖 궂은 잡일을 도맡아 하고 있었다. 그들의 일은 실로 다양하였다. 박취문의 일기에 보이는 그의 몸종 봉남이 한 여러 가지 일 중에 집안 생활과 관련된 것으로는 소금을 구하러 마을로 간 것이라든지, 어물을 사러 어촌에 다녀

---

82) 박취문,『부북일기』, 인조 23년 3월 14・26일, 4월 5일, 6월 12일.
83)『위의 책』, 인조 23년 4월 3일.
84)『위의 책』, 인조 23년 4월 14일, 6월 22・25일.
85)『위의 책』, 인조 23년 6월 14・15일.
86)『위의 책』, 인조 23년 4월 20일.
87)『위의 책』, 인조 23년 윤6월 27일.

온다든지, 갓을 수선하러 몇 십리 떨어진 이웃 고을에 다녀온다든지 하는 등이었다.88) 그리고 방기가 혼자서 해결하기 어려운 큰 빨랫감이 있어 어미의 손을 빌려야 할 필요가 있을 때 무거운 빨랫감의 운반은 사내종의 차지였다.89) 또 촌가에 채소를 파종하는 등 힘든 일을 담당 시키기도 하였다.90)

　방기라고 해서 계속 집안일만을 담당하고 있었던 것은 아니었다. 그들 역시 기생이었다. 환송연과 같은 큰 연회가 있을 때나 군관들의 활쏘기 시합과 같은 행사가 있을 때는 동원이 되었다. 특히 활쏘기 시합 때는 자신의 상대를 응원하면서 흥을 돋우는 역할을 수행하였다. 이는 당시 활쏘기 대회의 풍속과도 관련이 있었다.

　활쏘기 대회는 대개 두 편으로 나누어 행하여졌는데, 시합이 끝난 후 진 편의 꼴찌에게 내리는 벌칙에 방기가 종종 동원되었던 것이다. 진편의 꼴찌에게는 더러는 곤장을 때린 경우도 있었지만,91) 대개의 경우 양반인 사람에게 직접 곤장을 치기가 미안하였기 때문에 대신 그 방기를 끌어내어 족장이나 곤장을 치려는 시늉을 하였던 것이다.92) 그러면 대개 술로 대신케 해 달라고 해서 마무리를 짓게 하였다. 또 어떤 경우에는 꼴찌에게 광대옷을 입혀 춤을 추게 함으로써 희롱한 경우도 있었다.93) 이때도 좀 더 짓궂은 경우에는 그 방기에게까지도 광대옷을 입혀 같이 춤추게 하였다.94) 더 나아가서는 광대옷을 입힌 방기를 소

---

88) 『위의 책』, 인조 23년 4월 26일, 5월 1・2일, 6월 18・23일.
89) 『위의 책』, 인조 23년 4월 14일.
90) 『위의 책』, 인조 23년 5월 8・10일.
91) 박계숙, 『부북일기』, 선조 39년 4월 4일.
92) 박취문, 『부북일기』, 인조 23년 5월 23일.
93) 박계숙, 『부북일기』, 선조 39년 7월 19・20일. 박취문, 『부북일기』, 인조 23년 7월 26일.

의 등에 태운 다음, 그 소를 역시 광대옷을 입힌 꼴찌 군관으로 하여금 끌게 하면서 떨어져 있는 화살을 줍게 하여 희롱하기도 하였다.95) 그러면 소의 등에 타고 있던 방기는 민망해서 죽을 지경이었던 것인데, 사람들은 이를 보며 즐겼던 것이다.

　이상에서 본 바와 같이 방기의 생활은 근본적으로 기생이었기 때문에 몇몇 행사에 동원되었다는 점을 제외하고는 남편을 둔 여느 가정집 아낙의 생활과 크게 다른 것이 아니었다. 다만 차이가 있었다면 그 관계가 한시적이었다는 점이다. 따라서 한 사람이 가고 나면 자신의 의지와는 관계없이 또 다른 사람을 모셔야하였다. 물론 방기에서 기첩으로 발전되어 같이 떠날 수 있었던 기생은 일생의 행운이었을 것이다.

5. 맺음말

　북변지역 기생의 외부 유출은 특히 엄하게 법으로 금지되어 있었다. 이 역시 조선조를 통해 한 번도 포기된 적 없이 유지된 법령이었다. 그러나 조선초기부터 내내 끊임없이 서북변지역 기생의 축첩을 통한 외부 유출이 문제로 거론되고 있는 것으로 미루어 실제로는 불법적 외부 유출이 관행처럼 만연되어 있었던 것이 아닌가 생각된다. 함경도와 평안도 지역의 기생을 데리고 사는 데는 종실, 고위관료, 하급관료, 심지어는 관직도 없는 자들까지 가세하기도 하였다. 여기에는 평생 기생으로 지내는 것 보다 한 사람의 기첩으로 들어가는 것이 더 현실적으로 이익이 있는 기생들의 절박한 이해관계도 작용하였으리라 짐작된다.

---

94) 박취문, 『부북일기』, 인조 24년 1월 18일, 2월 15일.
95) 『위의 책』, 인조 23년 12월 28일.

그러나 대다수의 기생들은 자신이 소속한 고을에서 평생을 보내야 하였으며, 이러한 규정은 함경도와 평안도의 경우 더 강하게 규제되고 있었다.

한편 기생들은 다른 계층의 여성들보다 남녀간의 만남과 교제가 더 자유로웠고, 애정표현 또한 더 적극적으로 할 수 있었다. 목적지를 향해 지나가던 길에 이루어지는 일회적인 만남이 있을 수도 있었고, 목적지에 도달한 후 상당기간 지속적인 만남이 이루어질 수도 있었다. 그리고 수동적으로 만남에 응하는 경우도 있었지만 능동적으로 교제를 시도하면서 자신의 감정을 적극적으로 표현하는 경우도 많았다. 때로는 한 남자를 두고 같은 고을의 기생과도 경쟁자가 되기를 주저하지 않았다.

북변지역 기생들의 만남과 교제의 일상이 다른 지역의 기생의 그것과 근본적으로 크게 다른 점은 없었겠으나, 변경지역인 관계로 무인들을 많이 상대하였다는 점이 차이점으로 지적될 수 있을 것이다. 상대가 무인들이라 하더라도 그들 나름의 낭만과 풍류가 없을 수 없어서 나름대로 시를 주고받으면서 격조가 있는 인연을 만들어 가기도 하였다. 변방의 기생들은 숙명처럼 특별한 인연을 만나기도 하였는데, 변방의 기생 모녀와 부방온 군관 부자의 대를 이은 만남의 경우가 그러한 한 예가 될 수 있을 것이다. 이는 변방의 기생사회에서만 가능한 기이한 인연이라고 하지 않을 수 없는데, 그럴 경우 외롭고 낯선 변방이라는 주위 환경과 어우러져 통상적인 만남 이상의 의미가 있는 진한 인간애가 발현되기 마련이었다.

한편 방기는 각 고을에서 손님으로 오는 사람을 접대하기 위한 용도로 천침케 하는 수청 기생을 가리켰는데, 변방지역의 방기는 장기간 가정과 떨어져 복무하는 이들에게 가정과 비슷하게 생활할 수 있는 조건을 갖추어주기 위한 존재였다. 특히 함경도 지역에는 선조대 이후 무과에 급제한 신출신들의 부방이 의무화되면서 이들에게도 방기가 제공되기에 이르러, 방기의 수요가 크게 늘어나게 되었다.

군관급에게 제공된 방기들은 격이 좀 낮은 기생으로 충당되었으리라 짐작된다. 더러는 기생의 부족으로 관비나 사비를 방비라 하여 충당하기도 하였다. 그들은 출신군관이 세들어 사는 성곽 주변의 민가에서 생활하면서 군관에게 한달에 한번씩 지급되던 급료로 살림을 하였다. 방기는 크고 작은 집안의 살림에 자신의 어미의 도움을 많이 받았는데, 기생 어미는 수시로 드나들면서 여러 가지 일을 도와주었다. 집안의 힘든 일에는 군관이 데리고 온 사내종의 도움을 받기도 하였다.

방기도 역시 기생이었기 때문에 계속 집안에서만 생활을 하는 것이 아니라 큰 연회가 있을 때나 활쏘기 시합과 같은 행사가 있을 때는 동원이 되었다. 특히 활쏘기 시합 때는 자신의 상대를 응원하면서 흥을 돋우는 역할을 수행하였다. 결국 방기의 생활은 몇몇 행사에 동원되었다는 점을 제외하고는 남편을 둔 여느 가정집 아낙의 생활과 크게 다른 것이 아니었다. 다만 그 관계가 한시적이었다는 점에서 차이가 있었을 뿐이다.

■ 찾아보기

가토오 기요마사　84, 90, 92, 93, 94, 110, 112, 113, 114, 115, 116, 117, 118, 119, 120, 121, 122, 123, 124, 125, 126, 127, 128, 130, 131, 144, 145
가리산　46, 56
간곡역　38, 43
간파쿠　120, 121
개운포　39, 58, 59, 62, 83, 88, 92, 99, 104, 137, 138, 140, 142, 264, 265, 266, 281
객사　24, 25, 26, 144, 188
거추사　65, 74, 75, 76, 273, 275, 276, 277
경국대전　23, 27, 33, 36, 37, 42, 58, 62, 138, 189, 192
경상도속찬지리지　60, 68, 278
경상도지리지　57, 138, 152, 153
경상좌도수군절도사　83
경상좌병영　83
경재소　17, 18, 26, 31, 32
고니시 유키나가　89, 92, 109, 111, 113, 116, 117, 118, 119, 121, 122, 123, 124, 125, 126, 129, 130, 131, 145

고처겸　85, 86, 87, 95
공명첩　165, 166
공무역　65, 273
공방감관　197, 226
공수전　24
공암　86
곽재우　92, 93
관노비　24, 31, 47
관둔전　24
관문성　262, 263
교수　24, 287
구강서원　237, 243
구주탐제사　65, 74, 75, 273, 275, 276
구향　161
국왕사　74, 75, 76, 275, 276, 277
군관청　24, 26, 193, 195
군교　31, 47, 161, 162
군현제　17, 18, 19, 26, 33, 47
굴화역　38, 42, 43, 44
굴화천　41
권상일　236, 237, 238, 239, 258
권율　111, 127, 129
권응수　90, 91
급창　31
기생　31, 194, 212, 214, 216, 217, 220, 221, 222, 223, 227, 283, 284, 286, 288, 289, 290, 291,

292, 293, 296, 298, 299, 300,
　　301, 302, 304, 306, 307, 308
김언복 117, 119, 121, 126
김응방 85, 86, 95
김응서 29, 121, 128, 130
김태허 29, 88, 94, 96, 98
김한징 163
김흡 87, 88, 251
나베시마 나오시게 110, 114
나장 31
남강사 103
남목천 46, 47
남창 39, 144
납공노비 168
납속제도 166
납속책 166
내아 24
내현면 38
내황진 41
니쓰신 119, 121
다산사 102
대마도 64, 65, 71, 73, 74, 78, 124,
　　125, 272, 275, 280, 282
대마도주 64, 65, 67, 70, 272, 277,
　　279
대마도주사 65, 273
대마도주특송사 74, 75, 275, 276
대전통편 141
도산 92

도산성 93
도요토미 히데요시 92, 94, 109,
　　113, 115, 118, 121, 122, 123,
　　124, 126, 130
도쿠가와 이에야스 109, 125
동경지 101
동국여지승람 231
동일원 126, 131
동천강 38, 39, 40, 41, 88, 104,
　　268, 281
동천교 41, 48
동축사 265
동헌 20, 24, 25, 26, 38, 144
류백춘 86, 87, 91
류영춘 91
류정 86
마귀 94, 115, 125, 126, 127, 128,
　　130, 131, 132, 135, 141, 145
마두희 255, 256, 260
망부석 264
망해사 266
매귀악 255, 260
면리제 17, 18, 19, 32, 33, 34, 48,
　　245, 258
모리 히데모토 129
모오리 요시나리 114, 115
모오리 히데모토 114
무룡산 88, 104
문인 65, 273

박계수 163
박계숙 178, 179, 180, 181, 182, 183, 184, 185, 186, 187, 188, 191, 193, 195, 198, 202, 203, 204, 205, 206, 210, 216, 217, 222, 227, 251, 252, 292, 294, 295, 296, 297, 303, 306
박망구 234, 235, 236, 237, 238, 252, 258
박문 91
박봉수 86, 94, 95, 100, 101, 251, 252
박손 91
박언복 102
박여해 163
박윤웅 181, 251
박웅정 85, 86, 95
박의장 29, 87
박이돈 187, 194, 201, 252, 305
박이명 187, 188, 203, 214, 252
박인국 86, 91, 93
박인립 102
박제상 264, 281
박진남 85, 86, 95, 103
박춘무 103
박춘영 103
박취문 178, 179, 180, 181, 182, 183, 184, 185, 186, 187, 189, 190, 191, 193, 194, 195, 196, 197, 199, 200, 201, 202, 203, 206, 207, 208, 209, 211, 212, 214, 215, 217, 218, 219, 220, 221, 222, 223, 224, 227, 252, 292, 293, 297, 298, 299, 302, 303, 305, 306
박홍춘 88, 96, 101, 251, 252
반곡사 102
반구동 유적지 267
방기 292, 298, 299, 300, 301, 302, 304, 305, 306, 307, 308
방비 60, 61, 93, 114, 125, 138, 139, 216, 227, 300, 302, 309
방직 216
방직기 180, 203, 213, 214, 215, 216, 217, 218, 221, 223, 227, 286, 300
배종 216, 217, 222, 226, 297
백련암 89
벽력교 41, 48
별감 23, 32, 47, 202
별유 161
병마도절제사 20, 21
병방군관 195, 196, 197, 226
병영 20, 21, 47, 83, 175, 179, 180, 181, 182, 185, 186, 191, 194, 196, 197, 199, 201, 204, 205, 206, 208, 212, 218, 221, 224, 225, 226, 228, 256, 299,

303, 305
병영성 38, 40, 43, 61, 85, 104
봉수 43, 44, 45, 46, 47, 49
봉수망 18, 44, 45
봉수제 44, 48
부로산 45, 46
부방생활 175, 177, 178, 180, 181, 202, 225, 226, 292, 294, 298, 303
부북일기 178, 180, 223, 292, 295, 296, 297, 298, 302, 303, 305, 306
부산포 54, 57, 58, 61, 62, 64, 68, 69, 70, 71, 72, 74, 75, 76, 78, 99, 138, 142, 271, 272, 275, 278, 279, 280, 282
북변지역 292, 301, 307, 308
사령 31, 32, 33, 47, 110, 200
사명당 유정 111, 112, 113, 116, 117, 118, 119, 120, 121, 122, 123, 124, 125, 126, 144, 145
사무역 65, 66, 73, 194, 273, 274, 275
사송왜인 65, 78, 273
사포 264, 265, 281
사행무역 65, 273
삼국사기 264, 266
삼국유사 265, 266
삼탄 38

삼탄교 41, 48
삼포 54, 67, 68, 69, 70, 71, 72, 74, 75, 78, 83, 275, 276, 277, 278, 279, 280, 282
삼포왜란 62, 65, 72, 78, 273, 280, 282
서몽호 86, 95, 103
서생포 57, 62, 83, 84, 88, 89, 104, 111, 135, 137, 138, 139, 140, 141
서생포만호진 144
서생포왜성 84, 89, 90, 92, 93, 94, 102, 104, 107, 109, 111, 112, 113, 114, 115, 116, 117, 119, 121, 122, 123, 124, 125, 126, 127, 128, 129, 132, 136, 140, 141, 142, 144, 145
서원 24, 32, 33, 161, 184, 237
서인층 86, 87, 88, 90, 92, 93, 95, 96, 98, 101, 102, 251, 252
선무공신 100
선무원종공신 100, 182
선소 39, 41
선유기사 102
세견선 74, 275
세종실록지리지 56, 58, 152, 153, 231, 239, 246
소목 66, 274
소산 45, 46

속대전 36, 37, 43
솔거노비 168
송상현 110
송응창 110
수도서인 65, 273
수영 55, 58, 59, 83, 137, 138, 182
수직인 65, 70, 273, 279
순화군 110, 119, 121
시마즈 다다토요 115
시마즈 요시히로 126, 131
신증동국여지승람 20, 23, 40, 42, 45, 61, 67, 231, 232, 233, 239, 242, 245, 246, 248, 252, 254, 255, 257, 258, 259, 260, 273
신찬팔도지리지 231
신향 161
심유경 89, 92, 111, 113, 117, 118, 120, 122, 123
심환 85, 86, 95
아록전 24
아리포 46
아사노 요시나가 114
양사재 24
양호 127, 128
어련천 40
언양읍지 155
언양현 20, 21, 22, 26, 28, 30, 32, 34, 38, 39, 42, 43, 45, 47, 48, 149, 150, 152, 153, 154, 155, 156, 158, 159, 160, 163, 164, 167, 171, 172, 173
언양호적 6, 150, 163
여지도서 246, 248, 259
역 42, 43, 44, 61
역제 18, 43, 44, 48
연포 86, 88, 104
염포 51, 53, 54, 55, 56, 57, 58, 60, 61, 62, 63, 64, 65, 66, 67, 68, 69, 70, 71, 72, 74, 75, 76, 77, 78, 83, 128, 137, 140, 262, 271, 272, 273, 274, 275, 276, 277, 278, 279, 280, 282
염포성 61
영등신 255, 256, 260
영천성 87
오윤찰 163
온양면 38, 39
왜관 74, 75, 78, 276, 282
외거노비 168
외황진 41
용사실기 102
우키다 히데이에 129
울산군읍지 101, 102
울산도호부 21, 22, 24, 25, 32, 34, 47, 48, 155
울산부여지도신편읍지 90, 94, 96, 98, 100, 101, 244, 249, 251

울산부읍지 20, 21, 25, 27, 32, 34, 38, 102, 244, 249, 251
울산왜성 84, 85, 93, 94, 104, 114, 115, 127, 128, 129, 130, 131, 132, 141, 144, 145
울산읍지 22, 41, 101, 232, 235, 238, 244, 249, 251, 253, 255
울산장적 150
울주 20, 102, 264, 265
원(院) 41, 42, 48, 188
원유 161
월매 213, 215, 217, 221, 222, 298, 299
유정(劉綎) 116, 117, 118, 119, 126, 131
유포 46
유향소 17, 18, 23, 26, 31, 32, 33, 47, 161
윤인함 87
윤홍명 86, 87, 88, 91, 95, 252
율포 264, 265, 281
이겸수 103, 117, 119, 121, 126
이경연 86, 87, 90, 92, 93, 94, 95, 101, 251
이길곶 46
이눌 86, 87, 90, 93, 95
이봉춘 86, 95
이삼한 87
이석로 201, 202
이세백 163
이순신 131
이승금 87
이여량 87, 91
이여매 126
이여송 110, 111
이예 236, 251
이우춘 87, 88
이원담 234, 235, 236, 237, 238, 258
이응춘 86, 87, 88, 89, 92, 95, 99
이탕개난 181, 225, 302
이토 스케타가 115
이한남 85, 86, 87, 93, 95, 101, 251, 252
이현담 234, 235, 237, 258
이확 187, 188, 201
일본국왕사 65, 273
일수 24
일학헌 25
임랑포 46
임해군 110, 119, 289
임훈 30
입역노비 168
장희춘 86, 87, 88, 91, 95, 119, 121, 125, 126, 251, 252
전예봉 163
전응충 87, 88, 90, 96, 98, 103, 251

전인충 93
전장군묘 103
정기룡 29, 129, 131
정유재란 84, 92, 93, 104, 113
제추사 74, 275
제포 54, 58, 61, 62, 64, 68, 69, 70, 71, 72, 74, 75, 76, 78, 138, 271, 272, 275, 278, 279, 280, 282
조명연합군 90, 93, 107, 111, 114, 115, 116, 126, 127, 128, 129, 130, 131, 145
조선환려승람 134
좌수 23, 32, 47, 215
주막 42, 43, 48, 188, 189
중진 41
증보문헌비고 37
증산사 103
증성 39
지고사 103
진린 126, 131
창표당 102, 105, 107, 111, 132, 133, 134, 135, 136, 145
창표사 102, 105, 132, 134, 135, 145
처용 266
처용설화 264, 265, 266, 281
천내 46, 47, 56
청대전집 239

출신군관 175, 177, 178, 179, 180, 181, 184, 187, 188, 190, 191, 193, 194, 195, 196, 199, 201, 202, 203, 204, 210, 213, 214, 222, 223, 225, 226, 227, 286, 293, 298, 302, 303, 305, 309
충의사 103
충효사 103
치술령 264
쿠로다 나가마사 94, 110, 114, 115, 132
태화강 38, 41, 88, 89, 90, 99, 104, 128, 268, 281
태화강석교 41, 48
태화진 38, 41, 257
토착군관 178, 180, 193, 194, 195, 196, 207, 210, 226
파발 43
파발로 44
파발제 44
팔도지리지 231
하산 46
학성지 101, 229, 231, 232, 233, 234, 235, 236, 237, 238, 239, 240, 242, 243, 244, 246, 247, 248, 249, 251, 252, 253, 254, 255, 257, 258, 259, 260
한효순 91
항거왜인 67, 68, 69, 70, 71, 75,

78, 276, 277, 278, 279, 280, 282
해동제국기 68, 75, 276, 277, 278
해양교 40, 41, 48
향교노비 24
향리 19, 26, 30, 31, 32, 33, 34, 47, 48, 161, 162, 163, 165, 236, 287
향리제 18
향사당 24, 26
향소 31
향전 161
향청 30, 31, 32, 33, 34, 48
호구총수 155
호초 66, 274
홍익대 25
황희안 100
회령 45, 110, 178, 179, 180, 184, 185, 186, 187, 191, 192, 193, 194, 197, 198, 203, 204, 205, 206, 209, 210, 211, 212, 215, 216, 217, 218, 221, 222, 223, 225, 293, 296, 297, 298, 299, 300, 303, 304
훈도 24, 287
흥려승람 101, 102, 134, 235, 253
흥리왜인 65, 71, 78, 273

■ 지은이 우인수(禹仁秀)

경북대학교 사범대학 역사교육과를 졸업하고, 경북대학교 대학원 사학과에서 석사학위와 박사학위를 취득하였다. 1993년부터 12년간 울산과학대학 교수로 재직하였고, 2005년부터 경북대학교 사범대학 역사교육과 교수로 재직하고 있다.

저서로 『조선후기 산림세력연구』, 『천민예인의 삶과 예술의 궤적』(공저), 『한국유학사상대계(정치사상편)』(공저), 『한중일의 해양인식과 해금』(공저), 『한국의 예술지원사』(공저) 등이 있다.

조선시대 울산지역사 연구

초판 1쇄 인쇄일	2009년 12월 28일
초판 1쇄 발행일	2009년 12월 29일
지은이	우인수
펴낸이	정구형
총괄	박지연
편집 · 디자인	김숙희 이솔잎 채지선 채지영
마케팅	정찬용
관리	한미애 강정수
인쇄처	태광
펴낸곳	**국학자료원**
	등록일 2006 11 02 제2007-12호 서울시 강동구 성내동 447-11 현영빌딩 2층 Tel 442-4623 Fax 442-4625 www.kookhak.co.kr kookhak2001@hanmail.net
ISBN	978-89-6137-452-1 *93900
가격	23,000원

＊ 저자와의 협의하에 인지는 생략합니다.
　잘못된 책은 구입하신 곳에서 교환하여 드립니다.